小学语文课堂教学的 20 个细节

姜树华 ——— 主编

南京师范大学出版社
NANJING NORMAL UNIVERSITY PRESS

图书在版编目(CIP)数据

小学语文课堂教学的 20 个细节 / 姜树华主编. —南京：南京师范大学出版社，2016.6
ISBN 978-7-5651-2527-0

Ⅰ.①小… Ⅱ.①姜… Ⅲ.①小学语文课—课堂教学—教案(教育) Ⅳ.①G623.202

中国版本图书馆 CIP 数据核字(2016)第 011854 号

书　　名	小学语文课堂教学的 20 个细节
主　　编	姜树华
策　　划	姜爱萍　胡金平
责任编辑	张岳全
出版发行	南京师范大学出版社
地　　址	江苏省南京市宁海路122号(邮编：210097)
电　　话	(025)83598919(总编办)　83598412(营销部)　83598297(邮购部)
网　　址	http://www.njnup.com
电子信箱	nspzbb@163.com
照　　排	南京理工大学印刷照排中心
印　　刷	启东市人民印刷有限公司
开　　本	787 毫米×960 毫米　1/16
印　　张	16.25
字　　数	250 千
版　　次	2016 年 6 月第 1 版　2016 年 6 月第 1 次印刷
书　　号	ISBN 978-7-5651-2527-0
定　　价	40.00 元
出 版 人	彭志斌

南京师大版图书若有印装问题请与销售商调换
版权所有　侵犯必究

序

教学改革是一盘大棋局，需要改革者有大视野，做好顶层设计。然而，仅有顶层设计而没有实践操作层面对教学细节的关注、把握与研究，改革只能流于形式，坠入空洞，难达预期的效果。

课堂教学细节是课堂活动的外显行为和外部表现，"以生为本""先学后教"新理念固然使人激动，"问题探究""合作学习"新样态的确令人耳目一新，"有效教学""高效课堂"新追求获得了人们的普遍认同。但仅有宏观或中观层面的改革举措和大处着眼的整体布局，而没有见诸微观层面教学细节的小处着手的设计，则同样难有改革的成功。

所谓教学细节，一般有两种理解：一种是作为构成教学行为的最小单位，是教学行为的微观分解，犹如教学过程长链条中的一环节，表现为多样的形式和复杂的结构，形成于特定的教学情景中，具有独立的教学价值和意义。另一种是指教学过程中的关节点和关键点，对教学具有重要的推动和联接作用。本书所指的教学细节，既包含前面广义的理解，同时也涵盖后面较狭义的意涵，尤以后者为重。

教学是一门科学，但同时又是一门艺术。作为一门科学，它要求教学过程完全遵循教学规律运行，按照学生的认知规律设计，整个教学顺序、各个教学步骤之间有其内在的逻辑关联，教学细节的处理体现出科学性；同样，作为一门艺术，又要求教育者具有一定的教学机智、教育智慧，在面临不同教学现场和对象时，需要发挥其高超的教学艺术，细腻地处理一些教学细节。简言之，把握和研究教学细节，对追求教学实践的科学与艺术统一及进一步提高课堂教学质量有很重要的意义。

教学细节是可以从外部进行观察的具体教学行为或教学行为的组合，它看得见、听得到、摸得着，具有外显性和可观察性的特征。它可以是教师的言语、表情、肢体语言，可以是师生之间互动的行为组合，可以是特定情境中学生对教学的一种重要的行为反应,当然也可以是教师对某个关节点处理的方式方法。就此而言,教学细节似乎是一种"技术活",对于教学细节处理的成功与否,体现了教育者的经验多寡和教学技能技巧的水平高低,甚至亦反映出"生手"与"熟手"在具体教学行为方面的重要差异之一。可见,对于教学细节的管理有助于提高教师专业化水平、增强教学的适应性和针对性,提高教学水平,甚至形成教师个人的教学风格。

教学细节是师生内隐的、抽象的思维活动和内在情感的外显化、具体化和操作化,因此,教学细节在体现了教师"教学技术"的高低之外,也折射出教师所秉持的教学理念和拥有的教学智慧。一方面有什么样的教学理念就会有什么样的教学行为,另一方面教学行为在某种程度上亦体现了教学理念。教学细节作为更加微观的教学行为,当然亦体现着一定的价值追求。就此而论,教学细节似乎又不纯粹是"技术",而是教学理念的产物,是透视教师教学理念的"放大镜"。故而通过深度描述和考察教学细节,探究其中的科学与艺术,有利于真正树立正确的教学理念,提升教师的教学智慧,优化教师的教学行为。

教学是有目的、有计划、有组织的过程,因此,作为最小教学行为单位的教学细节一方面是预设的,具有计划性,但另一方面它又是在更为微观视域下的一个互动的动态生成过程,更具生成性。预设性与生成性的统一,构成了教学细节的特质,而生成性细节更反映出教师的教学智慧。苏联著名教育家苏霍姆林斯基说过,教育的技巧并不在于能预见到课堂的所有细节,而是在于根据当时的具体情况,巧妙地在学生不知不觉中做出相应的调整。

这套《课堂教学的20个细节》丛书,其主编及撰稿人均是有着丰富教学经验、充满教育情怀和教学智慧的一线教师。他们对于每个教学细节的剖析、品味、反思,不仅文字读来亲切、真实,引发共鸣,而且还能让人从朴实无华的文字背后感受到作者对课堂教学细节的感悟、反思、改造与重构,体会到作者令人难忘的教学智慧。是为序。

胡金平

(南京师范大学教育科学学院教授,博士生导师)

目 录

序		胡金平	1
细节 1	试误:积极语言发展的"催化剂"	顾 琴	1
细节 2	情理交融·生命拔节	简中兰	8
细节 3	"引桥":小学文言文教学的"言""意"具象	姜树华	17
细节 4	"经历着"学观察:语文教学的应当之任	姜树华	32
细节 5	"一线串珠"式教学组合类课文	姜树华	51
细节 6	儿童哲理诗教学的情境化设计	刘 昕	62
细节 7	教材探美设境策略	刘 昕	72
细节 8	语言发展的可视化教学	刘 昕	84
细节 9	"情境审美"教阅读	刘 昕	97
细节 10	走向小学语文课堂的深度	陆红兵	112
细节 11	教学板书的预设与生成	侍作兵	126
细节 12	语用范式,最是"细节"能致远	王金涛	134

细节 13	对"学会学习"的再认识	吴建英	142
细节 14	关注文体,教出诗词之美	吴建英	152
细节 15	文学味:文学作品教学的应然追求	吴建英	165
细节 16	关注文本的形式:语文教学不能忽略的存在	武凤霞	180
细节 17	用生活激活远去的故事:记叙文教学的重要支点	武凤霞	196
细节 18	转换:文言文教学的重要凭借	武凤霞	213
细节 19	课程资源的拓展与运用	杨海波	228
细节 20	语用训练:湖光秋月两相和	杨永彬	241

后记　　　　　　　　　　　　　　　　　　　姜树华　｜252

细节 1

试误：积极语言发展的"催化剂"

顾 琴

➤ 细节阐述 ◂

语言文字是最重要的交际工具，语文课程的核心目标，就是学习语言文字的运用。因此，培养和发展学生语言文字运用能力，应是语文教学的根本任务和价值追求。然而，学生语文学习的难点恰恰是"不会运用"，多数学生对学过的绝大部分词语、句子和语言运用方法，往往只停留在感知和理解层面，难以达到随时运用的程度。心理学家将只理解而不会运用的语言称为消极语言，能理解又会运用的语言称为积极语言。从能理解到会运用，是从消极语言向积极语言转化、学会运用语言的一道重要关卡，大多数学生较难跨越。怎样才能跨越这道关卡呢？在理解和运用中间搭建一座桥梁，让学生经历一个尝试运用的环节是最重要的方法之一。"尝试运用"的环节，心理学称之为"试误"，是训练学生学习语言文字运用，形成语言表达能力的关键环节。那么，如何在语言学习过程中进行"试误"呢？

1. 多维语境乐"试误"

语境是语用的基础，要发展学生的积极语言，就要充分认识语境设置的重要作用，精心创设符合学生心理和认知特点的、教学需要的语境，如上下文语境、情景语境、文化语境等，激发学生学习语言文字的内驱力，使学生产生想要应用语言的冲动，通过"试误"促进语言运用自然生成,真实有效。例如,教学《灰椋鸟》一课,学生在读懂了内容,领悟了作者是如何有条理地将看到的、听到的、想到的写具体、写生动的表达方法之后,教师创设情景语境,引导学生尝试着进行运用:"清晨,第一缕阳光照进刺槐林,灰椋鸟开始出林了，＿＿＿＿＿＿＿。"先想象,再尝试着写一写灰椋鸟出林时的壮观场面。写完之后师生从"看到的、听到的、想到的"等方面互动评析。这一"试误"的环节,学生既学习了语言运用方法,又加深了对文章内容和情感的深入理解、体验和感悟,促进了工具性与人文性的统一。

2. 多维实践巧"试误"

语文教学的根本是要借助教材这个"例子",为学生搭建语言实践的平台,引导学生在实践中感悟语言、理解语言、积累语言和运用语言,提高学生的语言表达水平。教学中,我们可以通过尝试换词、换句、换人称甚至变换表达方法、改编文体等立体多维的语言实践形式帮助学生习得语言,发展语言。例如,教学《黄山奇松》一文,在学完第二自然段后,我引导学生尝试变换语言形式进行运用:"如果你是黄山的一个小导游,你会怎么向游人介绍这三大名松呢?可以选用下面的句式,也可以用自己的话来介绍。'黄山的松真奇啊,迎客松＿＿＿＿＿＿＿＿＿＿＿＿＿＿＿；陪客松＿＿＿＿＿＿＿＿＿＿＿＿＿＿＿；送客松＿＿＿＿＿＿＿＿＿＿＿＿＿＿＿。'"这一"试误"的过程,是引导学生品味语言艺术、感悟人文情怀的过程,也是经历揣摩、领会语用效果,习得语用的过程。当静态的文字植入了心田,在反复多次的"试误"中,学生大脑中的"消极词汇"也就能比较容易地转化为"积极词汇"了。

3. 多维互动促"试误"

语言的学习,只有经历了"尝试—矫正—规范—操练"的过程,才能逐渐形成自如运用的能力。这一过程中,教师、同伴、环境的多维互动,会在很大程度上激发学生的参与热情,缩短学生"试误"的时间,减少学生的学习困难,使学生从"试误"中有所领悟,促进语用能力的发展。有效的多维互动,要尊重学生的个体差异,关注学生的学习需求,多引导多启发,在师生、生生、师生与文本、师生与环境等多向交流中,启发学生的思维,把"试误"的过程变成培养学生语感以及识别、改进自己和他人语用错误的过程。例如,教学《欢乐的泼水节》一课,当学生仿照文本用动词表达泼水的欢乐时,有学生说成"我提桶往你头上洒,你提盆往我脚上浇",我适时启发学生思考"这样的动作搭配合适吗",然后发挥集体的智慧,引导学生通过小组讨论、动作演示、全班交流等方式,给予了学生充足的"试误"时间和空间,实现了学生之间的仿效及矫正,促进了语言学习的"共振"。

➤・典型案例1・◄

一位老师执教《特殊的葬礼》,当读到描写塞特凯达斯瀑布原先雄伟壮观的景象时,老师问学生:"你们想不想亲眼看看昔日塞特凯达斯瀑布的美景?"学生们异口同声地回答:"想!"随后老师便播放了一段瀑布雄伟壮观的录像。看到录像上的瀑布从天而降,气势非凡时,学生们惊异不已,一个个大叫"哇",随着录像的播放,孩子们的叫声也一声比一声高。看完后,老师问大家:"同学们,看到这样的美景,难道你不想赞美它吗?"有的说:"塞特凯达斯瀑布真是太美了!"有的说:"塞特凯达斯瀑布真是太壮观了!"老师说:"是啊,昔日塞特凯达斯瀑布的确是太美了,美得我们都不知道怎样赞美它了,这样吧,让我们带着赞美的感情,一起读这一自然段吧。"学生们便捧起书读了起来。

也是学习《特殊的葬礼》,学生也在"哇"声中看完录像,我这样引导。

师:此刻的"哇"不是一般的"哇"啊!你们为什么要"哇"?你们想通过"哇"表达什么心情?说说你的感受。

生:塞特凯达斯瀑布真是太壮观了,我忍不住不"哇"!

生:塞特凯达斯瀑布真是太美了,我通过"哇"表达我的赞美之情。

师:你们基本上说出了"哇"的原因,表达了我们共同的感受,那塞特凯达斯瀑布究竟怎样雄伟壮观呢?我们来读读课文,看看课文中是用哪些词句来赞美的。

(抓住文中的精彩语言,如"咆哮而下""滔滔不绝""一泻千里""流连忘返"等,带领学生阅读品悟)

师:结合课文中的词句,再闭目凝想一下我们刚才看到的画面,谁能用富有诗意的语句来赞美一下瀑布的雄伟壮观?

生:"飞流直下三千尺,疑是银河落九天!"塞特凯达斯瀑布滔滔不绝、一泻千里的雄姿将永远铭刻在我的心中。

生：我在你从天而降的巨大水帘面前惊叹，我在你咆哮如雷的巨大声响面前陶醉。是你，让我感受到大自然的神奇；是你，让我感受到大自然的伟大。

生：你从悬崖上咆哮而下，滔滔不绝，一泻千里，让全世界游客感叹——此景只应天上有，人间难得几回观。

生：塞特凯达斯瀑布，你既是巴西人民的骄傲，也是全世界人民的骄傲，人类为拥有你而自豪！

生：塞特凯达斯瀑布，如果我是当年的李白，情愿永远伴你身边，不想再回唐朝了！

◆ 案例反思 ◆

理解与运用是语文教学中不可分割的整体，理解是运用的前提和基础，只有理解得越透彻、越充分，运用起来才会越得心应手。前一位老师的课堂，学生对文本的理解、感受、体验是朦胧的，与文本的交互是浅层次的，因此，在尝试运用语言赞美瀑布时遇到了困难。教师的教学方式单一，教学过程单薄，没有引领学生沉下心来在读书中学习课文语言，破解语言表达的密码，从而领悟出作者巧妙用词传情达意的方法和奥秘，从而获得语言文字运用能力。一片"哇"声中，学生的"试误"简单盲目、高耗低效，言语水平徘徊在低层次的水平上，难以完成从消极语言向积极语言的转化。

王尚文教授说："语文的本体就是语言文字的理解和运用。"《特殊的葬礼》一文，描写瀑布的词句精彩生动，抓住这些语言反复诵读乃至背诵，不但能快速感悟文本的人文内涵，陶冶学生的情趣，而且对学生的语言积累以及语用能力的培养无疑是一条捷径。面对学生在"试误"过程中出现的"哇"声，我适时地进行了教学调控，引领学生从文本的语言文字出发，先解读文本内容，再反观其语言，在优美的语词中探秘、迁移，积极地内化并再次"试误"。从积累吸收，到尝试运用，再到富有创造性地自主运用，这既是消极语言转化为积极语言的过程，也是积极语言外化的思维过程。由简单的"哇"，到富有诗意和激情的表达，两次的语言"试误"中，学生的情感得到了丰富和升华，语言能力得到了训练和发展，课堂教学也进入了一个崭新的境界。

✄·典型案例2·✄

师：这一段话中作者连用了两个双重否定句，体现了夹竹桃的韧性。你能学着也说一句话，用上"无……不……"或者"无不"吗？

生：再过两个月我们就要小学毕业了，大家对母校的一草一木无不不留恋。

师：他说得对吗？

生：不对！

师：他多说了一个"不"字，意思就发生了变化。请你去掉一个"不"字，重说一次。

生：再过两个月我们就要小学毕业了，大家对母校的一草一木无不留恋。

师：这样说就对了。还有想说的吗？

生：王瑶同学作文写得好，我们都无人不佩服她。

师：把"都"字去掉就更好了。

教学《夹竹桃》这一课，在引导学生学习"双重否定"这一内容时，我也遇到了类似的情形。

师：正如同学们所言，作者太喜欢夹竹桃了，连用了两个双重否定句，表达内心强烈的情感。如果我们在生活中也想表达一下这种强烈的情感，也可以试着用"无……不……"或者"无不"来说一说。想一想，你能用这样的句式说一句吗？

生：一年四季，月季花无不没有美丽的姿态。

师：仔细听，想一想，"无……不……"，她用对了吗？

（学生没有发现）

师：我们刚刚学过，双重否定句里有几个否定词呀？

生：双重否定句里有两个否定词，她说的句子里有三个否定词"无""不"和"没有"。

师：有三个否定词，句子的意思就完全不一样了。那应该怎么改呢？

生：改成"一年四季，月季花无日不有美丽的姿态。"

师：你把句子改正确了，很好！能不能改得更通顺一些呢？

生：改成"一年四季，月季花无日不拥有美丽的姿态"。

师："拥有"这个词用得不错,还有同学也想改吗?

生:我想改成"一年四季,月季花无日不展现美丽的姿态"。

师："展现"这个词语又准确又形象,不仅把句子改正确了,还改得很有文采!谁能用"无……不……"或者"无不"再说一句话?想好了再说。

生:我们的点滴进步,无不浸透着老师的心血与汗水。

生:在场的客人听了王勃的《滕王阁序》,无不拍案叫绝。

生:每当我取得优异的成绩时,爸爸妈妈无不激动万分。

师:这三个同学说的句子不再局限于植物,他们还能联系生活和自己的阅读来说话,思路非常开阔。

◆ **案例反思** ◆

语用错误是学生学习过程中必然会出现的问题,它是语言学习的一部分,是发展语言能力的必经之路。心理学家盖耶认为:"谁不考虑尝试错误,不允许学生犯错误,就将错过最富成效的学习时刻。"前一位老师对待"试误"过程中生成的语用错误,处理方式太过简单,基本以教师的纠错为主,没有发现错误背后隐藏的教学价值,使学生失去了矫正失误和尝试新发现的快乐。

其实,错误中往往孕育着比正确更丰富的发现和创造因素,发现的方法就是"试误"。"试误"过程中发生的语用错误,充分暴露了学生思维的薄弱环节以及他们在语言运用过程中遇到的困难和障碍,作为教师,既不能一味放任,使学生的语用错误与偏差得不到及时纠正,也不能频频纠错,挫伤学生的自尊心和自信心,阻碍学生的言语发展。面对学生的语用错误,教师要有针对性地对错误类型和错误发展阶段进行分析,适时采用和调整合适有效的教学策略,引导学生在"暴露错误—剖析错误—修正错误—反思错误"中巩固语言知识,发展语言能力。教学中,当学生对双重否定句的运用出现失误时,我没有简单地"告诉",而是将问题回抛给学生,启发学生思考"她用对了吗?""应该怎么改呢?""能不能改得更通顺一些呢?"在互动对话中,巧用错误资源,引领学生从错中求知,从错中探究,深切体味"双重否定"表达的情意与效果,掌握其运用的精髓,使纠错的过程成为提升学生思维品质、发展学生语言运用能力的过程,实现从"语文知识"到"运用能力"的跃升。

顾琴,淮安市实验小学副校长,江苏省小学语文特级教师。曾获全国苏教版首届阅读课堂教学大赛一等奖,40余篇论文在《小学语文教师》《江苏教育》《中小学教师培训》等杂志发表,曾获2014年江苏省"教海探航"和"师陶杯"两项征文评选特等奖。她坚持以科研引领教学,致力于"童心语文"的教学研究,努力让小学语文教学回归儿童,回归本源,以儿童为出发点,以儿童的成长来展开和进行,顺应儿童的天性,满足儿童的成长需要,展现儿童的生命活力,让语文丰富生命、温润心灵、启迪智慧、促进生长,构建语文、儿童、生活相融合的本真境界。

细节 2

情理交融·生命拔节

简中兰

❥·细节阐述·❥

语文课堂应是充满灵性的殿堂,对学生生命成长有重要的滋养作用。法国雕塑家罗丹说:"作品就是情感。"北朝刘勰在《文心雕龙·物色》中说:"情以物迁,辞以情发。"这些均揭示了语言文字的一个固有特征,那就是抒情。从语文教学的角度来看,以情动人是实现其认识作用、教育作用和审美作用的必然切口,也是最便捷的途径。一堂成功的语文课堂,应情理兼顾,应情理统一,应情理交融。"情"和"理"在心理学和美学上虽然是两个对立的范畴,但在语文教学中应是相互映照、融为一体的。这种统一源自情理并重的审美传统。重情轻理,缺乏了深度;重理轻情,缺乏了情趣。语文教材的范例多是情生理,理化情,情理相融的。理性的参与使教学活动逐渐深化,达到最高境界。因此,在语文课堂中,必然要借助"情"和"理"为两翼,让思绪驭风飞翔,深入其意境,诠释其内涵。

1. 一份捕捉与追问

课堂的情境是千变万化的,教育智慧的最高境界应是无法预知的精彩,是看得见的生命成长,是课堂中思维火花的竞相绽放,而非刻意生硬地追求预设的呈现。譬如,一位教师执教古诗《游子吟》,品读中,一个学生发出"母亲,将来我一定要报答您"的感叹时,教者立即捕捉并追问:"一定要等到将来才报答母亲吗?那么今天呢?哪一天才是将来呢？今天算不算将来呢？"一连串的追问,逼出了"子欲养,而亲不在"的忧思之理。许多教学内容就像古诗《游子吟》一样,理性思考和它强烈的情感体验相比,显得要轻很多,少很多。但我们不能因为它轻而少就忽视它。相反,正是这不多的理性思考,才使得语文教学情感显得厚重,有了升华的空间,具有超越时空的永恒的生命力,感人至深。

2. 一份淡化与呵护

情理交融的课堂,有时候是需要取舍的,淡化或略过一些细节,也是对学生的一种呵护。我曾在一个乡村小学送教了一节习作课,一个男孩在习作中写到了已经过世的奶奶,在交流环节,他诵读自己的习作,入情入境,泪水潸然而下。我让他陈述流泪的原因,他说:"家里贫困,奶奶生前做的最后一件事是捡拾废品卖了钱,给了我。然后,就自杀了。"随即,泪如雨下。我和现场的孩子一样,顿时愕然。我迅速思考,如若此时我继续满怀好奇地追问:"奶奶为什么自杀?"势必会又一次揭开孩子心灵的伤疤,又把他带入那段不堪回首的记忆。于是,我当即话锋一转——"奶奶生前留给你最美好的记忆是什么?"孩子慢慢平静,娓娓叙来。我抚摸了他的头,及时收尾:"其实,奶奶一直在我们心里,不曾离开。"孩子微微笑了。因此,我个人认为,语文课堂应该触摸到学生的灵魂,有时候不该放大就淡化,这显然也是对生命的一种别样呵护。

3. 一份欣赏与守望

有一首诗《在你的镜头前,我总是很美》中写道:"在你的镜头前/我总是很美/很美的我其实在你的心里/你忽略我的弱点/像雨点落进泥土生长新绿/你注视我的优点/它就是芍药/开得一如牡丹盛大和富有。"

这是一个孩子写给老师的诗,由此可见欣赏带给孩子的愉悦感受。苏霍姆林斯基曾阐述教育的奥秘在于"把整个心灵献给孩子们",我个人认为,一个优秀的教师要有能捕捉优点并真诚赞美的品质,这也应该是教师必须具备的一种素质。在每次的习作批改时,我总是很用心地去发现每一篇文章的闪光点,可能是精妙的开头、精彩的结尾,也可能是文章重点段落中夺人眼球的妙词佳句或者文章重点段落中一处细节、一个场面、一道景观,抑或新颖别致的文题,一旦发现,我就用红笔圈画出来并标上一个大大的五角星。习作评讲课上,我给学生提供展示的机会,让他们自豪地展现自己习作的得意之处。每节课,总有许多孩子因此拥有了自信,在文章题目、开头、结尾等方面因得到肯定而得以正强化,学生就在这一次次的获得欣赏中,慢慢悟出习作的技巧,享受创作的快乐。作为老师,就犹如一农人坐在田垄上用微笑端详着绿意盎然的麦苗,守望每一个生命的拔节。

典型案例 1

苏教版二年级下册第 9 课《母亲的恩情》是一篇"文包诗"的课文,文章以讲故事的形式,巧妙自然地引入了《游子吟》这首古诗,让学生体会母亲对子女的关怀、爱护之心,教育学生不忘母亲的养育之恩,从小尊重、孝敬母亲。日常教学中,在阅读教学的第二课时基本都有一个"拓展延伸"的教学环节。在一次区级公开课上,我也设计了这个环节,问:"学了这篇课文,你此时最想对爸爸妈妈说些什么呢?用两三句话写下来。"

一生写道:"妈妈,谢谢你给了我一双眼睛,我能看到五彩缤纷的世界;谢谢你给了我一双能干的手,我能为自己、为大家做力所能及的事情;谢谢你给了我一双脚,我能走遍天涯海角。"

一生写道:"我想说,妈妈,你真伟大!在我生病时,照顾我;在我遇到困难时,帮助我。天天送我上学,晚上辅导我做作业。"

一生写道:"我要感谢妈妈,是她带我来到这个世界,感受丰富多彩的生活。"

一生写到:"我想说,爸爸妈妈,我恨你们,你们天天就知道叫我写作业,写作业,还是写作业,周末就是辅导班,辅导班,还是辅导班。平时从来不给我看电视,有时间的话就是叫我看书,看书,我没有一点自由,就像是写作业的机器。这样的生活,我觉得一点意义都没有,烦死了!"

作为老师的我们,看到前面三段文字,觉得很正常,理所当然,这是老师想要的答案,老师教学的目的达到了。最后一个学生的答案明显与众不同,违背常理,大多数老师碰到这样的情况,有的可能就是忽略,直接不让他起来回答;有的可能一句话一带而过。因为毕竟是公开课,执教老师会觉得处理这样一个特殊的案例是浪费时间,如果处理不好,会给精彩的课堂添上不和谐的一笔。我在学生写的时候就看见了最后一生的答案,所以我特意让他站起来。他站起来就读了,班上的小朋友都笑了起来,笑得前俯后仰。我让孩子们安静,让他们说一说为什么笑。他们基本上都说,其实妈妈是爱他的,希望他学习好,将来成为一个有用的人才,可是他却不能明白。我就问这个孩子:"你妈妈十月怀胎生下你,精心地抚养你,是不是爱你?她天天骑着电动车,风吹日晒地送你来上学,是不是爱你?她经常到学校来询问你的学习情况,是不是爱你?她为了你的学习东奔西走,到处咨询……"一连串的问题,让他无言以对。我又说:"如果你有什么想法,你也可以开诚布公地和妈妈沟通,提出解决的办法。如果你觉得学习任务重了,我们可以商量去掉一部分,但不能完全歪曲地理解,甚至变得和爸爸妈妈敌对,产生负面的想法。"我让他坐下,让他自己想明白。相信,他会有正确的答案。

◆ **案例反思** ◆

　　注重教育教学细节的铸造是语文教育的一种态度。专挑走的人少的、看起来不好走的路来走,这就是语文教育的创造性;专挑不起眼的事情去落实,这就是语文教育的朴实性;坚持去做那些细小而正确的事情,这就是语文教育的有效性……只要拥有了这样的一种态度,无数的细节就会凝聚成一种力量,这种力量一定能够催生学生语文学习的激情与智慧。

　　课堂不仅仅是预设的,而且还应该是生成的。教材中蕴藏着丰富的创造性因素,在学生与文本的对话过程中,教师应该处处留心,敏锐地捕捉生成的契机,挖掘教育因素,及时点燃,巧为点拨,让教材"增值"。

　　课前,我在设计这个教学过程时,是期望孩子们能通过几句话表达他们心中对父母的爱,感受到母亲似海的恩情,无痕地引导孩子通过生活中帮母亲做一些小事,给父母端茶送水递拖鞋,陪父母聊天,给父母表演节目,帮父母做一些力所能及的家务之类的小事,来慰藉母亲。再适时引导,帮助学生把道德认识与具体的情感生活联系起来,指明学生道德活动目标。我觉得这是提升学生深度解读文本的最佳契机。

所以,预想到可能会有五花八门的答案,孩子的字里行间一定是充满正能量的,是积极向上的,故事的铺垫也能巧妙地勾起孩子的回忆,回忆母亲对他们一点一滴的付出。课堂中,当出现意外的情况时,我没有忽略,也没有一带而过,而是认认真真地和学生讨论对与错,是与非。那个案例处理过后,我又乘机问:"妈妈那么辛苦,可你为妈妈做了什么呢?"好多学生都沉默不语。看来好多学生心里产生了愧疚。接着我再问:"你知道妈妈平时最喜欢什么?""你的妈妈知道你平时最喜欢什么吗?"通过回答,同学们明白了自己平时对妈妈的关心较少,纷纷表明自己今后要多关心妈妈,让妈妈少操心。那怎么关心呢?我让同学们谈了一些具体做法:妈妈下班回家,给她递上一杯茶,帮妈妈捶捶背;平时认真学习,作业自己独立完成;给妈妈做小帮手,让妈妈少操心;吃饭时,给妈妈夹菜……

课后,我布置作业,让学生为母亲做一件事,说一句感谢的话,或者把想对妈妈说的心里话写下来。让课堂被点燃的热情继续燃烧下去,增进父母与孩子之间的沟通,把教材的育人价值渗透下去。

❥•典型案例2•❦

小学生习作,抒写的是儿童对生活的体验、感悟、发现、想象,是自然的倾吐。它彰显的是儿童生命的本真,是瑰丽的灵动;它流淌的是儿童的情趣和才思,是真情的涌动。习作,应该是心灵的牧场,亦是语文教学的半壁江山。而我们许多教师对于习作教学常常感到力不从心,无从下手。

习作课一般分为五个环节:唤醒、体验、引导、写作、评讲。对于"习作引导"环节,一般教师均以赏析范文的形式呈现,有的老师带领学生赏析范文时,对范文进行"语文课式"的分析,从字词句段篇逐层解读;近两年还有老师采取"习作超市"的模式,用多篇范文扩大学生的阅读面。我采取的策略是分析每篇习作学生需要的提升点,本着"一课一得"的教学指向,教给学生具体化的方法。

以指导学生习作《笑颜动人》这一课为例,在指导环节我这样操作——

同学们,微笑那么珍贵,时间却总会无情地将其从我们的记忆中带走,我们唯有用笔,才能让这些记忆永不褪色。怎样用笔留下这些记忆呢?今天,老师教大家几招,好吗?你们看——

投影出示(文字):一脸恬静灿烂的笑。

第一招:加点修辞

投影出示:一脸恬静灿烂的笑,犹如村边缓缓流淌的小溪,一点一点浸润我的心田。

加一点修辞,有什么不一样了?(生答:由想象中的笑脸变成了大家都曾感受过的事物,一下子就拉近了我们与这张笑脸的距离。不仅能看到,而且似乎还能听到那潺潺的流水声,甚至还能感受到淳朴自然的气息。)

第二招:再加点细节

投影出示(文字):"文文!"一个熟悉的声音从我身后响起,打破了周围固有的沉寂。是妈妈!我不想回头,却听到她疾步走到我身边,用那双已明显粗糙的手抚摸着我的头。我抬起泪眼,看到她一脸恬静灿烂的笑,犹如村边缓缓流淌的小溪,一点一点浸润我的心田。

加一点细节,有什么不一样了?(生答:笑容的出现有了前因后果,语言、动作的描写使母亲的形象立体化,一位慈母跃然于眼前。)

第三招:再加点感受

投影出示(文字):"文文!"一个熟悉的声音从我身后响起,打破了周围固有的沉寂。是妈妈!我不想回头,却听到她疾步走到我身边,用那双已明显粗糙的手抚摸着我的头。我抬起泪眼,看到她一脸恬静灿烂的笑,犹如村边缓缓流淌的小溪,一点一点浸润我的心田。

我烦躁的心竟一下子平静了下来,内心的抱怨也慢慢远离。我想:一次失败算得了什么?母亲的爱一直就在我身边,她的笑容是照亮我人生的一盏明灯。生活不可能一帆风顺,没有迈不过去的坎,摔倒了,爬起来,拍拍身上的尘土,然后微笑着继续前行。我看着母亲,笑了。

加点感受,有什么不一样了?(生答:文章的立意有了提高,母亲的笑化解了我内心的浮躁和对现实的抱怨,这个笑容变得更有价值更有意义了。文章也就有了重量,文字也就有了分量!)

同学们,你们看,由一句话到一个小短篇,就是加了一点又加了一点再加了一点而已。

你学会了吗?

(投影出示文字)

用点修辞,让你的语言生动;

用点细节,让你的文章细腻;

用点感受,让你的立意深刻。

当然,如果写你亲近的人,你还可以用点想象。

顺势呈现习作要求:选择你印象最深刻的一张笑脸,写清前因后果。用点修辞,捕捉细节,抒发感受。题目自拟,500字左右。

是的,我们的作文因为修辞而生动,因为细节而细腻,因为加入你自己独特的感悟而深刻。而深刻动人的作文从生活中来。一句话与大家共勉:"作文这件事离不开生活。"(叶圣陶《作文论》)

◆ **案例反思** ◆

我们平时的习作指导存在下列几种现象:一是试图通过一次指导解决习作中的所有问题,随意性强,年段目标意识不明晰,常产生一厢情愿式的痛楚;二是"目中无人""目中无我",条条框框过多,开头如何精彩,中间写什么内容,结尾如何点题等都有规范,程式化、模式化扼杀儿童写作中的想象力和创新力;三是指导过于"放任自由",也知道强调抓什么写什么,至于怎么写任由学生发挥,"只见框架,不见支架"。基于这样的习作教学现状,我试图通过上述案例中的细节来予以突破。

"语文课式"的分析,往往会带给学生习作的倦怠感。学生感到习作课与语文课无异,无新奇感,教师似乎也过于"功利"地传授习作技巧,引导学生习得其中的技能,且面面俱到,导致孩子内心出现排斥,唤不起学生投入创作的激情。甚至,有的作文课上,学生在"真情体验"了习作主题之后,内心涌起表达的冲动,倒是在"引导"之后,渴望表达的火焰被浇灭,创作热情被扼杀。"习作超市"的方式带给学生的指导虽不再单一,让学生习得也稍多元了些,同时也带给学生惊奇感,但这种惊奇不是表达的冲动而是忙于借鉴的"偷乐",学生习作完成之后,一个班级出现大篇幅的雷同,学生选材、表达亦受到范例的影响,局限性较大,基本无创造性可言。

  我以为,在习作中,我们的学生是需要帮助的,我们是被需要的习作引导者。我们倡导"一课一得"的习作教学指向,让学生在习作中的提升点更为清晰,我们的着力点也就会更清晰,方法结构的传授应在教者心中。就《笑颜动人》习作的案例来看,"笑"是学生日常生活中最常见的一种神态,学生面对生活中的这样的细节有感却难于动笔,一句"他笑了"就可能词穷,他们很难将生活中这样的细节放大,只能寥寥数语,蜻蜓点水,也就很难对笑容有更为深刻的解读。开始,我先给学生写了自己亲身经历的一篇范文,后来发现因为年龄差距等原因离学生的生活比较远,不太能激发他们情感的共鸣,于是更改为用大多数学生有体验的事例来说明。在这一环节中,我以教学生三招的策略降低了学生的写作难度。在"加一点修辞"环节,现场生成让我惊喜不断。"爷爷的笑容如冬日的暖阳,温暖我的心田。""老师的笑容像荷花,既清净又高洁,散发的芬芳一直沁入我心灵深处。""妈妈的笑如盛开的水莲,在酷热的夏日让我倍感惬意"……表达中的片段也让人难忘:"门被轻轻推开,一股芬芳扑鼻而来,那是老师微笑的味道……""奶奶坐在餐桌对面微笑地看着我,我吃得越多,她笑得越深;她笑得越深,我吃得越欢……"看到这样的表达,作为教师,我真心陶醉了。我也由衷感到,只要我们方法得当,学生的潜力是无限的。

  积蓄的感情必须通过头脑的加工使生活真实上升到艺术真实。因此,仅凭作前指导时的"激情唤醒",效果是有限的,我们强调在习作的引领中,老师要怀情而教,提倡老师写下水文,与学生同实践,共尝写作甘苦,用真实的经历带给学生真实的体验,用自己的情感体验来带动、引导学生的情感,帮助学生理性梳理自己感情的脉络,从而使学生受到感染,掀起情感的波澜,达到"润物无声"的效果。每一节作文课,我们都应该有意识地渗透一点写作的技法,让学生带着情趣,怀着理性地学。这样久而久之,学生就会拥有丰实的习作储备。

　　简中兰,1991年从事教育教学工作,中学高级教师,教育硕士,曾获"全国优秀教师""江苏省小学语文特级教师""淮安市十大杰出青年""淮安市语文学科带头人"等称号。担任班主任工作近二十年,一直从事语文教学工作,尤其热衷于习作教学。有近30篇教育教学研究论文在国家级、省级教育专刊上公开发表。多次承担公开教学任务,曾在全国青年教师作文优质课评比中荣获一等奖。有近二十年班主任工作经历,备受历届学生拥护。其先进事迹曾被电视台、《淮海晚报》面向全市宣传报道。先后主持了国家级、省市级课题研究,研究方向为小学生序列化习作与小学生语文学习习惯的培养等。

细节 3

"引桥"：小学文言文教学的"言""意"具象

姜树华

▶·细节阐述·◀

小学阶段文言文篇目甚少，虽只有几篇，仍起着四两拨千斤之功效。不少老师执教时套用中学文言文教学的"套路"，从理解字词出发，深究文字古今异同，用久远的格调进行吟诵，常常让刚接触文言文的小学生望而却步。这不得不让我们正视。

小学阶段与中学阶段的文言文教学之差别何在？笔者以为，小学阶段文言文教学的首要任务当然是激发学生阅读更多文言文的兴趣。小学阶段文言文的教学无疑担当着向小学生"引荐"文言文的任务，成为中学阶段，乃至更高学段学习文言文的"引桥"。既为"引桥"，就应与"正桥"有别。小学阶段文言文教学的"言""意"目标都应聚焦在"引桥"的"引"字上。"引"着学生对文言文的语言节奏、语言内容、语言韵味等产生好感，乐于试着练读、揣摩、吟诵……

▶·典型案例·◀

《东施效颦》课堂实录

（课文）东施效颦

西施病心而颦其里，其里之丑人见而美之，归亦捧心而颦其里。其里之富人见之，坚闭门而不出；贫人见之，挈妻子而去之走。彼知颦美而不知颦之所以美。

学习目标

1. 激发阅读文言文兴趣,初步学会猜读、对照译文读,熟读成诵。
2. 初步感受文言文特点,体会侧面烘托写法,读有所悟。

教学实录

一、初读文言文

1. 揭题激趣,理解题意

师:同学们,今天这堂课,我们一起来学习一篇课文,读——

生:东施效颦。

师:这是一个成语故事,相信绝大多数同学都知道,谁来说说?

(生简述故事)

师:故事讲得很简短,能不能稍微讲具体一点,比如这西施到底犯的什么毛病?东施怎么学的?周围人是什么反应?

(生具体讲故事)

师:你看,同样一个故事,刚才那位同学说得非常精练,而这位同学又说得非常具体。咱们班语文水平高啊,一个故事两种说法都不容易!同学们在说的过程中都提到了一个词——(板书:模仿)"模仿",就是课题中的——

生:效。

师:(指着课题)东施模仿西施……

生:皱眉头。

师:学什么不好,学人家生病。西施皱眉是自然的,是美的,东施模仿她就变得——(板书:美—丑)

生:丑。

师:都是什么惹的祸?

生:模仿。

2. 初读课文,简介出处

师:今天我们学的这篇课文,内容跟大家刚才说的差不多,但是表达不太一样,同学们好好去读一读,文言文给你留下的第一印象是怎样的?

（生自读）

师：说说给你留下的第一印象。

生：文言文很短。

生：我想给他补充一下，我觉得文言文是言简意赅的。

师：能不能举个例子。

生：就像我们现在所说的一句话，文言文可以用几个字来表示它全部的意思。

师：还有吗？

生：文言文读起来很有韵味。

师：你试试看。（生读，较平淡）

师：有点儿感觉，你说。

生：老师，我想给他改正一下。他刚刚读错了一个地方，是"归亦捧心而颦其里"，不是"亦归捧心而颦其里"。

师：对了，我们不能随意把它倒装。同学们对文言文的第一印象的感触非常真切。这篇文章啊，是两千多年前的庄子的作品。庄子何许人也？一起读。

（出示，生读："战国时期哲学家，道家学派的创始人之一。"）

师：他有一部书，书名就是用他的名字命名的，一起读——

生：《庄子》。

师：这部书里面有我们熟悉的话语，谁来读？（出示，指读）

生："吾生也有涯，而知也无涯。"

生："天地与我并生，万物与我合一。"

师：还有我们熟悉的很多寓言故事——（出示，齐读）

生：（齐）《邯郸学步》《井底之蛙》《东施效颦》……

3. 教师范读，学生评价

师：文言文有着特别的韵味儿，读好的话很是享受的！想听老师读吗？注意老师是怎样停顿的。（师配乐读，生鼓掌）

师：怎么样？鼓掌为何？

生：老师读的停顿特别有感觉。

生：老师读得似停非停。

生:有些字词老师读得很强调……

二、读出理解

师:想知道老师怎么读好的?告诉你们一个诀窍,首先要理解好文言文词句。至于怎么理解词句,方法多得是!

(出示)

> 读出理解
> 1. 自主逐句理解着读读。
> 2. 小组内选一人读,其余组员及时纠正、指导。

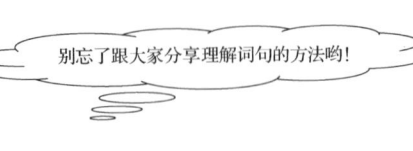
别忘了跟大家分享理解词句的方法哟!

(学生自读,组内交流)

师:很想听咱班同学读书的声音。第一句,谁来?其他同学仔细听,有怎样的朗读,背后就有怎样的理解,读得好不好,就看理解得准不准确。咱班同学的语文水平高与低,我只要看他(她)读完之后,大家有没有反应。他(她)哪儿读得好,哪儿读得不好,总会有反应的。他(她)一读完看大家的反应我就知道。

(生读,读完后生纷纷举手)

师:嗯,有反应了。

生:她读得总体很好,但是我要纠正一个错误,她把"西施病心而颦其里"读成了"西施病心而其颦里"。

师:"颦其里"和"其颦里",你看看,意思一样不?

生:不一样。

师:为什么?你告诉她。

生:"颦其里"呢,是在家乡里面皱着眉头,然后"其颦里"呢,就是皱着——皱着眉头……

师:哈,反正就是意思不对了,是不是?所以理解得怎么样,就会读得怎么样,孩子,你把第一句读一下。

生:(有感情地)西施病心而颦其里。

师:现在是不是读得很好?来,接着评价。

生:我认为她读得再慢一点就更好了。

师:有没有哪一处读得特别好?

生:我觉得她把"丑人"和"美之"两处着重读了。她这样读可以体现两者的差别。

师:什么差别?

生:丑和美的差别。

生:我觉得应该是东施和西施的差别。

生:一个是天使,一个是地魔。(众笑)

师:就是一个美,一个丑,是不是?他换了一种说法。读得很有感觉,很好!谁能像她这样读,让我听得出这么丰富的信息?

(生读,生鼓掌)

师:为什么鼓掌啊?

生:这位同学她读得连而不断,很有韵味。

师:老师感觉她读得好像断了,好像没有断,好像断了……唉,我也搞不清嘞。(众又笑)她分明就是连着,没有断哎,是不是给点建议啊,有些地方可以断一点,来。

生:我觉得她一个劲地读完了,可以稍微停顿一会儿。

师:哪个地方?

生:比如说"西施病心而颦其里,/其里之丑人见而美之"。

师:听到了吗?那是句和句之间。那句子内呢,有没有该停顿的地方?

生:她应该在"西施病心而颦其里"中的"病心"后面稍微停顿一下。

(师做"你来"的手势)

生:(读)"西施病心/而颦其里。"

师:听到了吗?我们再请她读一下,好吗?

(生读,进步很大)

师:这时候才应有掌声。(众鼓掌)你看,站在这儿就有进步!很好,第二句谁来?好,那个女孩儿,就是你,注意,这次姜老师不提醒大家了。听!

(出示第二句,生读)

生:听了她的朗读,我也想给她提个建议,就是"之走"的那边,"走"

原本是跑的意思,所以在这边我们应该读得快一些,希望她能采纳我的意见。

师:你来试试。

(生示范读)

师:嗯,有感觉。

生:我觉得她读得非常好,我也要给她个建议。"坚闭门而不出"这个"坚"要读重一点儿,我想给她示范一下。(生读)

师:把门再关紧一点。孩子,再读!

(生又读)

师:紧多了! 朗读的感觉就是这样,让大家你一评,他一评,就读好嘞! 第三句,谁来?

(生读,部分学生鼓掌)

师:"长"耳朵的孩子就是不一样。

生:他在"彼知"和"颦美"之间断开来了。还有一处应该停顿,我来示范一下。(生读)

师:你听懂了吗?有个地方要停顿,她为你纠正了一下。孩子,你要说出为什么这儿不要停顿,不仅仅光读。

生:因为这个"彼"就是指东施的意思。所以这里不能断开。

师:(恍悟状)你再试一下。(生读)

师:有感觉了,就要这样学。

师:这两个同学已经读得非常好了,我们一起来读。(生齐读)

师:真想听同学完整地读,谁来?(指一生)来,老师给你配乐。让我们把心静下来,听文言文首先要把心静下来。

(生读得很好,掌声)

师:不要光为别人鼓掌,也要为自己鼓掌。来,我们一起读,齐——

(生齐读)

三、读出情趣

师:沉浸在同学们读书的声音里,这种感觉真好!

1. 看图体会

师:(出示插图)看看眼前的东施,看看她的模样,看看周围人的反应,有的——

生:有的赶紧离开。

生:有的拉着小孩往家跑。

生:有的连忙把门关上。

师:还有的——

生:还有的小孩差点吓得哇哇大哭。

师:用一个词形容一下现在的东施。

生:惊恐万状。

师:东施自己惊恐万状?

生:见到东施的人。

师:形容形容东施本人——

生:奇丑。

生:搔首弄姿。

生:佯作痛苦。

师:姜老师带来好多词,我们一起来读读。

生:(齐)装腔作势,扭腰摆臀,无病呻吟,矫揉造作。

师:(部分学生把"臀"读成"臂")第二个词怎么读?

师:"臀"肯定不是"臂","臀"和"臂"还是有区别的,再读。

生:(齐)扭腰摆臀。

师:我们再齐读,记住那一刻的东施——

(生齐读)

2. 对比读

师:这种描写加进文中去肯定很有意思。对比着读一读,然后组内再讨论讨论作者这样写的智慧。

(出示)

> ➢ 对比着阅读,组内讨论作者的表达智慧。
> "西施病心而颦其里,其里之丑人见而美之,归亦捧心而颦其里。但见其怛怛然,捶胸而顿足,掩面而呻吟之。彼知颦美而不知颦之所以美。"
> "西施病心而颦其里,其里之丑人见而美之,归亦捧心而颦其里。其里之富人见之,坚闭门而不出;贫人见之,挈妻子而去之走。彼知颦美而不知颦之所以美。"

(组内学习)

师:很想听听各组的想法。

生:我们小组的想法是,第二句比第一句更好,因为第一句作者是正面描写东施模仿西施的样子,而第二句通过路人的表情来表现东施那奇丑无比的样子,所以我觉得第二句比第一句更好地表现出东施的丑了。

师:这是他们组的想法,你们组呢?

生:她说得很好,但我们组还有补充。第二句是从侧面烘托出东施很丑,见了东施人人都赶忙离开。

师:还有补充吗?

生:我非常认同他们的想法,我们也觉得第二句从侧面写,更加突出了东施的丑。

师:听出来了,东施现在怎么丑,怎么写都写不尽。于是作者干脆就不直接写了,就是用你说的什么方法来写的?

生:(齐)侧面烘托。(板书)

3. 拓展读

师:这种方法在文言文中经常会用到,(出示《陌上桑》片段)《陌上桑》这篇课文初中才会学到,你们今天先睹为快,自己读。

师:读出了侧面烘托吗?

生:文中写了路边的人,他们都放下了手中的农活,看罗敷。

师:哪些人?

生:(齐)行者、少年、耕者、锄者。

师:罗敷怎么美我们没有看到,但是通过旁边人的反应,我们能够感觉到她的美;(结合板书)东施怎么丑我们其实也没有真正见过,但是通过旁边人的反应我们就能够感觉到她的丑,记住这种描写方法。

生:(出示,齐读)其里之富人见之,坚闭门而不出;贫人见之,挈妻子而去之走。

4. 回扣主题

师:全文共三句话,作者庄子想说的最重要的一句应该是——

生:彼知颦美而不知颦之所以美。

师:一起读。(生齐读)

四、读出意味

1. 情境练写

师:任何人对某一件事情都会有自己的想法,庄子表达了他的想法。其实啊,街坊邻里看到东施这样子,是看在眼里急在心里啊!于是有好多友善之人对东施这样劝说,请同学们拿起笔,选填一个身份,劝劝东施。

(出示)

> 情境练写:(选填一个身份,劝劝东施。)
> "东施啊,东施,_____
> _____……"
> _____(王大妈、赵大爷、李大婶、刘三叔、赵二哥……)

师:要注意劝人的口吻,更要注意劝人的话语。字要写端正,人就要坐端正。

(学生练写)

师:很想见识咱们班同学笔下的文字。谁来?(投影学生书写内容)我们先看看这位吴三叔的字写得怎么样?谁来说说。

生:我觉得他的字有点儿挤了,不太清楚。

师:(拍着男孩的肩膀)记住啦,其实字本身写得不错,因为思维太快了,就夹写在里面了,尽可能顺着行间写。

师:听吴三叔读,看他怎么劝的。希望能得到全班同学的帮助。可以帮助修改,也可以帮着加上一两句。(刁难状)当然,前提是看同学们写作水平的高低了。

生:东施啊东施,你不要盲目地去模仿,那样只会使你更丑。你要记住:只有做真正的自己才是最美的。

生:我觉得他最后一句说得挺好的:"只有做真正的自己才是最美的。"但是我还想帮他加几句:"不要一直模仿西施,到最后别走火入魔了。"

师:还有吗?

生:因为他是吴三叔,所以后面可以再加一句"不听老人言,吃亏在眼前"。(众掌声)

2. 熟读成诵

师:大家看,短短的文言文给我们这么多启发,很有意思,是吧?文言文其实还有更多有趣的地方。它原本是没有标点的。

(出示,生读)

师:不简单!文言文不仅没标点,很多时候还竖行排列,谁再读?

(再出示,生读)

师：两千多年的庄子时代啊，人们还是用的篆书。来，我们一起来读。
（出示篆书作品，齐读，其实是在齐背）
师：你们连篆书也认识啊！不简单。文言文是不是很有意思啊？

3. 总结全课

师：孩子们，下次遇上文言文，你想怎么学？
生：下次遇到文言文，我想先把它读通，然后再一句一句地理解它的意思。
师：有合有分，嗯，这是一种学法。还有——
生：我觉得要先理解它的意思，然后再把它读透。
生：我觉得学文言文，心里肯定要带着猜测。
师：是的，猜读也是一种方法。还有其他方法吗？
生：还有就是要瞄准一些关键词意。
师：攻克难点，很好！

4. 布置作业

师：同学们，姜老师给你们带来了学着读文言文的机会，这是《庄子》这本书里节选出的精彩寓言，全是文言文，还有译文。课后几个人聚着读读。下课！

◆ 案例反思 ◆

1. 言浅意简——文言文教学需要趣味起步

2011版语文课标没有直接提及文言文教学要求，只涵盖在"优秀诗文"教学要求之中："诵读优秀诗文，注意通过语调、韵律、节奏等体味作品的内容和情感。"人教版、北师大版等语文教材在小学高年段出现少许文言，其目的很显然不是文言文"从娃娃抓起"层面的浅理解，理应有上文所提及的"引桥"之意。我们不妨给小学文言文教学目标理清概要：接触、了解、激发等，即让学生在小学阶段初步接触文言文；初步了解文言文产生的时代、基本特点；初步感受汉语言文化的源远流长、博大精深，文言文遣词用语的精练；初步了解一些历史人物或古代文化艺术；激发学生学习文言文的兴趣……以开阔学生的语文视野，提升学生的语文素养，陶冶学生的个性情操，增强学生的民族自信。教学中，笔者让学生先说说"东施效颦"这个成语故事的内容（学生在五年级已学过这一成语，即便没有学过，大多数学生也阅读过这个成语故事），学生们从简说故事到详说故事,调动了阅读储备,为本堂课的学习进行了预热,垫厚了基石,让文言文变得亲近,有了趣味。接着,让学生初读文言文,感受"第一印象"。于是"有一些字我们平时不怎样遇得上""有很多'也'这样的字连接一些词""很多时候用一个字表示一个词,语言很精练""还有一些词跟我们平时的说法不一样,顺序倒着说的"……学生们对文言文的"第一印象"很浅表但很真切,对文言文"单音节词居多""言简意赅""倒装语句"等特点有了感性的认识。在这一教学过程中,没有深入到语言背后,而是让学生直观文言文表面,形成对文言文的直观感受。言浅意简大大缩短了学生与文言文的时空距离。亲近了,自然易喜欢上文言文了。

2. 言明意丰——文言文教学需要混沌感悟

"阅读浅易文言文,能借助注释和工具书理解基本内容。注重积累、感悟和运用,提高自己的欣赏品位。"这是 2011 版语文课标第四学段的要求。第四学段的要求尚且如此,小学第三学段学习文言文就更应谨慎把控教学深度了。从小学生的语文学习力出发,重在感悟积累,不求一一对译,字字落实,句句确切,只求概略理解,熟读成诵。教学中,注意依托"学"的理念,给学生一种自由无束的学习环境,充分放手,以学生为主体实现文言文的"互学"。自主学的基础上,组内互学互助,指导朗读,分享理解词句的方法;然后在班级交流中,实现组际之间的补充与纠正,从而实现组际间的"互学"。因为有了"重感性"的文言文学习目标,所以教者无须过于拘泥文言文的标准翻译,只要求学生理解得相近或相似,教师尽心全力护佑着学生于一路"学"态下前行即可。"她读得总体很好,但是我要纠正一个错误,她把'颦其里'读成了'其颦里'""我也想给她提个建议,句中'之走'的'走'原本是跑的意思,所以在这边我们应该读得快一些""'坚闭门而不出'这个'坚'要读重一点儿,我想给她示范一下""因为这个'彼'就是指东施的意思。所以这里不能断开"……生生、师生之间的"对话"与"交流"是生态的,是生成的,学生的感觉虽然有些混沌,但这种学习语文的思维状态是极其宝贵的。产生让学生准确理解词句的苛刻要求之前,切不可丢却陶行知先生的"六大解放"教学理念。何须对译,意译即可!这毕竟是小学阶段的文言文教学啊。

3. 言真意切——文言文教学需要入境诵读

经典古文是中华民族文化的瑰宝，没有一个中国人不受它的影响，很多脍炙人口的古文名句传遍乡野市井。这是中华民族口耳相诵的文化传承。这种读纯属无意行为，就是一种民族文化的习得自觉。"读书百遍，其义自见""文章不厌百回读，熟读精思子自知""读书破万卷，下笔如有神"……即便没有开口诵读，只要我们身浸其间，就在"被读""被诵"，因为我们处在了诵读的环境之中。"读"原本就是"心""眼""口""耳"并用的一种学习方法，是我国传统语文学习方式的精髓。足以见，读的环境何等重要。概略地理解文言文的词句意思不足以激发学生学习文言文的热情。于是教学中，要设法让学生走进情境。教学中，让学生打量眼前东施的情境创设，不仅对故事中的"侧面描写"手法刻骨铭心，更能对文言文的言简意赅、情节绝佳留下深刻的阅读好感。街坊邻里对东施的劝说本身就是寓言教学的应有之义，学生对劝说言语、口吻的修改环节，无心插柳，较好地实现了"与人交流能尊重和理解对方""表达有条理，语气、语调适当""注意语言美，抵制不文明的语言"等课标要求。不觉间，学生们在此环节中也实现了言语质量的递升。课末对文言文"无标点""竖行排列""篆书"等特点的呈现，使得文言文的文化味顿时弥漫了整个课堂，直至被学生深深吸入内心，扎根心田。不知不觉中实现了熟读成诵，亦完成了文言文诵读积累的课标要求。

几千年时空距离，造成古代文言与现代学生的隔膜。我们只有恰当把握"言意共生"的度，小学阶段的文言文课堂才能真正实现走上文言文学习"引桥"的目标，从而直达文言文的学习"正桥"。

▶ 专家点评 ◀

非常欣赏姜树华老师的语文教学观："教学中，追求对文本中'意'的深刻把握，对文本中'言'的真切品读，实现着从作者起点上升腾起的'言''意'高峰体验：'言''意'的新生，这就是我的'言意共生'语文教学观。"

姜树华是这么说的，也是这么做的。他的课堂，是走向"言意共生"的课堂。

一、吟之诵之,读出"言""意"

小学生学习文言文乃为启蒙,没有文言文语感,文字生疏,且无停顿断句常识,要学好文言文,必须把"读"字放在首位。《东施效颦》是一篇小古文,语言精辟洗练、晓畅准确,而又神形兼备。本课教学,以"读"为主,让学生在入情入境、入脑入心的多样吟诵中,体味古文的意思、古文的意趣、古文的意蕴,从而实现"使其言皆若出于吾之口,使其意皆若出于吾之心"的教学旨归。

教学中,姜老师尊重学情,搭建阶梯,指导练读,富有实效。一是初读,读准、读通、读顺,交流对文言文真切的初步印象;二是范读,老师字正腔圆、抑扬顿挫、节奏分明、韵味十足的范读激发了学生的学习兴趣,使他们感受到文言文的音韵之美;三是自读、展示读,理解文意,掌握方法,结合文本内在的情感,反复诵读,从而掌握文言断句、重读的规律,把握文言的语气、语速,形成文言语感;四是品读,在想象、对比、感悟中,读出情趣理趣、韵味意味;五是反复齐诵,通过呈现无标点、竖行排列、竖排篆书的课文,既让学生了解了古代文化的表达方式,体验了古人的读书方式,又让学生兴趣盎然,在反复吟诵中,自然入心,久远不忘。如此本分地"读"、本色地"读"、本真地"读",一路走来,学生感觉由难变易、由畏变喜、由生变熟,渐渐拉近了与古文的距离,在"诵读—体味—内化"中,达到了"言意共生"的目的。

二、比之悟之,品出"言""意"

多年来,我们一直在呼唤"课文内容理解与言语形式揣摩高度融合"的阅读课。王荣生教授在《"新课标"与语文教学内容》一书中指出:"运用语言的过程包含两个层次:语言意义的层次和语言形式的层次。我们运用语言形式形成语言意义。语言意义是运用语言目的的所在。语言形式则是形成意义的手段。"可见,语文教学很重要的一个维度,是引领学生揣摩、品悟文章是如何表达的。白话文教学如此,文言文教学亦然。

《东施效颦》一文,虽只三句话,但每句都蕴藏着不同的写作方法。其中,第二句就借"邻居们的逃避"反衬出东施效颦的丑陋形态,这种侧面描写的方法相当巧妙。更为巧妙的是,教学中,姜老师运用比较的方法,通过侧面描写与正面描写的对比阅读,让学生发现语言的秘密,领悟作者的表达智慧,品悟出侧面描写的妙处。语言的张力在比较中激活,语言的魅力在比较中彰显,语言的生命活力在比较中熠熠生辉。随后,姜老师又出示《陌上桑》片段加以佐证,学生又一次受到古典作品的熏陶。此段教学,教师引导学生"知其然"——理解意义,更重视引领学生"知其所以然"——体会意义是如何表达的。课堂上,师生快乐地徜徉于文言文的殿堂,学生在学故事,更是在饮一杯语言的琼浆。

当然,窃以为,如能在教学中再安排环节,让学生大胆想象村子里其他邻居的反应,将侧面描写的方法学以致用,可能会有更好效果。如此,让学生感知"言",积累"言",仿照"言",创作"言",由表及里,步步深入,才能真正达到感悟语言、积累语言、训练语言之目的。因为,"感受语言、领悟语言,最终要落实在积累语言、运用语言上。否则,感悟到的东西往往是过眼烟云、转瞬即逝"。(王崧舟语)

三、写之拓之,练出"言""意"

一篇小古文虽然只是穿越了时空隧道的一个历史碎片,但它承载着丰盈的民族文化精神。教学文言文,就是要引领学生"穿越"古今,去阅读、去思考、去吸取,与古人对话,认识我们的祖先,懂得我们的历史,从而继承和发扬我们的文化。

《东施效颦》是篇寓言,寓意深远绵长,教学的重点之一应放在对寓意的理解和把握上。教学中,姜老师通过练写,引领学生透过现象看本质,透过故事悟哲理,从而关注文本的文化价值。在"读出意味"板块,设计了"情境练写",让学生"成为"友善的街坊邻里劝说东施。这样的"情境练写"引导学生将注意点由故事本身转向故事深层哲理,将学生的兴奋点定格在对故事寓意的把握上,增强了教学的对话感,触发了更深层次的思考,文本深藏的意蕴得到了充分挖掘与展示。

此外,教学中姜老师还适时拓展:初读之后,出示"庄子"的图片和简介,让学生体会中华文化的源远流长;课将结束,又回到了《庄子》这本书和庄子这个人身上,让学生进一步领略中华文化的博大精深,激发学生热爱汉语的情感。如此,发掘文言文的文化价值与现实意义,使学生建构起新的认识,真正实现教学的"言意共生"。

(点评专家:吴建英,江苏省海门市通源小学特级教师)

姜树华，江苏省人民教育家培养对象，江苏省小学语文特级教师，中学高级教师，"南通市名师培养第一梯队成员"，如皋市安定小学校长、党总支书记。"国培班"导师，"全国语文大讲堂"特约讲师，南通大学教育学院研究生特聘导师，云南开远市小学语文工作室顾问，如皋市"雉水名师工作室"导师。一直致力于"言意共生"语文教学的理论与实践研究。曾获教育部"首届全国小学优秀课例评选"一等奖、"全国中小学公开课电视展示活动"特等奖。先后在云南、内蒙古、四川、湖南、陕西、河北、浙江、广西等二十多个省市执教示范课、开设讲座160多次，在中国教育电视台"名师讲坛"栏目专题播出，先后有4课例在全国展播发行。《小学语文教学》等杂志签约作者，《语文世界》《语文教学通讯》等杂志封面人物或栏目人物，在《小学语文教与学》（人大复印资料）、《语文教学通讯》、《小学语文教学》等省级以上刊物发表论文180余篇，出版专著《"言意共生"教语文》。

细节 4

"经历着"学观察：语文教学的应当之任

姜树华

> **细节阐述**

　　心理学是这样给"观察"下定义的："观察是有目的、有计划、比较持久的知觉。它是以视觉为主，融其他感觉为一体的综合感知，是知觉的一种高级形式。观察中包含着积极的思维活动，因此，人们也把它称为思维的知觉。"这个概念至少提醒我们三点：第一，观察要有目的、有计划、有耐心。第二，观察要做到多感官参与，即不仅要用眼看，还要调动各种感觉器官，用耳去听，用鼻去闻，用口去尝，用手去摸，用脑去想。第三，观察是有人的积极思维参与的。这为我们怎样去观察提供了依据。

　　观察是科学研究、艺术创造的一种重要方法。小学阶段中的每一个学科的学习都离不开观察。数学、科学因观察，会有新发现，发现新规律，其侧重于研究某种客观的存在，以揭示其发生的规律；书法、美术因观察，会使画面显得更唯美、更富有内涵，其侧重于抓住事物特征，以线条表现……那语文学科中的观察又是什么呢？让我们先来看看《语文课程标准》中对观察的要求。在习作部分，第一学段：对写话有兴趣，留心周围事物，写自己想说的话，写想象中的事物；第二学段：观察周围世界，能不拘形式地写下自己的见闻、感受和想象，注意把自己觉得新奇有趣或印象最深、最受感动的内容写清楚；第三学段：养成留心观察周围事物的习惯,有意识地丰富自己的见闻,珍视个人的独特感受,积累习作素材。在综合性学习部分也提出:结合语文学习,观察大自然,观察社会,用书面或口头方式表达自己的观察所得。从这些要求,我们不难看出,语文学科中的观察是学生必须养成的一种习惯,是对自然、对社会主动、自觉、积极关注的习惯。它为丰富学生生活阅历、积累言说素材服务;它更珍视观察过程中的个性化的情感体验,并要求将所见所闻所想通过合乎法则的语言有顺序、有选择、有重点地生动表达出来。

下以苏教版语文第九册第6课《变色龙》的教学为例,如何让学生在语文教学中学会观察?根据本单元的特点以及在全小学阶段目标体系中的价值,笔者认为,作为第三学段的本单元旨在让学生通过诵读诗歌、感悟伟人、阅读故事、品味语言等方式,进一步激发观察大自然的兴趣;学习"看、问、实验"的观察方式,领悟按观察顺序写作和细节描写的表达方法;尝试运用此法,留意自然,珍视自己独特的观察感受,真实、有序地表达对美好自然的热爱之情,逐步养成观察习惯。

典型案例

《变色龙》课堂实录

学习目标

1. 绘声绘色介绍变色龙,了解其外形及行为特点,活用文本语言。
2. 学习用"看""问""实验"等基本观察方式进行静态、动态观察。
3. 品读变色龙的名副其实,体会从多角度说明主要特点的文本魅力。

教学实录

一、绘声绘色介绍变色龙的外形,学会"看"的观察方式

1. 简述图片

师:同学们,这节课我们继续学习课文——
生:(齐)《变色龙》。

师:从你们的声音里,老师就感觉到大家有点喜欢它了。这篇课文是按照事情发展的先后顺序写的,先写的是——

生:发现变色龙。

师:然后是——

生:端详变色龙。

师:最后写的是——

生:(齐)放回变色龙。

师:三部分中主要写的是——

生:(齐)端详变色龙。

(课件展示"变色龙"图)

师:这,就是我们一行人好不容易发现的变色龙。我们好好地端详一下。(师生静静观察)

师:谁来简单地说说观察到的变色龙的特点。

生:它的眼睛很奇特。

师:嗯,说眼睛了。

生:这条变色龙全身翠绿,椭圆形的脸上长着三角形的嘴。

师:哦,她说了全身,还说了头。

生:长着四条短短的腿。

生:它隆起的背部酷似龟背。

师:嗯。要说别人没说过的部分。

生:它的尾巴又尖又细。

生:它的尾巴这么弯,可能是因为它在树上生活,然后它要把这尾巴卷住树干。

师:他在边观察边思考,有意思!

2. 学会观察

师:作者也仔细地端详了变色龙,看看他是怎么观察的。

(出示)

> 读出作者的观察顺序
>   1. 默读第九自然段,用横线标出观察到的变色龙的身体部位。
>   2. 组内交流作者的观察顺序,并讨论作者这样观察的智慧。
> (人人交流,注意倾听,及时补充个人想法)

小组长:谁先来说说?

生:我发现了作者写了变色龙的全身、头、嘴、两眼、身躯。

生:我来补充。还写了背部、腹部、短脚、尾巴。

生:他还写出了它的嘴是三角形的,眼睛是凸起的。

生:我发现作者是按顺序写的,先写了全身,然后再按照从头到尾的顺序写。

生:我觉得作者按从上到下的顺序。

生:我不同意你的观点,变色龙又不像我们人这样竖着长的,应该是从头到尾的顺序。

……

师:差不多了吧?哪一组的孩子来说说?(指一生)如果他汇报不完整组内可以优先补充。

生:我发现它的头是椭圆形的。

师:这是在写"头",直接说部位——

生:嘴、两眼、身躯、背部、腹部、短脚、尾巴。

(师分别用红色标注出这些词)

师:我在等你们组有没有补充。

生:我来补充,还写了全身。

师:跟他们组找的一样的同学请举手。(绝大多数学生举手)不完整的赶紧补充一下。

师:接下来这样,老师想跟大家配合着读。老师读变色龙的身体部位,你们读特点。

(师生配合读)

师:发现作者这样观察的智慧了?

生:作者是先写全身,再写各个部位。

师:先全身,再部位。也就是由整体到——

生:部分。

生:写部分的时候也是有顺序的:先写头,最后写尾。

师:同学们真会读书。原来作者不是一般地看(板书:看),他是先看变色龙的全身,然后再一部分一部分地看,对不对?部分中他又是先看头,最后到——(生:尾)他看得非常讲究啊(板书:顺序),只有按照顺序,他才能够把变色龙完整地告诉我们。

师:好的。谁来读一下,让我们闭着眼睛都能感觉到作者的观察顺序。(指一生读)

师:有点顺序了。但是顺序不够突出,不够明显。谁再读一读。

(再指一生读,朗读较好)

3. 绘声绘色地讲

师:读书就要这样读。这种生动的介绍啊,光读还不够,我们还要能够讲出来。(出示)接下来同座的练习着介绍介绍变色龙,有一个要求那就是——

(出示)

> 练习介绍
>
> 同座练习介绍变色龙。
>
> 要求:达到"绘声绘色"的状态。

生:绘声绘色。

师:第一课的时候,我们已经学过了这个词,看看大家有没有真懂这个词。"绘声绘色"地讲,应该是一种怎样的状态啊?

生:最好要配上动作。

师:噢,这叫比划。

生:加上神情。

生:讲得要非常投入。

生:要让别人觉得是真的。

师:真好!都听到了吗?开始练着讲。

(生练讲)

师:哪位同学来讲?(指一生)不忙,这样,其他同学要看着她讲,因为这不是一般地讲。大家会不会看,她一讲完,我看大家的反应就知道啦!

(生讲)

生:我觉得她的面部表情可以再丰富一点。

师:哪一句话?给她示范一下。

生:(边读边表演)变色龙全身翠绿可以体现变色龙它很绿。

生:(加动作)椭圆形的脸上长着三角形的嘴,手势可以放在这里。

师:很好,有趣!

师:(对刚才的那位学生)是不是还想来讲一下?(生点头)

(生第二遍讲,讲得很精彩)

4. 绘声绘色地读

师:给她掌声。真的很不错!把这种绘声绘色的感觉加进去读,要求更高了,谁再来?

(一生读,非常投入,大家情不自禁地鼓掌)

师:非常好,读书就要这样读,这就叫"绘声绘色"。

二、绘声绘色朗读变色龙的捕食和变色,学会"问""实验"等观察方式

师:我们继续往下走。

(出示学习要求)

> ➢ 练习朗读
> 组内自由结合,选择描写变色龙捕食或变色的内容练习朗读。
> 要求:达到"绘声绘色"的状态。

(小组学习,师组间巡视,指导)

师:我建议大家把课文放下,这样能更好地绘声绘色地讲。

师:读你选读的部分,不一定要读完整,绘声绘色的感觉很重要。

1. 展示交流捕食部分(出示第10~12自然段)

师:捕食部分谁来读?内容好多,可以选你想读的一部分。

(一生读)

师:怎么样?要学会听同学怎么读书。

生:(对着一生)你读得很好,就是语速太快了,应该放慢一点。

师:示范一下!

生:(示范读,强调"相当"一词)"这时,一只色彩缤纷的蝴蝶飞过来,离变色龙还有相当的距离。"

师:老师觉得她有几个词读得很有感觉——

生:那个"吓了一跳"。

生:她的那个"刷"读得很快,体现了变色龙捕食之快。

师:哦,你看,他就在听。

生:"刹那间"读得很短促,感觉到变色龙捕食的速度很快。

师:停,这就是我们五(5)班同学出色的地方。会倾听别人读书。真好,继续——

(指一生读,读完后学生纷纷举手)

生:我觉得她应该读得再快一点。

生:我认为还没有达到"绘声绘色"的程度。

师:哦,还差一点表现力,是吧?但是,有两个词她读得确实很好,听出来了吗?

生:写变色龙眼睛那句中的"单独",她读得很强调。

师:还有一个词是——

生:(齐)"分别"。

师:其实有没有这两个词啊,句子意思还真不一样。同学们都来品品看。

(出示,生比较读)

生:加了"单独"能体现出变色龙的眼睛和其他的动物不一样。

生:如果把"单独"和"分别"这两个词去掉,就突出不了变色龙的神奇了。

师:孩子,奖励你来读,读出它的神奇。

(一生读)

师:有没有听得出？所有同学都像他这样读——

（生齐读）

师:好,同学们,我们注意啊,作者在观察变色龙捕食这一部分,除了用了"看"这种方式,还用了另外一种方式——

生:问。

师:嗯,真正的会观察的人不仅会看,还要动脑去——（板书）

生:（齐）问。

师:问,是一种非常好的更深入观察的办法,要学作者。

2. 展示交流变色部分（出示第13～14自然段）

师:哪组来介绍变色龙的变色部分？

（一生读）

师:读得很明白,尤其是顺序读得特别清楚。听出来了吗？（边说边标记:"先""接着""再"）

师:同学们,让我们都来见识一下变色龙的"变"。

（课件展示:变色龙不同环境下的变色,生情不自禁地惊叹着）

师:感觉怎样？

生:变色龙十分神奇。

生:变色龙和其他动物有鲜明的区别。

师:好,把感受到的神奇加进去再读。

（生读）

师:这就叫"百闻不如一见"。你看,朋加沙他亲自抓着变色龙放置在不同环境下让我们发现了它真的会变色。

师:同学们,其实这也是一种观察方式。知道这是一种怎样的观察方式吗？

生:实践。

生:试。

生:体验。

师:同学们真会体会。这种亲自动手去做就是我们说的"实验"（板书）。

师：有一位科学家是这样说的，一起读——

（出示："一切推理都必须从观察与实验中得来！——伽利略"）

（生齐读）

师：让我们都来实验一番。这样，你想象一下如果让你抓变色龙，你想把它先放在哪儿？接着？然后？它的肤色分别在怎么变化着？

（出示——练说："我抓起变色龙，先把它……接着，又把它……再把它……"）

师：想见识一下大家是怎么实验的。

生：我先把它放在窗帘上，它变成了窗帘的颜色；接着，又把它放在纸上，它变成了白色；再把它放在黑板上，它变成了淡绿色。

师：还有谁是怎样实验的？有没有特别有趣的放法？

生：我抓起变色龙，先把它放在皮肤上，眼看它慢慢变成肉色；接着，又把它放到头发上，看着它变成黑色；再把它放在裤子上，看着它变成绿色。

师：哦！很刺激！她把变色龙放在自己身体的部位上，是不是？

3. 尝试多角度观察

师：（结合板书）我们看，本文作者不仅仅是简单地"看"，还进行了——"问"（生齐答），还进行了——"实验"（生齐答）。

师：有没有学会作者这样的观察方法？

生：学会了！

师：光说不足以证明，我们来验证一下。

（出示）

> ➤ 尝试观察
>
> 　　生活中，我们经常会见到各种动物，如狗、猫、鸡、鸭、鹅……如果再让你好好观察它们，你会用上哪些方式？

（生思考、交流）

生：我想去摸一摸鹅的毛，看看软不软！

生：我会在狗面前放一根骨头，看看它是怎样吃骨头的！

生：我会观察鸡是怎样下蛋的！

师：都会实验了！

生：我会把骨头隔着一块玻璃放在那边，看狗会怎么个急法！

师：哈哈，真考验啊！有没有其他观察方式了？

生：我还会问家长一些关于动物的问题。比如狗为什么会吃骨头？猫为什么会喵喵叫？

师：对，这些都是我们好奇的！

生：我还会问小鸡为什么会在饭后吃石子。

师：我相信我们五(5)班同学，你们下次再遇上动物，肯定会用各种方式去观察的。

三、品读变色龙的名副其实，学会抓主要特点观察

1. 品读变色龙的名副其实

师：好，同学们，我们把目光再收到课文里来。文中除了第14自然段在用"实验"的方式让我们知道，变色龙果然——

生：(齐)名副其实。

师：是的。其实课文中还有好多地方写了变色龙的变色，真正会观察的同学还会观察文字。

（出示）

> 读出变色龙的名副其实
> 1. 默读全文，画出文中能表现变色龙名副其实的词句。
> 2. 组内交流各自的发现，读读、品品相关词句。

师：(组间巡视指导)默读是要有一定速度的，抓住有用的去读。

（生自学，小组内交流）

2. 交流展示

师：都发现哪些句子了，我们来交流交流！

生：第6自然段。"大家在绿叶丛中找了一阵，没见到'怪蛇'，以为是小李在开玩笑。"这里的"找了一阵"说明大家找了很长时间也没有见到变色龙，说明变色龙的变色本领很强。

师：你看，她有体会了，朗读得就特别有感觉，非常好！还有发现吗？

生：我找的是第12自然段。"这时，一只色彩缤纷的蝴蝶飞过来……刹那间，那只彩蝶已被卷入它的口中，成为美餐。"蝴蝶自在地飞过来说明它并没有看见变色龙，说明变色龙变色隐蔽本领的确很高！

师：哦！这个同学很有读书能力！你看，表面上这个句子不在写变色龙，但实际上却是在反映着变色龙的变色，这就叫真读书。很有语文水平的！还有发现吗？

生："小李用手一指，豆藤上真的挂着一条绿莹莹的四脚小蛇，皮肤和豆叶一模一样，很难发现。"这个也说明了变色龙的变色能力强，皮肤和豆叶一模一样。

师：（欣赏状）是的，继续发现！

生："尽管我们大声叫喊，对着它指手画脚，它却依然一动也不动。"这句话说明了变色龙对自己的变色很有自信。它认为别人看不见它，认为自己隐藏得很好！

师：变色龙在那里掩耳盗铃呢！它之所以掩耳盗铃，主要还是——

生：变色本领强！

师：对对对！还有吗？同学们的发现越来越深刻了！

生："你别看它可以连续几个小时挂在枝叶上一动也不动，但它是似睡非睡地窥探着，伺机捕捉昆虫。"它可以连续几个小时挂在枝叶上，别的动物不可以，完全是因为它隐藏得很好！别的动物看不见它，向它飞来，然后它就可以乘机吃掉它们！

师：所以，它能坚定地在那儿——

生：一动不动！

师：佩服我们五(5)班的同学，你们真的很会读书！这些句子表面上看起来不在写变色龙的变色，但却处处表现着——

生：变色龙的变色！

师：所以，课文的第15自然段只有一句话！我们一起来读好它——

生：(齐)"变色龙，果然名副其实。"

3. 引申"变色龙"，学会抓主要特点观察

师：其实啊，生活中我们也经常会提到"变色龙"，一般是用在哪些人身上？

生：一般用在见风使舵(生读成了 tuó)，比较阴险的人身上。

师：有个词你用得非常好！但是音读错了，是"见风使——舵(大多学生：duò)"！你带领大家读读这个词。(生正确领读"见风使舵"两遍)

生：还可以用在立场不坚定的人身上。

生：也可以用于超市职员。

师：怎么了？超市职员是变色龙？(众笑)

师：哦，我猜得到你是要表达超市职员们善于与顾客沟通，是吗？(生点头)

师：有一个著名的作家叫契诃夫，他曾经写过一篇小说，题目就叫——"变色龙"。但是老师要告诉你们，这篇小说不是写动物的，是写——人的(生齐答)。有兴趣的同学回去可以找来读读。

师：无论是作家笔下的变色龙，还是我们心中的变色龙，其实都指向变色龙的一个主要特征，那就是——变色(生齐答，师结合黑板上的课题用"红△"标记"变色")。

师：来，我们一起读好这个题目，让所有人都清楚它的特点——

生：变色龙。

师：这节课就上到这儿，下课！

◆ 案例反思 ◆

亲身经历无疑是最有价值、最为宝贵的学习过程与资源。光听，可能是轻风过耳；光看，可能是过眼烟云，只有经历过的经验才是最具力量的。语文教学当让学生在实践中掌握语文知识与语文技能，即语文

素养。《变色龙》一课的学习展开了学生学习的经历,让学生"做中学",历经的是言语实践,形成的理所当然就是"语文经验"了。

1. 经历着学观察

关于观察,"莫泊桑拜师"的故事很能说明。福楼拜让莫泊桑学会观察,不日,莫泊桑满脸懊丧,跟老师讲:"我按照您的教导,看了几天马车,没看出什么特殊的东西……"福楼拜赶紧纠正:"富丽堂皇的马车跟装饰简陋的马车是一样的走法吗?烈日炎炎下的马车是怎样走的?狂风暴雨中的马车是怎样走的?马车上坡时,马怎样用力?马车下坡时,赶车人怎样吆喝?他的表情是什么样的……"观察,对于学生来讲并不陌生,但真正会观察者可谓凤毛麟角。归结原因,一是我们的指导大多停留于口中,以至于学生对"观察"一词过口而不入心;二是我们缺失大量的观察实践活动,观察之法得不到生根。教学中,为了让学生学会观察,我特别设置了这样的学习活动:

> 读出作者的观察顺序
>   1. 默读第9自然段,用横线标出观察到的变色龙的身体部位。
>   2. 组内交流作者的观察顺序,并讨论作者这样观察的智慧。
> (人人交流,注意倾听,及时补充个人想法。)

学生们不仅很顺利地标出了作者观察到的变色龙的身体部位,还在组内讨论了作者这样观察的智慧:"这样观察就不容易乱了""这样就能一步一步地扣住特点进行观察了""由整体入手,再到部分。部分中又按前后顺序,从头到脚,这样让人一目了然"……学生对作者观察之道的真正明悟来源于学生真实的学程。用笔标记,这是阅读的过程;用手比划,这是把观察顺序印刻于心的过程;再讨论体会观察之妙,这是探究并知其所以然的过程。

更需着力谈及的是本课教学中对于学生学会观察的引领。教学中关于"观察"的学习没有止于"看"这一方式,更聚焦于"问""实验"的多种方式。这是对学生脑海中"观察局限于'看'"这一常规思维的突破,这也是《变色龙》这一文本具备的特有的教学资源。学生们对学会多种方式观察的收获,有一种拨开云雾之感,甚为欣喜。于是在教学中顺势而为,让学生尝试观察:"生活中,我们经常会见到各种动物,如狗、猫、鸡、鸭、鹅……如果再让你好好观察它们,你会用上哪些方式?"这是对学习新知的检测与实践,也是教学中着重的一笔。观察,显然不能纸上谈兵,坐而论道,必须在观察中学会观察。

2. 经历着学讲述

2011版新课标要求,阅读文本能"简单描述自己印象最深的场景、人物、细节,激发想象力和创造潜能,表达有条理"。语文教学中,复述是训练学生口头表达能力的一种重要手段,能使学生深入理解所接触文本的内容,从而内化文本,发展逻辑思维能力。《变色龙》一课的教学中,我着力进行了"讲述"这一言语实践。

> 练习介绍
> 同座练习介绍变色龙。
> 要求:达到"绘声绘色"的状态。

作者对变色龙的外形观察很是讲究,从整体到部分,从头部到躯干再到尾部,井然有序,条理清晰。对每一部分又着力于特点的观察与描摹,为了让这些成为学生的语文积累,实现语文学习的增值,于是就有了"练习介绍"这一环节。教学中,学生们津津乐"述",首先围绕"'绘声绘色'地讲应该是怎样的状态",大家相互出主意。大家明白了"讲述不求语言的原封不动""讲述要带上动作的比划""讲述可以加入自己的语言""讲述还可以带上自己的想象"。在相互提醒下,同座间开始了讲的练习,言语在教室内激荡,"讲述"能力从学生品评中来,课堂成了真正的"言语场"。愚以为,通过历经讲述,学生们很快明晰了变色龙身体部位的特点,有效盘活内化了文本语言,从而实现了对学生能力的有效训练,也顺利达成了新课标所提的要求。

3. 经历着学朗读

教学中,我们常常会要求学生对某一段文字有感情地朗读,用意在"让学生在朗读中通过品味语言,体会作者及作品中的情感态度,学习用恰当的语气语调朗读,表现自己对作者及其作品情感态度的理解",但我们却很少会花心思让学生"练习着"读出恰当的情感,练习着用恰当的语调、语气、停顿、重轻来表达内心体会到的情感。所以课堂中常常见到的有感情朗读几乎是如出一辙的"读书腔"(曹文轩语)。2011

版新课标旗帜鲜明地提出"朗读要提倡自然,要摒弃矫情做作的腔调"。本课教学中,"绘声绘色"一词显然不仅仅作为一个重要词语在进行教学,更是把"绘声绘色"一词放在了"讲"与"读"的实践层面。

> ➤ 练习朗读
> 　　组内自由结合,选择描写变色龙捕食或变色的内容练习朗读。
> 　　要求:达到"绘声绘色"的状态。

这一环节是在进行"绘声绘色地讲"之后的学习活动——"绘声绘色地读",前者为过程,后者为落脚,前者为后者做铺垫。教学中虽没有明确提出有感情地朗读,实际上学生在绘声绘色的状态下,自然调动起内心的情感体验,较成功地实现了由绘声绘色地讲到绘声绘色地读的转换。无论是组内学生的相互指点,还是班级交流朗读时的相互点评与主动示范,学生在不知不觉间提升了朗读水平,读书的声音越来越自然,越来越发自真实的内心。学生真实经历了学习朗读的过程。

4. 经历着学品文

品读文字,是语文课的独当之任,是"向内容说再见"的具体操手,也是任何语文老师都愿意并且会着力训练的项目。但具体从哪些角度去品读文字,教学中常常又表现得"只可意会不可言传",所以学生即便在教师的带领下品读起文字,但当学生"独行"阅读时又显得茫然无措,找不到抓手。本课教学中,着力让学生进行品读方法的学习。

> ➤ 读出变色龙的名副其实
> 　　1. 默读全文,画出文中能表现变色龙名副其实的词句。
> 　　2. 组内交流各自的发现,读读、品品相关词句。

让学生在读、品、评、比较中,揣摩字词表达的准确;在咀嚼文本的字里行间对变色龙"变"这一主要特点的过程中,揣摩作者叙述性表达之妙。品读过程中,学生渐渐掌握了比较、筛选等品读语言的方式。语言之妙隐藏得有深浅,学生品读语言的能力也有深浅,于是就有了发现语言之妙的先后,教学过程也就有了张力。

教学的追求是无止境的,具体到一节课的教学内容选择也是多维度的。让学生经历学语文的过程是本堂课的着力方向,但实践起来略显浅尝辄止。有遗憾就有希望！

☙ 专家点评 ☙

听姜树华老师的课给我们一种豁然开朗的感觉。他似乎在用他的课堂诠释着某种语文教学的规律性，我们在赞叹和共鸣之余，更多的是受到了一种深刻的启迪。下面，我想从三个方面谈谈自己的感受。

一、广阔的课程视野

一篇课文并不是一个孤立的存在，而是单元整体和整个小学语文教学系统中的一个节点，只有找准了这个节点的正确坐标，才能科学地定位教学目标。《变色龙》一课的教学目标，姜老师是这样表述的：

1. 绘声绘色介绍变色龙，了解其外形及行为特点，活用文本语言。
2. 学习用"看""问""实验"等基本观察方式进行静态、动态观察。
3. 品读变色龙的名副其实，体会从多角度说明主要特点的文本魅力。

这些目标的依据是什么？一言以蔽之：课程视野。具体地讲，主要有两点。

一是年段目标。《语文课程标准》中不同的学段有不同的目标定位。对小学而言，三个学段的目标逐步提高、螺旋上升，教学时必须紧扣这些目标，切忌"低段高读"或"高段低读"。本课目标中"绘声绘色介绍变色龙"和"体会从多角度说明主要特点的文本魅力"无疑呼应了第三学段阅读教学"能简单描述自己印象最深的场景、人物、细节"和"初步领悟文章的基本表达方法"的教学要求，体现出了鲜明的年段特点。

二是单元重点。"单元"作为教材系统中的一个中观层级单位，最为集中地反映了编者的编写意图。这三五篇课文为什么会集中呈现在学生面前，它们之间有什么内在的逻辑联系，它们要共同解决一个怎样的重点问题，这是非常关键的一个教学要素。因此，我们要对单元整体进行全面把握，要把单篇课文置于单元整体之中进行考察和审读，否则就会出现偏离单元目标的不良倾向。《变色龙》一文安排在五年级上册第二单元，本单元共有4篇课文，分别为《去打开大自然绿色的课本》《装满昆虫的衣袋》《变色龙》和《金蝉脱壳》。仔细研读这4篇课文，我们不难发现，"观察自然（动物）"是它们的共同主题。对这一教学重点，本单元的《练习》已经做了很明确的提示，编者在"诵读与积累"中列出了巴甫洛夫、伽利略、苏霍姆林斯基的三条关于"观察"的名人名言。很显然，这些名人名言是对单元重点的一个最好注脚。当然，总目标相同，不代表子目标一样，4篇课文分别指向"观察自然"的几个不同维度。前两篇主要落实在情意层面，教育学生要热爱自然，要有顽强的意志和毅力；第三篇担负着学习观察方式，培养观察能力的任务；第四篇则为学生提供了一个将观察所得进行有序表达的范例。姜老师在备课中很好地把握住了单元的重点和每篇的特色，并在此基础上把"学会用'看''问''实验'等基本观察方式进行静态、动态观察"定为本堂课的核心目标。

二、鲜明的学科特点

我们常说，语文姓"语"，就是说语文教学要以语言文字训练为主，帮助学生形成语文能力，提高语文素养。《变色龙》这堂课的教学，姜老师自始至终带领学生学语文、用语文，氤氲着浓浓的语文味道。

1. 品词析句，指向"特征"

变色龙之所以得名，原因就在于一个"变"。课文中是怎样描写变色龙之"变"的呢？姜老师让学生默读全文，画出表现变色龙名副其实的词句，读读品品。对直接写"变"的内容，姜老师一带而过。重点则放在所谓"不着一字，尽得风流"的那些间接描写的句子上。如"尽管我们大声叫喊，对它指手画脚，它却依然一动不动""这时，一只色彩缤纷的蝴蝶飞过来……"通过引导学生独立思考，交流讨论，使他们明白，变色龙之所以"一动不动"，对"我们"的行为视而不见、听而不闻，是因为它觉得自己隐藏得很好，不容易被发现；蝴蝶之所以飞向挂在变色龙的豆藤，因为它没有意识到危险，同样说明变色龙隐蔽得很好。教学中，类似这样品词析句的片段还有很多，如引导学生推敲"单独"和"分别"两个词语，目的是让学生体会用词的准确和变色龙眼睛的奇特。我以为，姜老师在课堂上围绕关键词句的这些教学设计，不仅培养了学生的语言能力，还训练了学生的思维，同时又让学生初步学习了对事物进行侧面描写的基本方法。

2. 学用结合，领悟"方法"

本课的训练重点在于"学会观察的基本方式"，围绕这个重点，姜老师通过第9自然段的教学，首先抽象出"看"这一最为常用的方法，同时指出，"看"还要按顺序、抓特点。接着，又很自然地归纳出了"听"和"实验"两种方法，为了加深学生的印象，还用"一切推理都必须从观察与实验中得来"这句伽利略的关于观察的名言进行了强化。可能会有不少老师认为，这就教给了学生观察的方法，但姜老师并没有就此打住，而是安排了一个尝试观察的训练："生活中，我们经常会见到各种动物，如狗、猫、鸡、鸭、鹅……如果再让你好好观察它们，你会用上哪些方式？"这是一个非常必要，而且富有实效的补充和延伸。因为针对文本内容的研究和学习，只是进入一个"学"的系统，而链接生活，举例实践，才能进入"用"的系统。"学""用"结合，更有利于学生巩固从课本中学到的方法，逐步形成语文能力。

此外，本堂课的教学，姜老师还非常注重朗读和讲述。通过朗读学习规范的书面语言，通过讲述对文本的语言进行内化和吸收。朗读和讲述的灵活处理，使语文课的学科特色得到更充分的体现。

三、高效的学习方式

本堂课，姜老师采用"'活动单导学'教学模式"，努力践行《2014年南通市课堂教学改革指导意见》，自觉呼应"限时讲授、合作学习、踊跃展示"的"12字要求"，取得了令人满意的教学效果。具体表现在以下几个方面。

1. 智慧让学

现代课堂教学的本质规定性是什么？是"学"，不是"教"。课堂的主体是学生，主人是学生，主角是学生，教师只是一个教学活动的组织者。所以，教师要学会"隐身"，甘于"让学"。本堂课上，姜老师把更多的时间留给了学生，让他们读书，让他们思考，让他们讨论，让他们练习，学生在充分的自主学习、小组合作和展示交流中理解文本，学习语言，形成能力。

2. 有效合作

这种"有效"主要表现在：（1）小组合作具有充分的准备和坚实的

铺垫。学生在每次"合作"之前,都要进行一段时间的自主学习。他们按照老师提出的要求读书、思考,并做记号。这个"自主学习"特别重要,它是"小组合作学习"的前提。只有在独立思考的基础上,"小组合作"才有意义。(2)小组合作能有序开展,全员参与,充分发表自己的观点。本堂课的小组合作非常规范,井然有序,小组成员都能积极参与到交流和讨论之中,没有主宰者,也没有旁观者。在讨论时,大家都能各抒己见,特别是敢于发表自己的不同意见,我们能清晰地听到一个学生说:"我不同意你的观点。"这样的合作,才是真合作,才是有效的合作。(3)教师非常注重对合作学习的管理。课上,姜老师能深入各个学习小组和学生交流,这是在了解学情,并进行观察、指导、解疑。在这个过程中,教师最能发现小组合作学习中生成的一些问题,要知道,有些即时生成的问题远远比教师课前苦心孤诣设计的问题更有价值,更有意义。

3. 精彩"展示"

本堂课上,姜老师以小组为"展示"的基本单位,主发言人"展示"之后,小组的其他成员进行补充,丰满和提高"展示"的水准。本组补充完毕,再由其他小组进行补充。"小组展示"在一定程度上把"展示"的机会还给了每一个小组成员,有效地杜绝了旁观者的出现。这是其一。其二,在"展示"的环节,能坚守"本体",虽然形式丰富多样,但用得最多,也最具实效的学习方法还是"读"。其三,姜老师在学生"展示"的过程中,还非常注重诱导和升华,通过归纳和提炼揭示观察的基本方式。其四,姜老师多次提醒学生在其他组员"展示"时注意倾听,重视了良好学习习惯的培养。

(点评专家:刘国庆,如皋市教育局教研室)

细节 5

"一线串珠"式教学组合类课文

姜树华

✿ 细节阐述 ✿

1. 对"组合类"课文的认识

我国现行的小学语文教科书依然沿袭了"选文式"的编排方法,多按主题的要素来组织单元。甚至,一些单篇课文也是按照这一思想来加以组材的。以苏教版小学语文教材为例,每个年级都有《古诗两首》,三年级下册有《寓言两则》,四年级下册有《生命的壮歌》,五年级上册有《成语故事》《伊索寓言》,等等。随着年级的升高,此类课文的篇数也逐渐增加。这足以说明这类课文很受编者青睐,在语文教材中有着重要的地位。它们或出自同一作者,或内容相关,或结构相似……我们将这样一些几篇文章组合在一起成为"一篇课文"的,叫做"组合类"课文。

2011版语文课标中新增了一个跟编者对话,这就要求我们在教学时学会揣摩编者这样组合安排的意图,认识这类课文的性质和教学价值,即教学"组合类"课文应将文本材料作为一个整体来教授,注重教学内容的整合性,学习内容的关联性,便于学生完整、系统地掌握知识,达到对知识意义的理解,实现学生语文素养的更好提升。因此,认识这类课文的性质和教学价值,从而采取适当的教学策略,是一个值得探讨的话题。

2. "组合类"课文的教学现状

对于"组合类"课文,大多数教师一般采用"拆分式"教学,即把这类课文组合分解成几篇课文逐一进行教学。这样就把《古诗两首》教成了"两首古诗",把《寓言两则》教成了"两则寓言"……究其原因,有这样两点:一是大多数老师不理解编者的意图,对"组合类"课文的性质与特殊价值缺乏足够的认识,以致教学不得要领;二是不少教师整体教学意识薄弱,墨守成规,习惯使然,大多数时候还是循规蹈矩,穿旧鞋走老路。

3. "组合类"课文"一线串珠"式的教学意义

"好的语文教学的方法是整体教学。""语文教学必须回到整体,保持文章的整体美感,把教学放到背景里面去,尽可能引导学生整体诵读——整体复述——从模仿到自由创作。"一旦学习者进入"整体学习"的状态,就能够从"一团乱麻"中"理出头绪",从纷繁复杂的知识点那里寻找知识的脉络,形成心领神会的知识结构。

4. 加强对文体的认知

文体是指文章作品在结构形式和语言表达上所呈现的具体样式或类别。不同的文体有不同的教学价值,也有不同的教学目标和教学方法。然而,近年来,在阅读教学中,教师的文体意识越来越淡薄,学生对文体的认知也模糊不清。"组合类"课文大多是同一文体,如《古诗两首》中所选择的就是"古诗",《寓言两则》中选择的课文就是"寓言"。采用整体教学,更加聚焦"文体",能增强学生的文体意识,从而加强对文体的认知。

5. 加强对主题的理解

编者从一定目标出发,按照同一主题来组合几篇文章,营造出一个"阅读场",通过整体教学,能够强化对主题的理解。四年级下册《生命的壮歌》是由"蚁国英雄"和"生命桥"两个感人肺腑的故事组成的。两篇文章的主题相似,都是讴歌区区弱者在生死攸关的时刻所表现出的可贵的合作与献身精神。通过整体教学,让学生更加深刻地体会这种团结合作、勇于献身的崇高精神,对主题的理解也将更加立体饱满。

> 典型案例

咀嚼寓言中的"骗"
——《伊索寓言》"一线串珠"式教学实录(片段)

师：只要是欺骗，它一定有破绽。接下来就做这个找破绽的事儿。（出示）

> ➢ 走进文本，寻找破绽
> 1. 各组选定一则寓言，先自主读读，想想从哪些词句中能读出人物的"欺骗"。
> 2. 在组内读读相关语句，补充彼此的发现，并相互指点朗读。
> 3. 全班交流。
>
> 小小提示：一个词语、一个标点……都可能在给你暗示哟！

（生自主学习）

师：很多组都已经举手。好，我们请这一组。你们交流的是哪一则寓言？

生：我们选的是"狐狸和葡萄"这则故事。我觉得狐狸是在自欺欺人。它之前已经说了"成熟的葡萄"，这说明葡萄已经甜了，而后面狐狸却说，这些葡萄是酸的，就说明它肯定是在自己欺骗自己。

师：哦？那自欺自地怎么说呢？你说说。

生：（表演读）这些葡萄肯定是酸的，不好吃。

师：嗯！狐狸已经生气了。还有呢？

生：我从"它边走边回过头来说"可以看出，既然狐狸说这个葡萄肯定是酸的，不好吃，但它还要回过头来看，说明它还是对这些葡萄留恋的。

师：嗯！一步三回头怎么读呢？

生：（再表演读）这些葡萄肯定是酸的，不好吃。

生：它之前已经馋得口水直流了，后面却说"这些葡萄肯定是酸的，不好吃"。说明它是自己欺骗自己。

师："馋得直流口水"该怎么读？

生:(表演读)这些葡萄肯定是酸的,不好吃。

师:这就有感觉了!你看这就叫朗读。懂吗?很好。还有对他们进行补充的吗?

生:我也是这一句。我从后面的逗号看出来。这说明它不肯定,如果肯定的话它应该用感叹号。

师:他从逗号感觉到这肯定有假。如果肯定的话它该用句号或感叹号了。孩子你读。奖励你。

生:(表演读)这些葡萄肯定是酸的,不好吃。

师:这就是语文的感觉。都说言为心声。而今天这位狐狸先生却是——

生:口不对心。

师:这个词语第一次听说耶……(生哈哈大笑)

生:口是心非。

生:自己安慰自己。

师:那叫自欺欺人。有一位爱好写作的小朋友嫌这篇文章暗示得还不够。就是欺骗的暗示还不够。他决定把这一段话写得更加丰富。同座的猜猜看,感觉这些话应该说些什么内容。开始——

(同座自主交流)

师:他可能会写一些什么呢?

生:葡萄架上垂下几串成熟的葡萄,紫的像玛瑙,晶莹剔透。一只狐狸看到了,馋得直流口水。它想尽了办法去够葡萄。它找来一根竹竿去够葡萄。哎呀!一不小心,把葡萄婴儿肌肤般的皮戳破了。不行不行,要是把葡萄都戳破了,那我怎么吃?还是爬树吧。它紧紧地抱着树干,慢慢地往上挪。耶!快要采到葡萄了。它一伸手,可是脚下一空,摔了个四脚朝天。它又想到了其他各种办法,但是,都是白费劲。

师:有补充的吗?一定要在听别人的基础之上,说得更精彩。

生:杨睿蒙,我觉得你刚刚在讲狐狸在爬树掉下来的时候可以说它疼得嗷嗷直叫。嘴里一边喊:"哎呀!好疼啊!好疼啊!"

师:早知道这样就不爬了,对不对?嗯!就是这些精彩的话语可以加进去的。

师：杨睿蒙，我可以给你补充一下，葡萄架上垂下几串成熟的葡萄，它们在阳光的照射下闪烁着葡萄特有的光泽。

师：光泽，诱人。很好！你看，这些同学多好啊，为你贡献了这么多，课后就可以这么写。想见识一下这位同学是怎么写的吗？

（屏幕展示，生自己读）

葡萄架上垂下几串成熟的葡萄，紫的像玛瑙，绿的像翡翠。一只狐狸看到了，馋得直流口水。它想尽了办法去够葡萄。它先助跑一段路，然后猛地跳起来，但却失败了。它又搬来一块大石头，放在脚下垫着，可还是够不着。它向葡萄扔石子，可它的瞄准水平实在太差了，一个也没有砸下来……都是白费劲。

师：感觉怎么样？

生：很可笑。最后它向葡萄扔石子，可它的瞄准水平实在太差了，一个也没有砸下来……感觉很可笑。这个写得非常好。

生：我觉得他还有一个写得好的地方，那后面还有一个省略号，说明它还试了很多的方法。

生：我对他有疑问。紫的像玛瑙，为什么又说绿得像翡翠？

师：你说呢？

生：是因为葡萄有紫色的也有绿色的。紫的像玛瑙说明它紫得好像要滴下紫油来了。绿的说明它绿得像翡翠一样。

师：也恰恰说明了这些葡萄非常诱人，是不是？知道了吗？这就叫听。你会听。我们再读读。

（出示原文第一段）

师：明眼人一看就知道，这段话其实就是课文中的。课文中的第几段？

生：第一段。

师：那问题来了。作者为什么没有像刚才那位小朋友那样，写得那么详细呢？小组内赶紧交流一下。

（小组交流）

生：我觉得寓言故事都是比较简短精练的，都是小故事大道理。

生：我觉得写得简短一点更通俗易懂。如果写得多了写得优美了，我们又不是来读美文的,我们是要在这个里面读懂一个道理。

生:我觉得作者是想让我们有自己的想象的空间。

生:我觉得作者只是想让我们把最重要的道理读出来,所以文章不需要写得太长。

师:也就是寓言最重要的在于什么啊?

生:道理。

师:所以他没有必要把故事写得那样具体,对不对?并且还给我们留下了想象的空间,何乐而不为呢?我发现了,我们四(1)班都是写作的高手。

师:好,我们继续交流其他的寓言故事。好,你们组。

生:我们选的是"蝉和狐狸"这则故事。狐狸说:"你能让我见识一下你那动人的歌喉吗?"蝉在树上狐狸照样能听到蝉的歌声,它为什么还要让蝉下来再听它唱歌呢?这样子不就是多此一举吗?

生:还有"狐狸以为是蝉,猛地扑了过去"。这句话让狐狸露出了破绽。

师:你们组都已经找了好多破绽,还没有人来读一读,让我们一听就知道它在撒谎。谁来读?你们组自己建议一下。

(生表演读)

生:我觉得他这儿整整用了四个"您"。只有尊敬的时候才用"您"。狐狸一般说话肯定都是用"你""他"什么什么的。而今天狐狸为了奉承蝉,让蝉下来,所以特地用了这个"您"。

师:有一些很好的词语,但是它用得不恰当,恰恰就起到不好的效果了。奖励这位同学。你的心真的比针尖还细。你读——

(生再表演读)

师:哎呀!大家有没有产生一种……什么感觉?

生:就是狐狸非常的虚伪,非常的狡猾。

师:动听的话语未必就是好话。是不是?以后真的要警惕。(继续交流)

生:还有标点符号。这里用感叹号,比如狐狸特别崇拜蝉的话,就像我们身边的一些追星族,他们说这些话都是发自内心的感叹。

师：这样，你发自内心地读一下。

生：(表演读)您能下来让我见识一下您那动听的歌喉吗？

师：几乎哀求了，是不是这样子啊？不错。我知道，只要你用心发现还能发现好多，这就是寓言本身具有的魅力。聪明的蝉，它今天发现了狐狸的破绽，所以它非常冷静地对狐狸说，怎么说的？谁来？

生：朋友……我就对你怀有戒心了。

师：这是聪明的蝉。但相比之下还有一位曾经被狐狸骗走肉的是谁？

生：乌鸦。

师：哎呀！那一位就不够聪明了。事实就那么巧。有一天它们俩还真的相遇了。你们看看这两位老兄会说些什么话呢？同座的感受一下那个场面。

(同座交流，两位学生表演)

生1：那个狐狸可真讨厌，上次把我好不容易弄来的肉给骗走了。

生2：哎！我也好不到哪里去。要不是我偶然发现狐狸的粪便里掺杂着蝉的翅膀，那我不也不在了嘛。

生1：你还比我聪明一些呢。我下次可要注意一点了。要是它下次再说我哪里好的话我就拍拍翅膀飞走。

师：嗯！这位乌鸦已经长大了！

师：我们来交流第二则寓言。我们又从哪儿发现了欺骗？

生：前面牧童好几次大叫，这次他只不过是扯着嗓子叫，他没有任何感情，他纯粹是想闹着玩。而下面又说牧童吓坏了，里面就有了他真正的想法。

师：大家有没有听出来，这位同学在对比着阅读。这就是一种有着好的方法的阅读。同样是大叫，同样先后都是用的感叹号，感觉是不一样的。这样，请同学们自己练一练。到底这两处怎么读会更好。

(练习朗读，请三位同学比较读)

生：我认为你们三位的感情还不够强烈，感觉第一次和第二次没有太大的区别。我感觉感情应该再丰富一点。好像自己就是牧童，看见狼在吃羊了，你应该很担心。

师：这样子,我们一起来为这个同学来开个头好吗?

(集体引读,生表演读)

师：怎么样?的确不错。孩子,你能不能告诉大家,你这样一种对比的朗读为什么表现出的变化会那么大?

生：其实最后那里只要感情够强烈,前面的只要带着那种掩饰不住的笑意,就是让别人认为肯定是在捉弄别人。

师：他在告诉我们朗读的最高境界。就是身临——其境。

师：朗读是有技巧的,你看,不同的人对朗读的理解就不一样。我们都来体验一下狼来了的感觉。这回狼真的来了,"牧童吓坏了,他慌忙大叫"——

生：狼来了!狼来了!快来帮忙呀,狼在吃羊啦!

师：几乎是哀求。这种声音一直传了两千多年。大多数听过这个故事的人再也没有犯此类的错误。

◆ 案例反思 ◆

《伊索寓言》是苏教版语文教材五年级上册的一篇课文,属于"组合类"课文中的一篇,由《狐狸和葡萄》《牧童和狼》《蝉和狐狸》组成。三个小文本虽然彼此独立,但共性明显:一是结构相同,"故事＋道理"是其基本特点(《伊索寓言》里的寓言大多如此);二是"故事"部分均有"骗"的情节,《狐狸和葡萄》是自己骗自己——"这些葡萄肯定是酸的,不好吃",《牧童和狼》是牧童骗村民,《蝉和狐狸》是狐狸骗蝉。"骗"成为三则寓言最大的"关联点"。根据这一教材特点,我采用了"一线串珠"式的整体性教学策略,安排如下学习活动。

活动一:读文找"骗"

1. 自由读三则寓言,画出表示"骗"的角色语言,想想:分别是谁骗谁?
2. 小组内读读相关语句,并进行交流补充。
3. 全班展示。

活动二:析"骗"导学

1. 再读思考:狐狸和牧童分别是怎么"骗"的?有没有用上一些"骗"的技巧?通过朗读把三种"骗"的不同心理和感情表现出来。

2. 小组交流,同伴互读并评点。

3. 全班展示。

活动三:扣"骗"明理

1. 除了课文中归结出的寓意之外,你对三种"骗"分别有什么想法?

2. 全班交流。

通过紧扣住"骗"这一关联点,学生既可以把握不同的人物形象,初步感受人物间迥异的语言特点,又可以明白"骗"是形形色色的,无论对于促进学生学习语言表达,还是树立正确的价值观,都大有裨益。

上面我们讨论了《伊索寓言》一课的教学,其实,教材中这种"组合类"的课文还有很多,如《古诗两首》《寓言两则》《成语故事》《生命的壮歌》等。教学这类课文,传统的方法是教完一篇,再教第二篇及第三篇。这种教法的逻辑基点是每个小文本的"相对独立性"。但除了"相对独立性"之外,这类课文有没有其他的特点呢?当然有。这就是每个小文本之间的"相互关联性"。这两三个小文本为什么会组合到一起成为一个整体?它们之间有哪些或隐或显的逻辑联系?这无疑是每一个教师在教学预设时应该深入探讨的问题。基于上面的思考,教学"组合类"课文,我们不妨从"相互关联性"入手,尝试采用一些整体性的教学策略。"一线串珠"式教学就是策略之一。

> **专家点评**

"'组合类'课文的整体教学"有效性分析

寓言是寄寓着深刻思想意义的简单故事,它集形象与抽象、故事与哲理于一体。对于这样一种文学样式的特点,著名作家严文井有过非常精当的概括:当寓言朝你走来的时候,分明是一个故事,生动活泼;而当寓言转身要走开的时候,却突然变成了一个哲理,严肃认真。我想借用严文井的思路,来评一评姜树华老师《伊索寓言》的教学。姜老师今天的课,可谓精彩纷呈,教学构思精致、资源运用精当、师生对话精妙、教学艺术精湛。我们当然要看到教学生动活泼的这一面,但这远远不够，我们还必须由感性层面进入理性层面，去琢磨姜老师这样教学的内在意蕴，去研究他的教学理念、教学主张、教学风格，也就是说，看看他如何发挥"组合类"教材内容的优势，如何针对文体特征和学生的学情，如何彰显自己的教学个性。

第一，在于对"组合类"课文教学策略的积极探索、有效运用

采用组合的方式编排课文，是苏教版小学语文教材的一个特色，仅五年级上册，就有《古诗两首》《成语故事》《伊索寓言》三篇课文采用了这种形式。

系统论认为，有结构的整体大于部分之和。

怎样充分发挥组合类课文的教学优势呢？姜老师和他的团队深刻认识到，组合在一起的课文本身就是一个有着内在勾连和巨大张力的系统，它们相互联系，相互支持。为此，姜老师教学时通盘考虑，整体设计，合理运用各部分内容之间的内在联系，让它们前后勾连，互为资源，互相支撑，发挥超越个体的强大的整体力量。

一上课，姜老师就充分利用寓言故事性强、学生喜欢听故事讲故事的有利条件，摆开故事擂台赛，推选3名学生上台讲三则故事，其他学生听故事、评故事、提建议。粗看，讲评故事的过程，是内化语言、积累语言、运用语言、提升语感的过程，细致推敲，姜老师是有意让这一组三则故事形成合力，强化学生的印象，使学生深刻认识文体，感受寓言的言意特色。通过故事擂台赛，学生不仅记住、讲好了三则寓言，更对伊索寓言故事的简短、人物的有趣、行为的夸张、"故事＋道理"的结构等言意特色，有了直观具体的感受，建立了类的概念，有了规律性的认识，在今后的阅读中就能举一反三、触类旁通了。

精读环节，大部分老师采用的是各自为政、各个击破的方法，零打碎敲，琐碎分散。姜老师则针对三则寓言有机组合的编排特点，多篇串联，从整体入手，采用"一线串珠"法，以"骗"字为抓手，既抓住了三则寓言的内在联系，也抓住了迅速进入文本天地的绿色通道。《狐狸和葡萄》中狐狸的"骗"是骗自己，它隐藏在"馋得直流口水""想尽了各种办法"和"只好转身离开""边走边回过头来"的矛盾言行中。后两篇课文中的"骗"是骗别人，《牧童和狼》中的两处"大叫"情感迥异；《蝉和狐狸》

中狐狸的虚伪在行动中暴露无遗,4个"您"的表述更是肉麻无比、虚假做作。姜老师着眼于三则寓言的共性,以"骗"为突破口,聚焦关键,打通气脉,深度掘进,不仅节省了教学时间,更指示了研究性阅读的路径,启发学生抓住文本这些矛盾处、微妙处、关键处、前后联系处,反复朗读,察言会意,涵泳品味,对话交流,深刻认识、理解作者是如何用这样的语言表达思想的、这样表达的妙处,强化了学生对寓言中角色的言语特点的感受、理解、欣赏和评价的能力。如此教学,的确是提纲挈领,多快好省。

第二,在于他对言意共生这一语文教学主张的彰显、落实

言意共生教语文,是姜老师的教学主张,也是他的教学特色。这一点,在今天的教学中得到了充分的彰显。

针对寓言的特征,姜老师从文体、文本的视角,立足文化的高度,引导学生感受寓言的言意特色,玩味寓言的言语方式,学习寓意的个性表达,将故事与哲理、工具与人文有机融合起来,言意交融,彼此支撑,彼此相长,实现了语言与精神的同构共生。

其一,姜老师着眼文体视角,指导讲评故事,感受寓言言意特色。这一点前面已经谈到,这里不再重复。

其二,他根据文本特点,引导学生揣摩语言,玩味寓言中角色的言语方式。

一是引领学生走进文本字里行间,抓住关键词句,聚焦人物动作、表情、语言、心理,通过朗读、品味、对话等方法,含英咀华,感受故事形象,玩味言语智慧,体会词句甚至标点符号的内在含义、感情色彩、表达效果。

二是别出心裁,引导学生重写课文内容,让原文表述与学生的练笔形成对比,既增加了学生语言实践的机会,锻炼了他们的文字表达能力,又让他们在对比中感知寓言简练的表达特点,知道必须根据内容的需要和文体的要求选择表达的方式。

其三,立足文化高度,引导学生在语言实践中感悟寓言深刻的哲理。

(点评专家:胡海舟,南通师范高等专科学校教授)

细节 6

儿童哲理诗教学的情境化设计

刘　昕

> **细节阐述**

教学的经典意义就是进入特定情境，学生在与情境的相互作用过程中学会学习。相对其他学科而言，语文学习对"境"的依赖更为直接、更为重要。我们在教学过程中必须通过多种方法尽可能进入作者所描述的那个特定情境中去，可运用艺术的直观与语言描绘相结合的路径，再现作者创作时进入的那个情境，研学构造这一情境的语言，通过这一情境所表现出来的哲理、意蕴、美感，动情共鸣，体验感悟，创造拓展，从而产生情趣、美趣和谐趣的综合效应，做到以美感人，以情动人，以智启人，进而把学生带入文本的意境中。正如卢梭说的那样，"儿童处于理性的睡眠期"，儿童对形象的感受性则处于敏感期，他们对形象，对色彩，对声音都有着极大的敏感性。儿童的内在敏感性使其能从复杂的环境中选择对自己的生长适宜的和必不可少的东西。因此，儿童语文学习应抓住的一个重要特点是形象性、感受性。儿童对知识信息的接受，并不意味着理解。理解关涉的是一种处于慎思的行动中的知识。我们要引领儿童对文本内涵、科学概念、价值观、审美观的深刻理解，就必须让儿童穿越"格"了的文字符号与"情境"相遇。

儿童哲理诗是带有儿童哲学意味的，浅显的语言蕴含着深刻的人生道理。若就文字学文字，就语言学语言，是不能在文字的字里行间找到一个进入文字内部的丰富的图像或场景的，儿童不可能在这个年龄读透儿童诗的"诗心",那么便也辜负了诗人对儿童的关怀衷肠。事实上,我们知道,语言是情感和道理的"外衣",语言是承载思想的符号,好的儿童哲理诗在文字符号的遮蔽下一定有儿童喜欢的"可见世界",作为教师,我们只需要帮助儿童拨开其中一丛草,让那个生动的情境世界和儿童的心灵相遇。

相遇,是非常美好的瞬间。儿童与文字背后的丰富情境相遇须在教师有策略的引领下悄然实现,当儿童不知不觉地和文字背后的丰富画面或情节拥抱的时候,语文学习的诸多目标都将实现。叶圣陶先生说:"作者思有路,遵路识斯真。"说的就是这个道理。

典型案例

湘教版四年级语文教材中有这样一首诗——

不久以前,不久以后

不久以前的一滴泪珠,
不久以后的一抹欢乐。

不久以前的一枚鸟蛋,
不久以后的跳跃飞翔。

不久以前的一个春天,
不久以后的遍野金黄。

不久以前的一个我,
不久以后的一个我,
一定很不一样。

片段教学实录一

(出示)
不久以前的一个我,

不久以后的一个我,

一定很不一样。

教师范读,同时出示相关照片。(从前的老师,现在的老师)

师:这是从前的老师,瞧,一个在油菜地里撒欢的小丫头。

(生笑)

师:这是不久以后的一个我,站在了孩子们身边,成了孩子王了。

(生笑)

师:瞧瞧,不久以前的那个我,和不久以后的这个我有什么不一样呢?

生:你长得不一样了,原来是短头发的小孩子,后来是长头发。

师:哦,年龄不一样,外表不一样,还有不一样的吗?

生:不久前是儿童,不久以后是老师。

师:身份不一样了。

生:照片旁边写着呢,您现在取得了许多成绩,还是特级教师,还写了书。

师:谢谢你的夸奖,你是说一个人的内涵也不一样了。

生:对的。

师:那我们同学自己呢?

(出示)

不久以前的我_____,

不久以后的我_____,

哦,真的很不一样。

师:同学们用这样的诗句来说说不久以前的自己和不久以后的自己吧。

生:不久以前的我又矮又小,不久以后的我长高长胖了,哦,真的很不一样。

生:不久以前的我是个爱哭鬼,不久以后的我很阳光,哦,真的很不一样。

生:不久以前的我不会读书,不会写字,不久以后的我写出了长长的文章,哦,真的很不一样。

片段教学实录二

（出示前六行诗句）

师：请同学们带着时间流淌的感觉自由诵读这六行诗歌。

师：我们读到这里依然只是在读诗歌表面的文字，读诗最重要的是读出什么呢？

生：读出诗歌的内涵。

师：那怎样才能读出藏在短短几行诗歌中的丰富的内涵呢？

生：边读边想象，边读边让眼前出现画面……

师：同学们真有办法，这已经不是用嘴巴读了，而是用心在读。你们的办法就是要把这瘦瘦的诗歌变得胖胖的。来，我们试试。

（出示）

不久以前的一滴泪珠，

不久以后的一抹欢乐。

师：我们先想办法把这两行诗歌增肥吧。

（出示：把这两行诗歌的行距明显夸张地拉大）

师：把这两行诗歌的距离调得远一点，这样就胖了吗？

生：（笑）当然不是！

师：对呀，只要把我们同学刚才的好办法用上就真能让诗歌变得丰满了——

（出示）

不久以前的一滴泪珠，

（有这么一个故事……）

不久以后的一抹欢乐。

师：当我们把这个故事讲出来的时候，这两行诗就已经胖得很可爱了，对吧？

师：同样的办法，读胖下面的两节诗句。前后四个同学合作选择你们喜欢的那两行诗歌，把中间的那个故事讲出来。开始吧，先思考，再商量，然后以小组长为代表讲给大家听。

（生讨论后汇报）

生：我们讲"不久以前的一滴泪珠，不久以后的一抹欢乐"之间的故事。那一次的英语测试，小刚考砸了，当他拿着试卷看着妈妈劳累的身影时，他哭了。从此，他每天坚持背诵英语单词，坚持阅读英语报纸，不久以后又一次英语单元测试，他考出 95 分的好成绩，我们都看到他笑了。

（全班鼓掌）

生：我们讲"不久以前的一枚鸟蛋，不久以后的展翅飞翔"之间的故事。鸟妈妈生下一只漂亮的鸟蛋，她为了早日看到自己的小宝宝，每天坚持孵蛋。小鸟宝宝终于睁开了眼睛，在一个春天的早晨使劲儿地撑破了鸟蛋，来到这个美丽的世界。可是，它却只会慢慢吞吞、摇摇晃晃地走路，没法飞翔，这是多么危险的事啊。小鸟宝宝在妈妈的帮助下不停地练习，日复一日，羽毛变得丰满，又过了些时候，它终于展翅飞向蓝天。

（全班鼓掌）

师：当我们在诗行间读到了这些故事，你知道诗人想告诉我们什么呢？

生：诗人想告诉我们，随着时间的变化，很多事情都会变。

生：诗人想告诉我们，随着时间的改变，我们可以从无到有，坏的可以变成好的。

生：诗人还让我们知道，要取得好的变化和成就，是需要付出努力的。

◆ 案例反思 ◆

教学片段一

教师侧重引领儿童在自身观照的体验中与情境相遇。儿童虽然在教师引领之前对我们通常呈现的"格"的文字所传递的信息认识得不够澄明，但是这不代表他们对文字中的生活完全没有经验。我们现在所提倡的"儿童立场"的一个重要内容是基于儿童的生活经验。语文和生活是紧密联系在一起的，生活经验帮助儿童穿越文字的"生"度，成为走进文字深处的一个入口。儿童对自身的反观是儿童生活经验的一种，儿童在学习陌生或似乎熟悉的文字时，他们会不自觉地联系自己已有的经验，这种对自身的观照是作为人的与生俱来的心理反映，从哲学意义上讲，人总在这样的自身观照中不断发现"我"的存在和"我"与世界的存在。我们的语文课堂，教师在其间的最重要任务，即目标，就是帮助儿童在其已有的生活经验和陌生化的语言经验（包括历史经验、审美经验等等众多的层面）之间建立起一座桥，一边牵起儿童阅读，一边牵起教师已经找到的语言情境，让二者在桥上美丽地相遇。尤其是当文本中出现了儿童的身影时，我们就告诉儿童，那就是你自己，你不是在读文字，你在看自己的故事，那个故事也许就是呈现在儿童面前的这些文字下藏着的那个情境。

教学片段二

教师侧重引领儿童在创造表达的体验中与情境相遇。2011年版《语文课程标准》明确为语文定性："语文课程是一门学习语言文字运用的综合性、实践性课程。"由此可见，学习语言文字运用是语文的基本任务也是核心任务，是语文教学的灵魂。语文实践这样的提法本身就蕴含着儿童"亲身经历"的概念。课文中的语言形式迁移运用于语言表达活动，或在理解课文内容的基础上，受到触发，调动语言储备，进行创造性的表达是语言运用教学的重要类型。引领儿童结合领悟课文内容、情感，调动语言储备进行创造性表达，将理解课文内容和运用语言形式结合起来，使儿童的"得意""得言"一箭双雕，浑然一体。儿童对教材的阅读是一个二度创作的过程，当儿童没有遇见文字背后隐藏的情境的时候，教材中的文章仅仅是一个被阅读对象，是他者，此时它与儿童的心灵没有真正的交融，也不可能产生共鸣。只有当儿童的心灵进入了文本，参与其间，在文字留白处用创造性表达进行补充的时候，他们才真正得以与那美好的情境相遇，让符号复活还原成故事、情景和生活。创造性表达是体验中的语文实践，也是引领儿童入境的重要途径。我们仍然以《不久以前，不久以后》为例，如何让儿童从"不久以前的一滴泪珠，不久以后的一抹欢乐"这样简洁的诗行中有形象的感受，怎样让儿童通过这两句诗的阅读就能洞悉作者创作的目的，作者究竟要让儿童知道一个怎样的哲思，这些都需要儿童遇上情境，才能读得通，读得透。

专家点评

刘昕老师呈现给我们的这两个教学片段包含在南通市小学中青年名师专业发展交流活动中其执教的一节儿童哲理诗的教学环节中。这节课充分地展示了她对"儿童审美课堂"特质的充分认识。儿童审美是她近年来一直研究的课题和方向，已经取得了比较丰硕的成果，有一定的建树。这个课题不是一个好做的课题，它的研究核心是儿童研究和审美研究，属于审美学范畴，同时又属于儿童学习研究，所以我们和刘昕自己都觉得界定为"儿童审美"语文研究比较准确，也比较合适。之所以刘昕能够有所突破，完全是因为她的研究植根课堂，而且至今没有离开过课堂，在课堂教学的实践中日复一日地耕耘，终于能发现儿童学习的诸多秘密，发现并解密儿童学习当是教师的第一任务。

儿童的学习是情境性的。皮亚杰最早从发生和起源的角度研究人类认知发展的各个阶段，他最早提出了人的认知发展从出生到成熟经历了三个基本阶段。第一个阶段叫感知动作阶段，儿童是通过外部感知的活动来认识世界的，在这个感知活动当中，心智和认知必然是以在环境中的具体的身体结构和身体活动为基础生长的。最初的心智和认知是基于身体和涉及身体的，也就是说，感知活动之所以重要，是因为它本身跟内在的心智发展相关联。心智始终是具体的身体的心智，而最初的认知则始终与具体身体结构和外在图式有内在关联。李吉林的情境教育之所以对小学教学乃至小学教育产生巨大的影响力也正在于此。"优化的情境"不是一个随意的发挥，而是一个结构化的、有条理的情境。知识有赖于我们的身体、我们的语言和我们的社会历史。知识不是存储在心智中，而是在与世界的交往活动中获得发展的。换言之，无论是个体还是群体，其心智发展都是在与外界的交流和交往中获得延伸的。所以认知者与其实践的世界是彼此蕴含并相互生成的。在全部言语或者全部表象性概念形成以前的感知活动时期以及由言语和表象性概念这些新特征所形成的活动的时期,这些活动逐渐产生了对动作的结果、意图和机制的有意识的知觉,或者换句话说,就是获得了从动作转换为具象再到概念化思维的发展。

人类的认知发展,会经历从动作思维到布鲁纳所说的肖像思维之间的具象空间,因而个体在最初接触某种材料的时候,能够浸润到这个具象空间里。在这里,也有两种认知观,皮亚杰认为,学习是一个个体化的过程,它是个体发现、同化和吸收外界的知识并重建自身认知结构的过程。而维果茨基认为,学习过程从一开始就有着社会文化的特征,也就是说,儿童是在跟成人和社会给予的符号工具进行交往的时候获得学习。所以,他就提出了一个"中介"的概念。而这个"中介"概念,也就是后来所谓"最近发展区"的理论基础。情境是一种有条理的结构化的世界图像,它创设了一种中介学习的经验,从而构成了认知发展的最近的决定因素,机体和环境因素对认知发展的影响是通过中介学习体验而实现的。这样,情境、心智和世界之间构成了一种同构关系,也就是说情境被用来营造一个有条理的或者优化的事件、图像片段,而在营造这个片段的同时,人们通过对外在情境的解读,建构着内在的心智世界,所以情境在我们学习当中是必需的和自然的要素。也正因为如此,情境教育不仅有助于学生心智的建构,更有助于他们去理解真实的外在世界,通过这样的情境,展开了学生想象的空间,李吉林老师称之为"一个开放的世界"。李吉林老师的成功,情境教育学派的旺盛生命力,归根结底就在于这是基于儿童学习特点的教育模式,即儿童的学习是情境性的。

母语教学要将学生视为拥有自己的语文生活与自主语言能力的能主动学习从而获得后天语言发展的人,教学要围绕他们的能力的开发度与语文生活的幸福度来设计,让他们享受语文,发现自己的语文能力。要将提高或保证学生一生的语文生活质量纳入语文教育的目标之中。什么是高质量的语文生活? 如何衡量一个人语文生活的幸福度?

我们可以讨论。比如,能否从阅读中得到快乐,对语言的敏感度,能否迅速、准确地接受与表达,表达是否富于感染力与征服力,是否有阅读与聆听、思考与表达的欲望,并在其中得到快乐与自我实现,在语文活动,特别是创造性的语文活动中能否体验到如马斯洛所说的那种"高峰体验",等等,而无论是高质量的语文生活,还是语文生活的幸福度,其要义都是自由、成功与快乐。

在这里,我们还可以讨论另一个重要的话题,那就是母语教学中言和意的问题。言和意的内在关系揭示了语文的基本性质。有了上面的引述,我们就可以做如下的推论了:既然言和意是语文的基本内在构成要素,既然言和意的矛盾是语文的基本矛盾,既然言和意的内在联系、转换和统一是语文的关键、核心和根本,那么,探究言和意的表现性、二者的内在联系,使言和意尽可能地适切和统一,探寻言和意生成的过程和规律,使个体生命精神的表现更准确、畅达、完美和动人,就是语文教育不可推卸的根本任务和本然属性,也就构成了语文的表现性——语文最根本、最独特的属性。所以,所谓语文,就是探究言和意的内在关系以及生成的过程和规律的学科。抓住言与意的吸收和表达、转换和统一,就能够实现语文教育的最佳效果。这就是语文的本质、本体和本色,就是语文教学的纠结点、关键点和着力点,同时也是语文教学的独特魅力——诗意之所在。

刘老师对《不久以前,不久以后》的读者角度把握得非常透彻,同时她对儿童学习角度的解读也相当到位,她看到了学习的难点,却又恰恰在诗歌的间隙中找到了深入浅出的路径,帮助儿童发现并拥抱诗句深处动人的形象,并转换成语言训练,让儿童用自己的心灵感受并表达出自己的感受,这一点其实相当不容易,但是进入刘老师的这节课中,你会惊叹于她的举重若轻,儿童学习现场的愉悦与深刻和谐相生。

(点评专家:唐铁生,江苏省小学语文特级教师,南通市名师培养导师团导师)

　　刘昕，南通市虹桥第二小学校长、党支部书记。江苏省人民教育家培养对象，江苏省小学语文特级教师，南通大学研究生院硕士生导师，小学语文"国培""省培"指导专家，南通市第一梯队名师培养对象，南通市语言学会副会长。荣获2014国家级基础教育教学成果二等奖，江苏省2013年基础教育教学成果一等奖，江苏省第三届教育科学研究成果奖。秉承李吉林情境教育思想，致力于"儿童语文审美教育"研究，着力开发了"汉语文传统意象主题教学""情境语文游戏""情境诵读"等微型课程，对语言学困儿童的学科诊疗有着独到的见解和实践经验。主张借助"审美教育"课程建设，解放儿童心灵，改良儿童学校生活生态。近年来应邀在全国各省市执教示范课和开设学术讲座80余场；出版学术专著三部：《语文课堂：我与学生的美丽徜徉》《守望的神情：关于一个孩子的语文教学笔记》《审美入境：儿童言语生命的引领与陪伴》。

细节 7

教材探美设境策略

刘　昕

细节阐述

语文教材里的课文是编者精心遴选的古今中外的文质兼美的篇章。儿童在阅读课文时，由于文字符号所表现的人类经验的间接性，在跨越文字符号障碍的同时，儿童会发生审美注意的转移和文字习得的理性疲劳。所谓审美注意的转移，即原本儿童对于生活直接经验（情境性）的审美兴趣、好奇、关注，转移为对文字符号的理性学习。而文字习得的理性疲劳，既由文字学习的难度带来，又由儿童感性天性引发。教材探美设境策略就是要求教师深入解读教材文本，努力探寻文字间接经验背后的可触、可近的人类直接经验，把符号的文化转化为实境的文化，通过情境创设的手段（如李吉林教授提出的创设情境的六大方法），引领儿童从符号走向生活，从理性走向感性（这里的感性其实是一种"新感性"，即渗透了理性的感性，即美感）。

语文课程标准对于课程设置的人文性，教材编排的人文性，教学的人文性有着非常深刻的阐述和规定。人文性与我们的语文教育自然存在着密不可分的关系，因为语文教育使人在受教育的过程中既成为文化的承载者，又成为文化的学用者和创造者，实现自我的成长，领悟生命的真谛。教母语也就是在教民族的文化，在传递民族的思想、民族的情感。这种传承不是空中楼阁，而是交际和思维的工具的传承，它更是人的生存空间、生存条件与生存方式的传承。一个民族的后代必将在民族精神、民族文化、民族性格的继承和发扬中前进，这是无法回避也不能回避的。于是，教材在教师、学生、文化多元的传承中成为最重要的介质。今天的教材以极其饱满的姿态体现着真正的大语文观，语文学什么？语文课程到底承载着怎样的责任和使命？一篇篇洋溢着浓郁民族文化气息的选文正默默地回答我们，引领我们，让我们得以牵着学生的手走进"秦时明月"，聆听"盛唐之音"，一同徜徉在母语的河流中……民族文化中所包含的"自然美""社会美""历史美"无一不流淌在今天的语文教材中。我们要做的是怎样引领儿童触摸到"美"。为什么圆明园的断壁残垣是美的？为什么人们愿意去观赏它？因为它记录了一段真实惨痛的历史，留存下人们过去生活的印痕，使人能得到一种深沉的历史感受。青铜器为什么不擦光才显得"美"，因为它身上的斑斑绿苔记录着历史的变迁，为它增添了更深沉的力量。教材看似如此薄薄几本，殊不知它是如此浩渺的美学长卷，凝结着如此深邃的智慧积淀。语文教学——需要推开那扇门。

教材探美就是要真正地扣住汉语文本来进行教学，将文体作为一个生气灌注的整体，努力寻找它的心跳与气息，进而找到与它生命共舞的节律，与它对话交流的频率。所以，面对不同的文本，我们的教学设计也是不一样的，不能为了建立并守住自己的所谓教学模式、教学风格而削足适履地用自己的一成不变去伤害文本，或将文本格式化。我们要寻找与文本贴近、呼应的方式。有时是点到为止的写意，有时是反复徜徉的细究；有时可以走得很近，与文本了无罅隙，有时又可以走得很远，与文本遥遥相望。只有这样的灵活多变，才能让学生领悟到母语的摇曳多姿与无穷魅力。

➤•典型案例 1•◀

《黄鹤楼送别》教学片段（由字入境）

师：李白对孟浩然的真情尽在一字之中，读着读着，哪一个字扑面而来走进了你的心里？

生：您。

师：同学们，一起来读这个字——您。

师："你"在我"心"上，就是——您。

师：你在我的心上——

生：所以我称——您！

师：因为您的人品令人敬仰，所以——

生：你在我的心上！

师：因为您的诗篇誉满天下，所以——

生：你在我的心上！

师：因为你在我的心上，所以——

生：我一直把您当作我的兄长和老师！

师：因为你在我的心上，所以——

生：我为您满斟此杯！

师：因为我在你的心上，所以——

生：我一饮而尽！

师：因为我在你的心上，所以虽然我们短暂分别——

生：我们的友谊却像这长江的波涛永世不绝！

（师生共同吟诵）

故人西辞黄鹤楼，烟花三月下扬州。孤帆远影碧空尽，唯见长江天际流。

吾爱孟夫子，风流天下闻。红颜弃轩冕，白首卧松云。醉月频中圣，迷花不事君。高山安可仰，徒此揖清芬。

◆ 案例反思 ◆

这是年轻的李白在暮春三月的长江边为孟浩然饯行；这是诗人为诗人吟唱的歌声；这是同是天涯人的相怜相惜；这是两颗至纯诗心的碰撞和交叠。

读懂了诗歌再去读要学习的这篇文包诗的课文。课文以一个生动的故事再现了《黄鹤楼送孟浩然之广陵》这首诗的创作情境。《黄鹤楼送孟浩然之广陵》是李白为孟浩然所作的一首送别诗，但它却不同于"劝君更尽一杯酒，西出阳关无故人"这样一种深情体贴的送别。从李白、孟浩然两人关系来看，诗歌虽带有一丝依恋，几许惆怅，但更多的是李白表达自己的敬仰与向往，是一种富有诗意的送别，基于这一点，文章充满了诗情画意。文章是诗歌的扩展和阐释，诗歌是文章的浓缩和提炼，诗文对照，情景同现，使得诗与文浑然一体，这样的教学旨在使学生通过课文更易于理解诗歌的意思，体会诗歌的意境，领悟诗歌的情感。

　　在本课的教学中，我要给学生尽量多的潜心会文的时间，让学生以"含英咀华，涵泳真情"为宗旨。课始让学生一边读课文一边想象语言文字描绘的情景，你能看到哪几幅图景？（美景图、话别图、目送图）目的是想让学生潜心会文，投入地走进文本，倾听文本的声音，在脑海中再现那感人的情景，真挚地走进人物的内心，让学生与文本的对话真正成为一种"精神的相遇"。

　　在整体感知的基础上，我想应该让学生抓住关键的词句，在对词语的内涵和外延的深入理解中体会离别情深。比如："满饮此杯""依然""凝视""伫立""孤帆"等，我在课上引导学生细细品味这些词，在我的不断引导和对文本的催化中，学生的情感融合到了诗人的情感中。如此便让学生不仅理解了文字表面的意思，更深入到了文本的内部，发现了文字背后的色彩，感悟到文字背后丰富的情意，体验到文字背后蕴含的人物的丰富情感。

　　找到了这些词语后，我始终觉得还没有一个非常合适的、能够有足够分量串起这些词语、担起文章语言厚度的切入口。

　　我反复地阅读课文，终于在文章的第三自然段中读出了我要的那个字——

　　终于，李白举起了酒杯说："孟夫子，您的人品令人敬仰，您的诗篇誉满天下。自从我结识了您，就一直把您当作我的兄长和老师。今天您就要顺江东下，前往扬州，不知我们何日才能再见面，就请您满饮此杯吧！"孟浩然接过酒杯，一饮而尽，然后说道："王勃说得好，'海内存知己，天涯若比邻。'虽然我们暂时分别了，我们的友谊却像这长江的波涛永世不绝。"

　　反复朗读后，一个"您"字跃然纸上，三句话中有六个"您"。看着"您"的结构——"你"在"心"上。你在我的心上就称"您"啊！一连六个"您"，那是怎样的一种尊敬，怎样的一种仰望啊！

"感人心者,莫乎于情",课堂上打动学生的是情,激动学生的是情,震撼学生的仍然是情。正如苏霍姆林斯基所说:"没有一条富有诗意的感情和审美的清泉,就不可能有学生全面的能力发展。"

在《黄鹤楼送别》一课的教学中,我用自己的心灵触摸文本,感受诗人和作者的思想感情。只要我们和学生全身心地投入,与文本进行深度交流,那么,我们就不只是在教和学,更是在感受课堂中生命的涌动和成长。也只有在这样的课堂上,学生才能获得多方面的满足和发展,教师的劳动才会闪现出创造的光辉和人性的魅力。

▶·典型案例2·◀

《装满昆虫的衣袋》教学片段(由教材与儿童生活链接处入境)

师:文中使你开心的文字在哪儿?

生:"'妈妈,我在这儿呢!瞧,我抓到了那只会唱歌的虫子!'妈妈一看,儿子的手里拿着一只全身翠绿、触角细长的纺织娘。三天前,法布尔就告诉她,花丛里经常传出一种动听的声音,不知是谁在唱歌。现在他终于找到了这位'歌唱家'。

"他把鸭子赶进池塘以后,就去水边逮蝴蝶,捉甲虫,或是蹲下来静静地观察奇妙的水底世界:漂亮的螺壳、来回穿梭的游鱼、五彩缤纷的蠕虫……

"有一天,法布尔正在细心地观察周围的一切,忽然,一只闪烁着金属光泽的小甲虫从他眼前掠过。'啊,真漂亮!'他边叫边用小手扑过去,敏捷地捉住了它。这只甲虫比樱桃还要小,颜色比蓝天还要蓝。法布尔高兴极了。他把这个小宝贝放进蜗牛壳里,包上树叶,装进自己的口袋,打算回家后再好好欣赏。这一天,他还捡了好多贝壳和彩色的石子,把两个衣袋塞得鼓鼓囊囊的。

"夕阳西下,法布尔赶着鸭子,满载而归,心里甜滋滋的。"

师:他看着水底的时候,一定是什么模样的?

师:他捉到虫子时,他的小脸一定是——

师:他捂着满满的口袋,嘴巴里一定还——

师：课文中让你替法布尔感到委屈的又在哪儿？

生：被父母责骂。

师：那你替法布尔跟父母辩解一下吧！

（孩子们纷纷发表自己的看法，说出的全是孩子们自己的心声，课堂很温馨）

师：课文中让你激动的是什么呢？

生：法布尔没有放弃自己痴迷的探寻，他成了昆虫学家。

师：人们为了纪念法布尔，在他的雕塑上做了个高高鼓起的衣袋，为什么？这个口袋里装的是什么呢？

（学生回答得很精彩：是"知识""兴趣""眼泪""欢笑"和"汗水"……是他坚持不懈一生追求的这种可贵的精神）

师：是啊！正如法布尔自己所说的，"当我们做着自己觉得有趣的事情，我们就会全身心地投入进去，做得那么有滋有味，兴趣盎然，忘记了周围的一切，甚至忘记了自己"。

◆ 案例反思 ◆

读着《装满昆虫的衣袋》，一个迷恋昆虫的孩子跃然纸上。为了捉到纺织娘，他锲而不舍地寻找了三天；爸爸叫他去放鸭子，他却一动不动地趴在岸边，静静地观察奇妙的生物世界。正是凭着这种浓厚的兴趣，他成了一个伟大的昆虫学家。读着读着，我们不由自主地被这个孩子吸引。真的，我只是被一个孩子纯真稚拙却又执着的模样所吸引，我几乎忘记了课文的主人公是世界著名的昆虫学家法布尔。

甚至在读这篇课文时，我的眼前出现的是我8岁的女儿，那圆圆的眼睛，仰着头问我很多很多问题时的模样。"妈妈，你看，现在路灯下我们每个人有两个影子，你知道是为什么吗？""妈妈，风不吹时，树叶为什么还在动？""妈妈，我可以自己种出黑色的玫瑰吗？""妈妈，蝴蝶和蛾子都从茧子里出来，为什么蛾子会那么难看，为什么这样不公平呢？"每当这时候，我总是非常感动，感动于孩子的脑中有着多么美丽的猜想，感动于孩子们对世界最大的好奇是创造的原动力，于是我常常会微笑着说："嗯，是啊，为什么呢？我们一起使劲儿想，好吗？可以想很久很久，想到我们想出来了，或者没有想出来也可以继续去想呀！"女儿便忽闪着亮亮的眼睛开心地笑,然后再继续问"为什么"。

所以,我想这篇文章对孩子们来说,兴趣的激发是没有问题的,也许不需要我们的激发,它就早已存在了。孩子们都有类似的经历,甚至他们仍然和我的女儿一样正从事着这些关于"为什么"的实践工作呢。

果然,课题就已经把学生深深地吸引住了。课一开始就已经洋溢着浓浓的趣味,一种令我为之欣慰的气息——

师:读读课题有什么问题吗?

生:(意料之外又在意料之中的回答)没有!

师:好,那我来问几个问题好吗?

师:衣袋里装满了什么?

生:(笑)昆虫!

师:装满昆虫的衣袋是谁的?

生:法布尔!

师:他是谁?

生:法国著名昆虫学家!

师:你们都知道他?

生:对,他写了《昆虫记》!

师:你们全都知道啦?

生:当然啦,我们还买了呢!

显然,孩子们早已经读过这篇课文,用"预习"似乎已经不能说明他们对课文的熟悉程度了。

学生的学习体验是他们已有生活经验的积累与对学习对象的感知,产生碰撞而形成的对问题的新认识,是他们情感、态度、价值观的综合反映。教师要尊重学生的生活经验,按学生的年龄特点,根据他们对世界的认知程度,调动他们已有的知识、经验和已掌握的学习技能、方法,才能引导他们走进文本,体验文本所蕴含的思想和情感。那么此刻似乎我的教案可以放在一边了,是吗?当然不是。语文教学要通过语言来感知文本,再经过思维产生体验,是一种思维的再创作。只是我必须对我的课堂引导进行调整,因为兴趣的使然只是缓解了文本阅读的难度,所以就有了典型案例中和孩子的深度交流。

> •典型案例3•

《青海高原一株柳》教学片段（由文本形象的对比入境）

师：孩子们，我们生活在四季分明、温润秀丽的江南，家乡的柳树也很多，自古以来，多少美丽的诗词歌赋写尽家乡柳树的美丽和多情，我们一起来欣赏——

生：（读）无力摇风晓色新，细腰争妒看来频。绿荫未覆长堤水，金穗先迎上苑春。几处伤心怀远路，一枝和雨送行尘。东门门外多离别，愁杀朝朝暮暮人。

含烟一株柳，拂地摇风久。佳人不忍折，怅望回纤手。

青青一树伤心色，曾入几人离恨中。为近都门多送别，长条折尽减春风。

师：情浓离恨本不关春色，却因着柳丝绵长，柔嫩若水，牵绕得文人墨客泪也长，那是怎样的柳树啊——

生：（读）结根挺涯涘，垂影覆清浅。睡脸寒未开，懒腰晴更软。摇空条已重，拂水带方展。似醉烟景凝，如愁月露泫。

无情柔态任春催，似不胜风倚古台。

无力摇风晓色新，细腰争妒看来频。

依依袅袅复青春，勾引春风无限情。白雪花繁空扑地，绿丝条弱不胜莺。

师：烟雨江南的柳啊，那是大家闺秀，那是小家碧玉，那是一汪春水滋润着的娇羞；那是无边春风宠溺着的美丽。

师：而这青海高原的柳啊，你是——

生：这一株挣扎于凄风苦雨、青石嶙峋中的种子，这完全已褪尽红妆，苦乐独当，长成生命标志的树，它已经不只是一棵树，一株柳了。

师：那是什么？

生：是生的意志，是坚毅的性格，是不屈的抗争……

◆ **案例反思** ◆

读到课文《青海高原一株柳》的前5个自然段的时候,我已经被一种强大的生命感召力所撞击着。"这是一株神奇的柳树,神奇到令我望而生畏的柳树,它伫立在青海高原上。"于是"我"有了很多的遐想,那是一种怎样的遐想呢?深沉的、惊叹的、热望的……如同这株柳树所呈现出的生铁铁锭的色泽。文中第6、7、8三个自然段的想象占据了文章的一半,有力地写出了青海高原一株柳的精神意象。

虽然六年级学生的想象能力和逻辑思维能力有了较大的发展,感悟和品析能力有了明显的提高,柳树也是他们熟悉的事物,也学过关于咏物、表现生命力强的文章,但学生并没有接触过侧重通过环境的描写、多角度的比较来咏物并表现人生哲理的文章。还由于学生对青海高原特有的气候和地理特点普遍缺乏感知和体验,再加上课文中只是运用语言直接描述,因此通过语言文字来体会环境的恶劣是教学的难点,而在此基础上对青海高原一株柳精神实质的朗读感悟和解读以及人生哲理的把握是教学的重点。

作者的创作思路往往和读者的阅读期待不谋而合,大家的"大"之处也正在于此,作者自然地想起了家乡的柳树,那是怎样的柳树呢?

于是,我决定带着我的学生再游烟雨江南,回首弱柳扶风,读透江南柳,再望这青海高原一株柳,那应该是一种怎样的仰望呢?

◆ **专家点评** ◆

言和意在汉语中处于不可替代的核心地位,这也就意味着语文课堂上儿童语言发展和思维发展同步并行,从课程的性质,到课程的目标,到课程的内容,到课程学习的方法,再到课程的终极目的,全都离不开言和意。汉语就是"以意为主",又"从言出发",其高妙之处正在于"言意之间"。它要求运用者斟酌于言意之际,徜徉于言意之间,言意二者互观共照,相辅相成,彼此融合,以达到亦言亦意、非言非意、言意同构共生的美妙境界。语文的核心内容就在于言和意的内在关系及在追求两者统一中的相互促进和新的言意生命的生成。"统一"意味着:知识不断被唤醒,能力不断被激活,方法不断被更新,情感不断被加深,态度不断被端正,价值观不断被确立,灵感不断被催发,智慧的火把不断被点燃,新的感悟、智慧和深邃的思想不断被汲取,新的"意义"和"世界"不断被发现,奇迹不断被创造,生命精神不断被高扬,心灵世界不断被净化,完美人格不断被塑造。"言和意的统一"具有丰富的精神的、文化的、生活的、生命的内涵。"统一"会形成一种"力",一种言语的力、意念的力、生命的力;一种个性的彰显、灵性的飞扬、崭新的生命的成长。如果真的能够做到"言和意的统一",那么,语文就真正能够成为学生精神成长的家园,"语文教育,也可以说是使人更像人的教育"就变成了令人愉悦的现实,"不是人说话,而是话说人"就能够成为现代的神话,那么,语文课程的终极目标和理想境界也就实现了。

语文教育的神圣使命是通过母语学习,帮助儿童建立起无论是知识的、能力的,还是情感的、道德的、审美的、哲学的、诗意的人格坐标,获得民族的价值关怀、信仰和认同。面对当下经过了一轮课程改革洗礼后的语文课堂,朱永新先生这样说道:"一个中国孩子学习12年,在精神记忆中,全然没有留下中华文化的东西。这是中国教师的严重失职。要重新捡回语言的文化尊严。"语文教育应该让儿童大量阅读,人类几千年的文化遗产积累到今天,那些经过大浪淘沙积淀下来的都是最精彩最丰富的东西,作为后代,如果不去进行这种对话,那么社会就会停滞。"应该给儿童一生有用的东西,让儿童过一种幸福而完整的生活。"

当第一轮新课程改革对一直以来语文教学偏重于"工具性"进行了匡正的时候,当很多的一线教师知道了语文传达出的母语文化是多么需要传承给孩子的时候,时至今日,跷跷板又偏向了另外一头,不知道从什么时候起,人们将字词教育的忽略视为一种理所当然,以为重视了小学语文字词教学,课堂教学就不"人文"了,就不够审美了,就没有情趣了。这样的想法皆源于对教学方式的模糊和不确定,甚至是错误的实践方式。专家看到了这一点。一线教师中善于反思者也看到了这一点。实践中出现一些偏颇总是正常的,重要且庆幸的是我们意识到了并在前进的道路上不断修正。这一次重新修订的《义务教育语文课程标准》强调了加强字词教学是小学语文教学的重要任务之一。加强字词教学,不是要回到每学一个字都要"四会"(会认、会写、会讲、会用),而是要"识写分流":不是要去背词语解释,而是要强调积累与应用,品味与感悟;要在生活、阅读中学习,通过习得,通过多读多写去学习。加强字词教学,就是强调在语文学习的启蒙阶段,不要在语法上花太多的功夫,不要在文章分析上花太多功夫。教育部基础教育课程改革专家组、语文课程标准研制组核心成员陆志平老师,在谈到这个话题时,举了一个很好的例子。他说:

"我们有许多非常好的课文,里面有非常精彩的语言。比如《只拣儿童多处行》中的语言就特别好。特别是一个'旺'字。'旺'的背后其实包含了很多意思。并不是要去咬文嚼字,去深挖,但为什么不用开得'多',开得'好'呢?前文说小朋友多,挤来挤去,匆匆来,匆匆去,海棠开得密密层层,从树枝开到树梢不留一点空隙,就是旺。更精彩的是'春光竟会这样的饱满……释放出来',这就是旺,花是旺的,小朋友是旺的,春天也是旺的,它要说的就是春天的这个精神,所以用了这个标题,儿童的身上充满了活力。"

我们在这一课的教学中,不是像我们分析教材时那样去讲这个"旺",应该是让小朋友去体会。而有的老师不是这样,他们会问:小朋友,这篇文章有几节啊,哪一节写的是什么啊,哪里表现了春天的景色,哪里表现了小朋友的什么啊……不是从生动的语言和文本内在的精神出发,不是从学生学习的兴趣和接受心理出发,因此,学生觉得没劲,没有兴趣,也没有精神。在教冰心先生的这篇课文时,教这个充满智慧的"旺"字,就是要用智慧的方法。

语文教学要给孩子什么?我们大体都是明白的,以上的这些阐述我们大都也能理解。然而,我们的学生真的能走进母语的内部去获得这种种本该属于他们的文化馈赠吗?情况大抵不是这样的,不喜欢语文的孩子还是占有一定的比例。也许现在不是我们不明白语文到底该做什么,而是到了面对语文我们该怎样做的时候。

刘昕老师提供的这三个教学细节案例来自于她的真实课堂,在读这三个教学片段的时候,我是有画面感的,我首先看到的是刘老师面对教材时的表情,那般谨慎,那般投入,也有百般的纠结和不断调整,这个画面及她留给我的印象常常让我心生感动。这是一个对母语充满敬畏近乎有宗教情怀的语文教师。每一篇提供给儿童阅读的教材,她都会去聆听教材的心跳,抚摸教材的肌理,从而寻找与之相匹配的教学方法和策略。从这三个课例片段中,我们能真切地感觉到儿童灵性的飞扬和儿童阅读的深度,儿童灵性的生长和儿童阅读深度的拓展一直是语文教学追求的境界,却也是一个很难达到的高度,这需要语文教师有相当的文本解读能力和对儿童学习特质的研究,这两种能力的不断进步取决于教师丰富的人文积淀和真诚的人文情怀。很显然,无论是《装满昆虫的衣袋》中的深度对话,还是《青海高原一株柳》中的强对比阅读都显示了课堂设计者的文学功底和对儿童的充分了解,这是对母语学科和儿童的双重热爱。

(点评专家:董一红,南通市教科研中心,江苏省特级教师)

细节 8

语言发展的可视化教学

刘 昕

> **细节阐述**

儿童语言的发展是一个长期渐进的过程,这是相对于儿童的终身语言发展来说的。在一节语文课上,儿童的语言发展同样在发生着,只不过,相对于长期发展过程来说,它的进步可见度不明显,但是这并不意味着看不见儿童语言在 40 分钟内的发展。儿童在经过了一节语文课的学习后,如果我们发现上课前的儿童和上课后的儿童,在语言发展上没有任何的进步可见度,那么很显然,这节课是低效的甚至是无效的。40 分钟的长度虽然极其短暂,然而就一节课的教学目标来看,这个时间长度中,学生的思维和语言的表现一定是在进步的,并且应该看得见。

儿童的语言发展和思维发展一定在同一个频率上,这是由语文学习"言意统整"的本质特点所决定的。儿童在一节课中语言发展的可见度依赖于儿童思维发展的可见度,儿童思维的发展随着课堂教学的不断深入,随着难点突破的层层推进而不断发展,语言发展随之进步。儿童语言发展的可视表现为从无话可说到有话可说,到有话要说,从不知如何说到恰当地说,再到精彩地说。这一切的变化不是说丢一粒种子在泥土里,然后让庄稼在没有任何帮助的条件下生长,这样再倔强再努力的种子也只能开出瘦弱的花,结出羸弱的果。在语文课堂教学中,教师的引领与点拨恰如园丁的培育,需要在适当的时候给予适当的帮助。

首先,在对教材进行解读时,教师要能够非常精准地判断出对学生学习而言难点在什么地方。这是非常重要的,可以说这是决定课堂教学是否有效的先决条件。接着,教师从读者角度和儿童角度转换成作者角度和教师角度,对文本进行再一次解读,在充分理解作者思路的基础上设计儿童学路,根据难点突破的需要,有时候设计和作者思路完全一致的学习路径;而当难点的突破在顺应作者思路时难以找到"深入浅出"的路口时,儿童学习的路径设计则需要重新调整,甚至是逆转文脉的设计。在思维发展的过程中,教师再给予适当的语言表达方式的引领和点拨,那么语言发展的可见性就会比较明显了。

◥• 典型案例 •◣

《徐悲鸿励志学画》(第二课时)课堂实录

学习板块一:欣赏名画,体会技艺之高超

师:同学们,通过上一堂课的学习,我们已经知道了《徐悲鸿励志学画》这篇课文的主要内容,学会了生字词,理解了生字词的意思,还给课文分了段。这堂课,我们首先来欣赏徐悲鸿的传世杰作。

师:有什么发现?

生:徐悲鸿的画,大多以画马为主。

师:你很会发现,我们课文当中选用的插图就是这幅《奔马图》。

师:现在我们就来欣赏这幅《奔马图》。读读这幅画,读着读着,你有怎样的感受呢?可以用这些句子来说一说。

(出示)

```
欣赏名画,体会技艺之高超
    请用一、两句话说说你读这幅画的感受。
    表达提示:啊!你看……
            我似乎看到……
            我仿佛听到……
            我忍不住想……
            ……
```

生：我似乎看到骏马在草原上自由地奔腾着；我也仿佛听到骏马它那欢快的叫声。

师：这幅画已经让你入神了。还有谁想说？

生：我看到了徐悲鸿画的马，剽悍强壮，鬃毛随风飘扬。

师：活了。还有谁想说？

生：啊，你看，那骏马好像在向我们奔腾而来。

学习板块二：品读文本，感受画家之刻苦

师：是什么让我们得到这样奇妙的艺术的享受呢？

生：因为徐悲鸿画的马栩栩如生。

师：是的，他绘画的技艺非常高超。这高超的技艺从何而来？课文的哪一大段做了具体的介绍？快速地浏览一下课文。谁来说？

生：课文是通过第4到第6自然段表现出来的。

师：请同学们按照提示在小组内认真研读课文的第二大段。

（出示）

品读文本，感受画家之刻苦

请同学们细致地阅读课文第4、5、6自然段，体会徐悲鸿学画的刻苦，圈画出最能表现其刻苦的词句，在小组里分享，朗读。

师：讨论好了吗？请以小组为单位来汇报。你找到了哪些重要的词句呢？说说理由，并通过朗读表现出来。

（生按照提示有顺序地汇报）

师：你们从一个比喻句；一个反复的句式"画呀，画呀"；重点词语"每逢"，两个"只"，"奋发努力""潜心临摹""十分清苦"体会出了徐悲鸿学画的刻苦。我们再一起来朗读好这3个自然段。

学习板块三：品读文本，感悟信念之坚定

师：徐悲鸿为什么要刻苦地学画呢？究竟是为了什么？小组合作研读课文第一大段和第三大段，徐悲鸿给我们的答案就在这里面。

（出示）

> 品读文本,感悟信念之坚定
>
> 　　阅读课文第一大段和第三大段,想一想是什么支撑和鼓励着徐悲鸿发奋努力?
>
> 　　找到相关的内容读一读,画出最关键的一句话。

　　师:好,孩子们,找到那句话了吗? 谁来说说? 请你说。

　　生:我找到了,是"徐悲鸿被激怒了,但是他知道靠争论是无法改变别人的无知和偏见的,必须用事实让他们重新认识一下真正的中国人"。

　　师:这是一种怎样的无知和偏见呢? 为什么会有这样的偏见呢? 请同学们按照提示认真研读思考。

(出示)

> 品读文本,感悟信念之坚定
>
> 　　这是怎样的无知和偏见呢? 为什么会有这样的偏见? 阅读补充资料,小组内分享交流。面对无知和偏见,徐悲鸿表情和动作是怎样的? 他在心里对自己说什么?
>
> 　　提示:阅读补充资料,小组内分享交流,不仅要说,还要读好课文中相关的人物语言。

　　师:哪一个小组先来汇报第一个问题? 这是怎样的无知和偏见? 你从课文的什么地方读出来了? 你说。

　　生:一天,一个外国学生很不礼貌地冲着徐悲鸿说:"徐先生,我知道达仰很看重你,但你别以为进了达仰的门就能当画家。你们中国人就是到天堂去深造,也成不了才!"

　　师:就是这样的无知和偏见,一起读——

　　师:充满了蔑视与侮辱,读——

　　师:如此的傲慢与无礼,读——

　　师:为什么会有这样的偏见和侮辱呢? 从补充资料中,你懂得了什么? 请你说。

　　生:因为那时候清政府腐败无能,一些强大的国家和外国人看不起中国人。

师：对，1919年的中国处于半封建半殖民的时期，国家没有了独立主权，被别人瓜分了，难怪会有这样的无知和偏见，读——

生：（齐读）徐先生，我知道达仰很看重你，但你别以为进了达仰的门就能当画家。你们中国人就是到天堂去深造，也成不了才！

师：这无知和偏见激怒了徐悲鸿。想一想，徐悲鸿当时表情和动作是怎样的？哪一小组来汇报？请你说。

生：他攥紧拳头，紧皱眉头。眼睛里都迸出了火花。

师：他为什么如此愤怒？

生：因为外国学生侮辱的不仅是徐悲鸿一个人，还有全部的中国人。

师：是的。他侮辱的不仅是徐悲鸿，他侮辱的是整个中华民族啊。他虽然攥紧着拳头，紧皱着眉头，眼喷着怒火，但他一句话都没有说，因为他知道——

生：靠争论是无法改变别人的无知和偏见的，必须用事实让他们重新认识一下真正的中国人。

师：所以，就有了我们一开始看到的那一幅幅让我们无比感动的画面。现在我们来做一个简单的访谈节目。刘老师来做记者，你们来做徐悲鸿先生，谁来接受我的采访？

师：徐先生，你生活过得那么清苦，你画得那么累，你是何苦呢？

生：因为外国人侮辱了我们中国人，我要为中国人争一口气。

师：还有谁来接受我的采访？徐先生，你画得这么累，这么辛苦，你觉得累吗？

生：我不觉得。

师：为什么不觉得？

生：因为我能给中国人争口气。（板书：为国争气）

师：功夫不负有心人，三年过去了，读——

师：那个外国学生看了徐悲鸿的作品，非常震惊，他找到徐悲鸿，鞠了一躬说——

生：我承认中国人是很有才能的。看来我犯了一个错误，用中国话来说，那就是"有眼不识泰山"。

师:现在我们继续来做一个访谈节目,现在刘老师还做记者,请你们来做那个外国学生,接受我的采访。

师:先生,您好。请问您还记得当初是怎样侮辱徐悲鸿的吗?

生:当初,我是侮辱了所有中国人,我很惭愧。

师:是的,我们还记得,当初您是这么说的。一起读——

师:当时,您对徐悲鸿说了那样一番话,可是今天,您却是这样说的。读——

师:请问为什么今天您会说出这样的话呢?作为一个中国记者,我很想知道,您心里到底是怎么想的?

生:当时,我还不太了解中国人,我只知道清政府当时非常腐败,所以我就认为中国人是很无能的,但是现在我看到了徐悲鸿精美的画作,我的看法已经改变了。

师:今天,在您的眼里,真正的中国人是什么样的呢?

生:有才华,还很有骨气。

师:现在,我要问问大家,课文以外国学生的话开始,又以同一个人的话结束,这样写有什么好处?

生:这样写可以首尾呼应。

师:是的,这是一种前后照应的写作方法。在这篇课文里这样使用有什么好处?

生:同一个人说的,更有说服力。前后的对比更说明了徐悲鸿为国争气了。

师:你理解得很深刻。前后照应的写法在这篇课文里这样运用显得特别有力量。我们再一起来读一读前后的两段话。请男同学读前面的话,女同学读后面的话。

学习板块四:回顾作品,画人合一

师:现在我们来回顾一下课文,思考这两个问题。

(出示)

回顾课文,感悟爱国之情深

　　课文为什么不以"徐悲鸿学画"为题,而要以"徐悲鸿励志学画"为题呢?徐悲鸿为什么特别爱画马呢?表达了他内心怎样的期望?

师：有答案了吗？谁来说说，先来回答第一个问题。

生：我觉得以"徐悲鸿励志学画"为题，表明了徐悲鸿有一种奋发学画的目的。

师：是目的，也是动力。

师：你觉得这篇课文主要想表现徐悲鸿刻苦，还是别的？

生：徐悲鸿想为中国争光。

师：对了。课文主要就是为了写他勤奋刻苦学画的目的、动力。什么目的？

生：为国争气。

师：支撑他的动力是什么？

生：为国争气。

师：所以课文以"徐悲鸿励志学画"为题，这"励志"就是课文题目当中的题眼，是作者最想告诉我们的东西：多么深沉的爱国情怀！

师：第二个问题谁来回答？

生：中国人像马一样剽悍强壮，英姿飒爽。

师：好的，你理解了。

生：因为徐悲鸿希望祖国像马一样，日夜奔驰，科技飞速发展。

师：你想得真好。

生：徐悲鸿就是希望祖国像马儿一样，勇往直前，日夜奔驰。

师：你们真的都读懂了课文，读懂了徐悲鸿。

师：今天我有礼物哦——

（出示）

我的推荐

1. 收看优秀电视剧《徐悲鸿》。
2. 阅读同主题优秀作品《木笛》。
3. 欣赏歌曲《我们是黄河泰山》的歌词和旋律。

◆ 案例反思 ◆

《徐悲鸿励志学画》，看上去是一篇构篇和叙事都比较简单的文章，课文按照事情发展的顺序——起因、经过、结果构篇，记叙了徐悲鸿励志学画的经过,饱含着徐悲鸿深沉的爱国情怀。就课文的脉络而言,学生要读懂文章的主要内容,知道究竟写了一件什么事情是比较容易的,也正是因为这样,很多一线老师误以为这篇文章的教学不会太难。事实上,经过几次试教,我们发现,让小学四年级的学生理解徐悲鸿学画之刻苦勤奋是可以的,但让他们真切理解课题中的题眼"励志"却有困难,即使看上去他们知道徐悲鸿是爱国的,但从儿童的表达中我们依然感觉到他们很难和文章、和文中的人物产生共情。由此可见,本课的教学难点就在这里,教学的重点就是帮助儿童抵达文本的核心高处,真正理解"励志"在这里的含义。我们采取了以下三线并行的方式展开教学。

1. 解读与重组并用

教师对课文的解读必须很深刻,只有这样,才会在对文本的处理时进出有度。对文本的解读首先要遵循文路,但是,到教学的层面时,教师阅读就已经转变为教师教阅读,这时候首先必须遵循学路。根据课文的特点和学生学习的难度,我们常常需要在教学时,对文本进行重组。在多次的试教中,我们发现本课的教学如果按照课文的写作思路顺推的话,就会出现文章开头所说的学生理解不够深刻,难以产生共情的状态。所以,最后,我们决定进行文脉的反转教学,即从欣赏徐悲鸿的传世画作,感受技艺高超开始,逆推至高超技艺的由来——勤奋刻苦,再逆推至勤奋刻苦的缘由和目的——为国争气。

2. 推进与回眸并行

在语文课堂教学中,我们常常需要"回眸",即"回视、回顾"。我们在引领儿童阅读前行的过程中,在适当的时机停下脚步,"回头看看""回头想想",或者"回头走走",往往会有丰厚的收获。在适当的时机回眸,可以加深对文本的理解,可以丰富语言实践,使儿童的语文素养不断积淀、深厚。语文教材的很多作品中,作者情意的表达常常隐匿在语言文字的深处。因此,我们在阅读时,可以引领儿童读到后面时再读读前面,前后勾连,回环往复,通过对细节或重点部分的反复咀嚼,领略其中的妙处,从而理解得更加真切、深刻。本课的教学中不断出现这样的"回眸",回眸一次,理解加深一层。在第二个教学板块中,学生已经通过重点词句的咀嚼体会到了徐悲鸿的刻苦努力,当学习行至第三个板块时,我们进行了第一次回眸:

师:靠争论无法改变别人的无知和偏见,那就靠什么来改变呢?

生:行动!

师:是的,这就有了我们看到的那刻苦奋斗的一幕幕。

师:现在我们来做一个访谈节目。我来做记者,你们承担徐悲鸿先生的角色。

师:徐先生,你已经画了很久了,天快黑了,休息一下吧。

师:徐先生,你累吗?

这一次的回眸,重新回头看那刻苦学习的一幕,在情境对话中,儿童对徐悲鸿刻苦奋斗的内驱力有了更明确的认识。

对祖国的深情支撑着他求学的日日夜夜,功夫不负有心人。(引读课文第7、8自然段)

(出示)

他找到徐悲鸿,鞠了一躬说:"我承认中国人是很有才能的。看来我犯了一个错误,用中国话来说,那就是'有眼不识泰山'。"

情境对话:你还记得当初是怎样讥讽徐悲鸿的吗?

师:是什么让你发出了今天这样的赞叹?请您说说心里话。

师:作者以外国学生的话开头,又以外国学生的话结尾,这样写有什么好处?

第二次回眸以情境对话的形式,把外国学生的前后态度做了鲜明的对比,在对比中不仅习得了写作的方法,更在对比中感受到了徐悲鸿的努力终于赢得了民族的尊严。如果不是这样的回眸,理解到这个层次是有困难的。

第三次回眸,则是对全文的回顾,目的在于检查前面的所有学习是否已经帮助儿童突破了难点,如果没有,后面的两个问题作为补充,又成为化解难点的一重保障。

3. 内容与形式并重

《语文课程标准》明确提出:语文课程是实践性课程,应着重培养学生的语文实践能力,而培养这种能力的主要途径也应是语文实践。语文课程是学生学习运用祖国语言文字的课程,学习资源和实践机会无处不在、无时不有。所以在引领儿童学习课文的时候,内容的感悟和表达方法的学习是并重的,也就是我们常说的得言也得意,得意又得言,言和意共生相携。在本课教学中,我们坚持基于文本的阅读教学原则,通过画作欣赏引导学生不断地回归文本,体会字词句段,一步步走向画家,激发了解学习之心;通过两次现场访谈,让学生在言语情境中直接与画家对话,体察画家励志学画的生活状态与内心世界;直接与那个外国学生进行对话,通过了解对方的态度转变的缘由,以及由衷真诚的钦佩,从侧面引领学生深入感知和深切体会徐悲鸿先生通过持续学习所取得的令人瞩目的艺术成就。再比如,在教学的第一个板块,请学生"用一两句话说说你读这幅画的感受",提供表达提示,这样的设计旨在帮助学生顺利表达、次序表达、层级表达、结构化表达。

课改的落脚点在"改课","改课"的核心在于积极倡导自主、合作、探究的学习方式。保护学生的好奇心、求知欲,鼓励自主阅读、自由表达,充分激发儿童的问题意识和进取精神。南通市教育科学研究中心提出的"限时讲授、合作学习、踊跃发言"课堂教学改革的方针正是对"自主、合作、探究"精神的实践指导。在本课的教学中,我们努力以此为标准。板块式推进,保障了自主学习的时间和空间;大开大合的问题设计,提供了学生合作交流的平台;反转文脉的教学路径,更有利于引领儿童进行深度探究。

本课教学也只是提供了一个共同研究的例子,教学永远是留有缺憾的艺术,但正因为如此,研究就不会停下脚步。

▶• 专家点评 •◀

在"审美入境"中建构美好的学习生活

刘昕老师多年来一直致力于语文审美教育的实践研究,她以个性化的审美视域与文化情怀不断建构着一种美好的师生同在共享的言意共生的语文学习生活。她所执教的《徐悲鸿励志学画》第二课时,正体现了她的教学主张与课堂风格。

一、审美入境,由美溯源

好的文本无论从形式到内容、从言辞到意蕴、从情趣到智慧都会富含美的元素。在语文课标的视域下,基于学生阶段的、系统的、整体的、协调的成长发展,就每一课例、每一课时而言,教师的文本处理和课程建设不仅拥有自由的时空,更有创造的余地。其实,真正的自由一定具有美的特质。本课的第一学习板块设计了师生共赏徐悲鸿的作品,教师以"这个以高超的绘画技艺轰动画界的画家有哪些代表作品呢"为引领,欣赏画家的多幅作品,引导学生沉浸于艺术,叹服于精妙,为学生深入学习做好理性与感性相融合的铺垫。第二学习板块强调通过品读,感悟画家的励志努力,这是富有深意的。这里的取舍正折射出教师对于课标、文本、编者、学生与自我的理解和把握。显然,这一取舍的首要依据应当是学生,是学生的心智情意的既有和可有,是作为一个具体实景课堂的可能与开掘。四年级学生已经具备一定的文化积淀与语言能力,能够透过文本语言感知体会作者、编者与文本中主人公的情意指向。本文中主人公徐悲鸿先生的爱国情感是显然是充盈的,学生易于感知,易于体会,这一爱国情感其实是徐悲鸿先生励志学画的源泉与动因。解读作者的写作主旨,以及作为教材的教育价值追求,显然主要在于励志,在于如何由此及彼,让志向坚定内化为内在的执着奋发的情怀,进而升华为持续学习发展的动力。在整篇文章中,最具人格光彩与精神美感的也就是徐悲鸿先生对于艺术学习的倾心执着。刘老师通过学生的品读感悟、角色换位、入境入情,加深学生对于徐悲鸿先生克服困难、励志学画的身心体悟,从而感受励志这一积极健康心路历程的美好,启迪学生对于人生立志、有志、励志的思考。第三学习板块旨在通过学生阅读的丰富,实现教师作为语文教育者的一种拳拳期待:让课堂真正成为一种美的语文生活场域。在第四板块,刘老师再次与学生一起走近画家和画作,透过名家评价与教师介绍,让学生更好地体验徐悲鸿先生以马喻人、托物抒怀的情志,励志之心与爱国之情的升华可谓水到渠成。

另外,值得一提的是,在课末,教师向学生推荐阅读同主题的《木笛》等三个学习内容,着眼生活,体察童心,体现了教者对于语文审美教育与语文优化阅读的独到领会。

二、基于文本,言意共生

言意共生既是语文学科的本然,也是语文教育的应然,但如何使之真正合乎课标精神,真正利于学生身心的成长发展,其路径方法不尽相同。

刘老师从审美着眼,关注语文教学的整体性,不仅关注作为语文学科的整体性、语文作为母语的整体性,更关注语文文本、语文课堂、语文生活,尤其是作为学习者的学生的语言学习发展的整体性。在刘老师看来,自然、自由、自在才有可能是美的、真的、善的,才有可能让学生更好地进入文本、进入情境、进入人心。在设计的访谈节目环节中,教师扮演记者提问:"读到这里,望着眼前清瘦的徐悲鸿,你有问题想问问他吗?""是什么令你如此勤奋刻苦?"前一问题是自由的,旨在思想的开启与访谈的启动,后者则是提醒学生围绕访谈的中心展开。由此足见刘老师教学设计的用心与慧心。

三、注重思维,读写一体

所谓儿童的文化学习,最重要的不在于学得什么,而在于懂得和优化如何学得。透过本课的教学,刘老师对于优化学生的学习过程是富有觉悟力与建设力的。围绕读写一体这一语文教学的基本目标,刘老师首先清晰地意识到文本可资学生学习借鉴的三条线索:一是文脉的线索,徐悲鸿有志学画,励志学画,努力成就卓著,励志赢得尊重。这一线索对于四年级学生而言可谓清晰可见,因此刘老师的教学设计进行了反转,构成案例所呈现的四个板块。第二条线索是主人公的成长线索,由有志学画到励志学画,再到轰动画界。文本把徐悲鸿的励志学画作为重点,刘老师为了引导学生深入体会主人公的精神以及作者传递的思想主旨,以"是什么让徐悲鸿拥有了这样出神入化的绘画技艺呢"为主问题,师生一起通过品读重点词句来感受和体会徐悲鸿先生的励志学画生活。这一过程,既是对人的认识的一种思维训练,也是作为人生成长成才的一种认知学习,同时还是写作策略的一种具体发现。文本的第三条线索是那位外国学生对于徐悲鸿态度的转变线索,由妒忌偏见到真诚致歉表达敬意,刘老师对此做了三项具体的工作,一是通过屏显外国学生的话,组织学生与之情境对话。二是引导学生回顾全文,思考"作者以外国学生的话开头,又以外国学生的话结尾,这样写有什么好处",显然,如此教学能让学生站在文本整体的高度去观察思考,进一步体会作者的用心精妙。三是在学生感知徐悲鸿先生爱国深情的基础上,向学生追问"课文为什么不以'徐悲鸿学画'为题,而要以'徐悲鸿励志学画'为题呢",面对问题,学生自然会思考学画与励志学画的区别,文本题目与内容的关系,以及文本题目的题眼与文本写作主体及重点的关联,如此过程,读写教学相应相生,读写一体,从而实现了刘老师所追求的自然、自由、自在的言意共生的美学境界。

(点评专家:袁炳飞,南通市名师培养导师团导师,江苏省启东市实验小学校长,江苏省特级教师)

细节 9

"情境审美"教阅读

刘 昕

✿ 细节阐述 ✿

"美是自由的象征,审美的语文课堂必将是顺应儿童天性自由成长的课堂,儿童语文学习中的审美观照,不仅是引导孩子发现语文学习诸多因素中的审美元素,享受美丽,更是通过语文学习引导孩子学会发现生活中、生命成长历程中的美,从而感受美,最终找到享受美丽人生的方法和途径,这是我们必须终身为之付出心血的目标。"这是我们的导师李吉林先生对我说的一段话。所以,从 2009 年开始,我正式提出了自己的语文教学主张——"情境审美课堂"。

微型课程"小学语文传统意象主题教学"是"情境审美"语文教学主张的一个载体,以"汉语文传统意象"主题阅读为学习内容,所选教材为涵蕴汉语文传统意象的古诗词和现代经典美文。每一个意象主题的阅读文本由不同体裁的若干文本组成一个学习板块。《陌上桑(节选)》正是我们自编教材六年级"美"的意象单元中的一篇。

《陌上桑》不仅是意象阅读的很好载体,更重要的是,这首汉乐府古诗(尤其是第一部分)是侧面描写人物的典型佳作,是古代文学史中的一篇写人的奇文,它对主人公罗敷的美的描写和"沉鱼落雁""闭月羞花"的用法有着异曲同工之妙,且由于是一首古典诗歌,留给儿童想象的空间非常广阔,文字优美轻松,侧面描写所呈现给儿童的又是一个相当有趣的情境,为实现语文教学"言、意、法"融合共得的目标提供了非常优秀的文本,并使"自由、自在、自主"的审美课堂特质得到很好的诠释和呈现。

典型案例

《陌上桑(节选)》教学实录

师:这一节课,我们一起来欣赏一首汉乐府诗。

生:(齐读课题)《陌上桑》。

师:这是一首汉乐府民歌,我们来看看它的基本信息。

(PPT展示《陌上桑》的创作时间、编者、体裁、出处等信息)

师:看得清楚吗?自己看看,用最快的速度记住。

师:这首诗出自哪本诗集?

生:《乐府诗集》。

师:谁编的?

生:郭茂倩。

师:体裁?

生:五言古诗。

师:好!今天我们就一起来读一读这首汉乐府诗的第一部分。对照拼音、注释放声地朗读,读准确。

(出示)

一读提示:
　　借助拼音读准确
【难读字音】

隅(yú)	敷(fū)	笼系(xì)	倭(wō)	堕(duò)
髻(jì)	缃(xiāng)	绮(qǐ)	襦(rú)	捋(lǚ)
髭(zī)须	著帩(zhuó qiào)			

(生自由读,教师巡视指点,检查小组自学情况)

师:刚刚所有的小组都读了,而且读得都非常准确。好,现在请同学们对照注释,读懂它的意思。

（出示）

> 二读提示：
>
> 借助注释读懂意思
>
> 【译文】
>
> 　　太阳从东南方升起，照到我们秦家的小楼。秦家有位美丽的少女，本名叫罗敷。罗敷善于养蚕采桑，(有一天在)城南边采桑。用青丝做篮子上的络绳，用桂树枝做篮子上的提柄。头上梳着堕马髻，耳朵上戴着宝珠做的耳环；浅黄色有花纹的丝绸做成下裙，紫色的绫子做成上身短袄。上了年纪的人看见罗敷，放下担子捋着胡子（注视她）。年轻人看见罗敷，不禁脱帽重新整理仪容。耕地的人忘记了自己在犁地，锄地的人忘记了自己在锄地；回来后互相埋怨生气，只是因为观看罗敷。

（小组合作，教师巡视，相机指导）

师：孩子们，不好意思，打断一下，我发现两种读的方式。有一部分孩子是首先把注释读一通，也有一部分孩子是一句古文一句现代文对照着读。你觉得哪种方式更容易读懂故事？

生：第二种，对照着读更容易读懂。

师：是不是都有这样的共识？同意的举手。那就这样读吧！

（小组合作，教师巡视，相机指导）

师：好，现在请各小组组长注意了，请你负责抽查你们小组的成员有没有读懂这首诗的意思，可以说一句或两句，明白了吗？

（各小组抽查，教师巡视）

师：老师来看看哪一小组的组长是领导得最好的，哪一组的组员是最团结的。

师：小组长注意了，要保证你们组每一位组员都要回答，明白吗？

师：好，哪些小组已经检查完毕？请你向我示意。好，这组好了，行！还有吗？好，三个、四个。好，八个全部完成了。那现在我来抽查，好吗？

师："行者见罗敷，下担捋髭须。"这句话是什么意思？请你说。

生：就是上了年纪的人看见罗敷就把肩上的担子放下，注视着罗敷。

师：好的。

师："少年见罗敷，脱帽著帩头。"什么意思？请你说。

生：年轻人看见罗敷就脱下帽子整理仪容。

师：嗯，整理仪容是吧？好的。抽查两句够了，看来刚才我们每一小组学习得都非常认真。现在我们已经会读诗了，而且知道是什么意思了，那接下来我们就要进行三读。三读的要求是什么呢？通过朗读来表达你对这首诗的理解，注意小组合作学习的任务是什么。要共同设计合作朗读表演的方式，比如说，你们是怎么分工的，你们准备用一种什么样的展示方式？听得懂吗？如果还不清楚，待会儿小组合作的时候，小组长可以示意我到你们小组去帮助分工，好吗？开始吧！

（出示）

三读提示：

懂了意思再朗读，通过朗读表达你的理解

小组内读读说说，并做好朗读表演的设计

（小组合作学习，教师巡视，相机指导）

师：好，孩子们，我再打断一次，注意我的提醒，你们不要急着去分，你们知道刘老师喜欢问为什么，对，你们为什么这么分呢？你们分的时候要说出理由，开始。

（小组合作学习，教师巡视，相机指导）

师：现在分好的同学可以在小组里展示，自己先试一试。

师：现在，我们开始在全部同学面前小组展示，哪一小组第一个来？

师：好，你们这一组。组长首先要告诉大家你们是怎么分的，为什么这么分。

师：嘘！学会聆听是一种非常好的品质哦！

生：我们是把第二句分给我们三个女生读，关于罗敷的是周子寒读，行者的话是施雨虹来读，少年是陈毅清来读，最后一句我们大家一起读。

师：你为什么这样分呢？

生：因为我觉得每个人都应该有自己展示的机会。然后，一、二两句我们三个人来读，就是能够显示出罗敷的美丽，因为她是好女嘛！关于罗敷的让周子寒读,因为我觉得她能把人读出美丽的感觉来,行者部分的让施雨虹读,是她自己要求的,少年部分也是陈毅清要求来读的,我们要顺应每个人的意愿。

师:他们的理由很多,我们尊重他们的理由。那就请你们按照你们的分工读吧!

(小组展示)

师:把掌声送给他们,不为别的,就为他们组长从多个角度来陈述理由,很有意思。还考虑到角色,谁适合读什么,也就是说你们很自觉地把自己融入其中,这很好。还有哪一组?好,请你们组。

生:我们是每人一句,因为不同的意思需要不同的人来读。

师:可以,开始。

(小组展示)

师:想读的孩子还有哪些?让我看看,都很想读,是吗?也有人不想读,那一组好像没精打采的,想读吗?来说说看,不想读的理由是什么?

生:我们没分好。

师:没分好,哦,是这个理由。这样吧,我来分,好不好?允许我加入吗?我们是一个大组,我是这样分的。我读一、二两句,所有的女同学读"罗敷善蚕桑,采桑城南隅;青丝为笼系,桂枝为笼钩。头上倭堕髻,耳中明月珠;缃绮为下裙,紫绮为上襦"。所有的男同学读"行者见罗敷,下担捋髭须。少年见罗敷,脱帽著帩头。耕者忘其犁,锄者忘其锄;来归相怨怒,但坐观罗敷"。听清楚没有?好,注意,我们来读了,轮到谁读,谁站起来。

(小组展示)

师:很好。我们玩个猜猜看,猜猜看我这个组长为什么这样分?你能猜到吗?

生:刘老师,前面女生读的都是关于女生的。后面行者少年是男生。

师:行者全是男的吗?

生:因为"下担捋髭须"。

师:哦,"捋髭须"是男的。那这是一部分行者,我想可能还有其他行者吧?你说。

生：因为罗敷那一段是专门写罗敷，而下面男生读的是侧面描写罗敷美丽。

师：非常好！第一句、第二句刘老师读的是总的介绍下这故事写谁的，接下来女生读的部分都是直接写罗敷的，男生读的呢？

生：都是侧面描写。

师：对了，都是写别人怎么表现的，而不是直接写罗敷的，是不是这样？好，今天我们同学都表现得不错，因为我们是第一次读这样一首汉乐府古诗，相当于小古文，所以刚刚有孩子在说，这个好难啊！已经很不错了！那现在读着读着，你觉得你读出一个什么样的人物形象呢？一位什么样的女主角呢？觉得有点难，那就讨论一下，大家碰撞一下。

（小组讨论）

师：一个字？

生：美！

师：两个字？

生：很美！

师：三个字？

生：非常美！

师：好的，那我们再读读这首诗，我们还从文字中去寻找。你从文字的哪些地方读出了罗敷的美丽？开始！

（出示）

四读提示：
　　从哪些地方读出了罗敷之美呢
　　小组内交流分享

（生自读）

师：好，有答案了吗？因为我们已经读了好多遍了，请你来说。

生：我觉得"行者见罗敷，下担捋髭须。少年见罗敷，脱帽著帩头"写了罗敷很美丽。

师：说说你的理由。

生：因为老人见到罗敷都会把担子放下来仔细地观察她，少年看到罗敷都要把帽子摘下来,整理自己的仪容。说明罗敷非常漂亮,大家都喜欢看她。

师:深深地吸引了他们,是不是?还有吗?你说!

生:"耕者忘其犁,锄者忘其锄",我选择这一句是因为耕者看见罗敷都忘记了自己手中的工作。

师:是啊。也被她深深地吸引了。还有吗?你说。

生:我是从"来归相怨怒,但坐观罗敷"看出来的,因为他们为了看罗敷,互相埋怨。

师:哇!究竟是什么样的美人啊!让人们忘记了周围的一切。你说。

生:这个罗敷她有很多种美,其中一种美就是她心灵手巧。

师:你从哪读出来的?

生:"罗敷善蚕桑,采桑城南隅;青丝为笼系,桂枝为笼钩。"

师:你很细心,也很会读书,非常棒,还有吗?你说。

生:罗敷的美还美在她的服装美,她的珠宝美。"头上倭堕髻,耳中明月珠;缃绮为下裙,紫绮为上襦。"

师:哦!她的装扮很美,搭配她的妆容很精致。还有吗?

生:我觉得是"秦氏有好女,自名为罗敷",因为这句本身就介绍了秦家有个美丽的少女,名字叫罗敷。

师:很好!加上我们自己的想象和理解,我们会读出一个更漂亮的罗敷。罗敷她美到什么程度呢?请同学们加上自己的想象补充括号里的内容。"行者见罗敷,下担捋髭须。"他心里在想什么呢?"少年见罗敷,脱帽著帩头。"他心里又在想什么呢?"耕者忘其犁,锄者忘其锄",想想看,他们放下农活儿,呆呆地看着罗敷,那神情是什么样子的呢?静静地想。

(出示)

五读提示:

　　加上我们自己的想象来读,补充括号里的内容

　　日出东南隅,照我秦氏楼。秦氏有好女,自名为罗敷。罗敷善蚕桑,采桑城南隅;青丝为笼系,桂枝为笼钩。头上倭堕髻,耳中明月珠;缃绮为下裙,紫绮为上襦。行者见罗敷,下担捋髭须(心想:　　);少年见罗敷,脱帽著帩头(心想:　　)。耕者忘其犁,锄者忘其锄(神态:　　)来归相怨怒,但坐观罗敷。

师：好，第一个空谁来填？"行者见罗敷，下担捋髭须。"这个老人在想什么？

生：我活了这么久能见到这么美的少女也算没白活了。

师：是够美的。那少年见了罗敷，把帽子脱掉，还把衣服整理整理，你想想看，他早上出门是不是衣衫不整啊？不管他衣衫整齐不整齐，现在他看见罗敷还要把衣服再整理整理，他心里在想什么？

生：这少年穿的衣服太整齐了。

师：仅仅是这个吗？

生：我觉得他在想遇到这么美的少女，我可不能给她留下不好的印象。

师：好，你早上衣服没穿好，这会儿整理好了，还有个早上衣服穿得很整齐的，这会儿也在整理衣服，你在想什么？

生：我一定要给她留个好印象。

师：这个姑娘实在是太漂亮了！还有傻乎乎地看着罗敷的，他本来在锄地的，现在不干活了，想想当时是什么样子？

生：就是把锄头扔在一边，然后眼睛呆呆地看着她。

师：谁能说得更细致一点，描述得更准确一点？他的眼神怎么样？来，你说。

生：他把锄头扔在一边，然后两眼紧紧地盯着她。心想，这位姑娘美如天仙，比天上的仙子还要美。

师：嗯，惊为天人。这么漂亮，忘记了自己的一切，只知道看罗敷了。看来罗敷真的非常漂亮，除了这些人，还会有砍柴的啊，打鱼的啊，你也用两句古文写写看。谁愿意来说？

师：樵者忘其？渔者忘其？

生：樵者忘其斧，渔者忘其网。

师：可以的。还有谁想说？

生：樵者忘其斧，渔者忘其鱼。

师：也可以。看来我们同学也会写小古文了，好，读到这里，一位非常美丽的女子已经出现在我们面前，我们把她的美读出来。

（生齐读）

师：同学们，你觉得图中哪个是你心中的罗敷？

（出示古代美女图片）

生：倒数第二个。

师：哦,他心中的罗敷在这儿,还有吗?

生：我心中的罗敷是第一个。

生：第二个。

生：没有!

师：不要笑,他心中的罗敷肯定有,没画出来,这个问题先保留。

生：第二行第一个。

师：你心中的罗敷是谁?哈哈,选不出来,很正常。

生：最后一个。

……

师：同学们,为什么会出现这样一个情况,每个人心中的罗敷都不一样?我们是怎么选的?根据课文是不是?根据文字是不是?这个问题看来有点难,没关系,刘老师读了这首诗呢,我也有我心中的罗敷,我写在这,大家看看。

（出示）

> 日出东南隅,照我秦氏楼。秦氏有好女,自名为罗敷。罗敷善蚕桑,采桑城南隅;青丝为笼系,桂枝为笼钩。头上倭堕髻,耳中明月珠;缃绮为下裙,紫绮为上襦。脸若鹅卵玉,眉如弯月钩;眼明若星子,浅笑双酒窝;素手兰枝翘,腰若柳枝柔。

（师读,掌声）

师：谢谢! 这是我心中的罗敷,我们对照原文来读一读。你更欣赏哪一种写法?为什么?

生：我更喜欢原文,因为它还写出了其他人的表情和动作,侧面烘托了罗敷的美。

师：是的,还有吗?

生：我也觉得原文好,因为原文没有描写得那么细致,可以让人们尽情地想象。

师：很好,侧面描写给我们想象的空间更大。老师的写法当然也不错,这是一种直接描写,但是在写人的时候,特别是在这样一篇文章当中，对罗敷的介绍显然原文更奇妙。它通过别人的样子、状态给了我们无限想象的空间。罗敷是美的象征，她的美不仅仅是我们这段文字中所表现的她的外貌，罗敷之美还在于她的聪明、勇敢、对爱情的忠贞，这个到初中我们还会学。当然，想一睹为快的同学，课后在网上搜索《陌上桑》全文。

师：你知道我们中国古代有四个典型的美女，哪四个？

生：西施、貂蝉、杨贵妃、王昭君。

师：中国古代的四大美女，你知道关于她们的故事吗？

师：西施浣纱、貂蝉拜月、昭君出塞、贵妃醉酒，这是关于四大美女的典故，如果不知道的同学今天回去了解。有两个成语就能把中国古代四位千年美女的美从侧面烘托出来，是什么？

生：沉鱼落雁、闭月羞花。

师：就是这两个成语。我们一起读一读。

师：因为这个美人儿太美了，让鱼儿忘记了游泳，沉下去了；这个姑娘太美了，让大雁忘记了飞翔，落在了地上；她太美了，比我这月亮还美，我只能害羞地用云遮住我的脸；她太美了，比我这鲜花还要美，我只能害羞地闭起我的花瓣。你能根据这四个典故，一一对应四大美女吗？"沉鱼"烘托的是谁？

生：西施。

师："落雁"呢？

生：王昭君。

师："闭月"侧面烘托了谁？

生：貂蝉。

师："羞花"呢？

生：杨贵妃。

（出示画有四大美女的国画作品）

师：那老师有问题了，四大美女中的西施就是像国画里画的这样？为什么？

生：现代人凭想象画出来的。

师：凭什么画出来的？

生：凭古代人的文字。

师：对，就凭古代人的文字，就凭这流传千古，侧面描写经典中的经典的两个成语。一百个画家就有多少个西施？

生：一百个。

师：一千个画家就有多少个王昭君？

生：一千个。

师：一万个画家就有多少个貂蝉？

生：一万个。

师：有多少个画家就有多少个杨贵妃，这就是侧面描写的奇妙之处。

师：同学们，今天学了汉乐府的一首古诗，同学们也可以练一练，尝试用侧面烘托的写法来表现一位你熟悉的亲人或同学的特点，这是今天的第三个作业。

现在我们回顾一下，今天有几个作业。第一个，感兴趣的同学可以做，搜索《陌上桑》全文；第二，大家都要做的，了解四大美女的典故和各个典故存在的历史背景；第三，就是这个练习。这堂课我们就上到这儿，下课！

♦ 案例反思 ♦

任何一个课程，任何一项教学，我们只应当提供给儿童适宜的环境条件、教育条件，不应当将成人的世界强加于儿童。语文教学是一个面对儿童学习的开放课程，更不应该将儿童生硬地拖入成人的世界，以免使儿童身心"受伤"，操作技术的不当，会违背课程建设的初衷，甚至会与课程的目的背道而驰。所有的课程只是提供一种可能，精心为儿童成长提供一种"有准备的环境"（蒙台梭利语），在教学中充分尊重儿童成长的本能需要，充分发挥儿童活动的自由和学习的主动性。不要指望一节课或多少节课就能让小小的孩子完全掌握母语的全部真谛，所以，不要把教学设计填得太满，不要有过多的技术干扰，过多的干扰有时候可能导致致命的破坏，我们要的是陪伴儿童慢慢地走着，领略其中的一些风景，并带着对更多风景的美好期待，倘徉在语文的田野上。

游戏是儿童学习的重要途径。因为"儿童文化是诗性的、游戏的、童话的、梦想的,是好奇的、探索的,是从本能的无意识逐步迈向有意识的""儿童的学习生活是史诗般的生活。儿童在自己的生命里使文化史(神话、诗歌、思想史)得到整合,使逝去的精神情怀再次复活"(刘晓东语)。所以,教师作为成人,在与儿童用文化的符号进行教与学的交往时,须得小心再小心地提醒自己永怀"游戏精神"。

所以本课的教学依然遵循"情境审美"语文教学的本质规定性——儿童主体、游戏精神。具体表现为课堂的学习方式:

有散步意味的"流连欣赏";

有留白意味的"浪漫想象";

有开放意味的"话题互动"(语言实践)。

我们帮助儿童学习的方式应当是具有审美特质的,那就是带有散步意味的流连欣赏,带有留白意味的浪漫想象。给学生自主感悟的物质空间和精神空间,不要急于灌输知识和方法给儿童,让儿童享受阅读、吟诵、涵泳的过程,这样的学习才会是审美的,精神的成长才会是自由的。

专家点评

怎一个"美"字了得
——听刘昕老师执教文言文《陌上桑》

刘昕老师的课总是这样美美的,美美的语言、美美的画面、美美的商洽、美美的启发、美美的想象……但仔细品来,又何止于一个"美"字。美,都是有源头的,本课之美源于刘老师语文课堂的那份筑基之实、韵味之浓、体悟之妙。

筑基之实——美在反复朗读,巩固文词的厚度

文言文的特点非三言两语可以道完,诸如它的形象性、模糊性、审美性、音画性等都是无须阐述的。不管文言文有多少份美感韵味,但要真正体味到,首先要落实的还是文言文的正确朗读。倘若不加以落实,只会给学生带来阅读理解、诵读体味的人为障碍。

  教学起始,刘老师出示并强调了"难读字音",让学生自行正音。这样直接地呈现字音,在语文课堂上似乎已经很稀有了。大多课堂上的初读会要求学生自行解决,于是,课堂上会出现学生们相互请教,约摸着练读,一片自主学习的繁荣胜景。但仔细观察便会发现少有学生翻阅词典,主动解决问题;相反,多数学生懒得查阅,凭直觉或者同学"互助"来正音,于是出现了很多想当然的"解决",甚至出现不少"字读半边"的情况。文言文中的字词常常有古今音的变化、生僻字的出场,对于初学文言文的学生来说显然难度大了些,何况不长的课文中出现这么多生僻字。事实上,文中的"笼系(xì)""堕(duò)""髻(jì)""绮(qǐ)""捋(lǚ)髭(zī)须""著帩(zhuó qiào)"等字词无论是字音还是声调,抑或是理解,都是很困难的。想来,刘老师在教学中直接呈现难读字音,没有顾忌"俗套",显得如此朴实,真是个"走心"的平实之举。非但正音如此,读懂全文意思,也直接提供了注释,让学生可以从注释中找到或者通过上下文理解具体的字义。音、形、义,字字落实,方能"文从字顺,文意信达"。教学中刘老师用最原始的方式让学生回到最初始的学习境地,为这样的"坦诚相告"点上一个赞。

韵味之浓——美在沉潜、吟诵人物情态的温度

  古诗文从来都不舍赘语一字,这是语言的贵族风范,也是文字凝练的精致魅力。朱光潜先生曾说:"读一首诗和作一首诗都常须经过艰苦思索,一旦豁然贯通,全诗的境界于是灵光一现似的突然现在眼前。"这里的"豁然贯通",应该是沉潜其间,细细品味,推敲、揣摩真意。作者的创作,需要历经艰苦的表现过程;读者的沉潜,也需要历经艰苦的求索过程。教学中,刘老师没有止步于学生已经读出的罗敷直接的美、侧面衬托的美,而是进一步走进他者见到罗敷时的心理。

  在刘老师的启发下,学生们静静地想。于是,"我活了这么久能见到这么美的少女也算没白活了""遇到这么美的少女,我可不能给她留下不好的印象""他把锄头扔在一边,然后两眼紧紧地盯着她,心想,这位姑娘美如天仙,比天上的仙子还要美"……行者、少年、耕者、锄者一个个形象跃然纸上,心扉敞开。罗敷的美,表现在人们的目光中、神情里、站姿上,还有自言自语中……

古诗文的理解忌讳图解化,言语迁移切忌机械化。刘老师设计的不同群体见到罗敷的反应练说,恰如等待在学生嘴角,脱口便是精彩。无论是人物形态的想象,人物内心的揣摩,还是不同人群的拓展联想,其根源是罗敷的美已伫立在每个学生的心里,学生的言语才显得如此鲜活,如此涌流。

体悟之妙——美在品读、斟酌拓展描写的深度

诸多作品中,古诗文尤为含蓄,用极少的具体可感的艺术形象,来传达极为丰富的隐含的内容,以瞬间来表现永恒,以有限来延展无限。刘老师对比式的品读教学有三点让人叫绝。

1. 侧面描写的拓展

《陌上桑》一文篇幅不长,读来文中主角罗敷却是形象灼灼、款款而来的。这样的无言之美,恰恰来自于作者行文的构思巧妙,直观描写后的拓展——侧面描写,这当属于亮睛之笔。教学中,刘老师精心描述了心中罗敷的外貌:"脸若鹅卵玉,眉如弯月钩;眼明若星子,浅笑双酒窝;素手兰枝翘,腰若柳枝柔。"读来的确美得惊艳,课堂上学生们一个个直读得摇头晃脑,颇为入神。但很快刘老师话锋一转,让学生们好好斟酌,与原文比较。可贵的是,刘老师在学生们肯定侧面描写带来的想象空间后,进行了较客观的评价。不是所有的写人都一定要侧面描写,适切的正面描写还是需要的。原文中的"青丝为笼系,桂枝为笼钩。头上倭堕髻,耳中明月珠;缃绮为下裙,紫绮为上襦"不就是很精妙的正面描写吗?

2. 心中罗敷的拓展

每个人对美的感觉不一样,于是刘老师在教学中让学生结合古代美女图进行选择或者进行再勾画。这样的言语实践活动设计也是很精妙的。

不同的学生选出不同的美,甚至选不出美(他心中的美没有找到),这就是文字的魅力,也是作者的表达功力。刘老师用这样的方式,实在高明。当然刘老师还没有就此止步,她毫无刻意地提醒学生,罗敷的美不仅仅在外表,还有更多内涵,点燃与激发了学生们进一步阅读的渴望。

3. 古典成语的拓展

古典作品中对美女的描写当然不只有罗敷，于是教学中刘老师又补充拓展了"沉鱼落雁""闭月羞花"等成语。这一教学场景是很难让人忘怀的。

四大美女的出场，当然是对"罗敷"的再构，道出了侧面描写的奇妙，恰是"言有尽而意无穷"的表达真谛。这不是所有艺术的共同之处吗？

刘老师的课堂，好艺术，好美！

（点评专家：姜树华，如皋市安定小学校长，江苏省特级教师）

细节 10

走向小学语文课堂的深度

陆红兵

❧ 细节阐述 ❧

小学语文课堂需要深度吗?这是一个不容忽视的话题。但是,因为是小学,因为面对的是天真幼稚的儿童,一直以来,这个命题并没有引起人们足够的、持久的关注,甚至逐步模糊,乃至被遗忘。

事实上,作为母语系统学习的初始阶段,小学语文承担着重要的使命与责任,儿童的发展具有无限的可能,需要小学语文去发现儿童、引导儿童、发展儿童,因此,深度自然应该成为小学语文课堂的应有之义。

当然,深度不是知识的难度,不要将"繁、难、杂"的练习试题当作语文教学深度;深度不是思想的拔高,不要把成人的意志强加给儿童;深度不是教学中任意的拓展和延伸,无限制的叠加只能增加学生的负担。教学的深度也不同于教师文本解读的深度,而是在教学中,以"儿童"为重要的标尺,着眼儿童整个人的发展,特别是语文素养的提升所确定的具体目标,具体表现为:一定的思维挑战性,真挚的情感深切性,丰富的想象潜入性,积极的语言建构性,等等。

而这一深度的实现需要我们研究教材,不断开发教学可能的深度;需要我们发现儿童,合理确定教学应有的深度;需要我们寻求途径,积极构建清浅呈现的深度课堂。

> 典型案例

《大小》教学实录

(课文)大　小

[日本]深瀚和雄

大象并不是那么

大

只是看上去

很大

蚂蚁并不是那么

小

只是看上去

很小

大象有一个宝贵的生命

蚂蚁也有一个宝贵的生命

真的

真的

好好儿看的话

大象和蚂蚁大小都一样

教学目标

1. 反复诵读,理解诗的内容,读出诗的韵律与情趣,并背诵。

2. 体会诗中的哲理,感受生命的平等,并学会更加辩证、全面地看待一个事物或现象。

3. 感受诗歌的语言之美,体会语言的对比,以及朴素中蕴含的深刻,模仿运用诗的语言来表达思想。

教学实录

一、直接揭题,读通小诗

师:这节课,我们将一起来学习一首诗,题目很简单——"大小"

（板书）。

师：诗中提到两种动物。你一定发现了，一起说——

生：（齐）大象和蚂蚁。

师：是的。很显然，大象对应着题目中的——

生：（齐）大。

师：蚂蚁对应着题目中的——

生：（齐）小。

师：拿出课文纸，自己先把这首诗读一读。

（生自由读课文）

师：谁来给大家读一读？

（指名一女生读课文）

师：我觉得你非常棒，第一个站起来读，读得这么清楚、流利，真了不起！读的时候，我们还要注意一下停顿。比如说，题目和正文之间停的时间还可以再长一点，自己在心里数"1、2"，小节和小节之间可以在心里数"1"。这首诗几个小节？

生：三个。

师：嗯。谁再来试一试？那个男同学——

（生读课文）

师：等一等，停一下，"1、2"然后再读。从题目开始，"大小"。

（生继续读课文）

师：还嫌急一点，是不是？还是有点着急了。"大小"再来，"1、2"开始。

（生继续读课文）

师：看来你就是一个性子比较急的人，是不是？我反而有点打乱了你的节奏了。我们一起来读一下，"大小"，齐——

（全体学生齐读课文）

二、自学小诗，读懂内容

师：我觉得读得已经不错了，能读懂吗？这首诗写的什么意思呀？读懂的同学举举手，没读懂的可以听。读懂的把手举起来。

生：我读懂了，虽然大象很大，蚂蚁很小，但是它们都有一个宝贵的生命。

师：好，你很不错，会读诗，还有谁来说说看？

生：虽然大象和蚂蚁有大小之分，但是都是平等的。

师：所以在诗人看来，大象和蚂蚁是——

生：平等的。

师：用他的话来说就是——

生：大小都一样。

师：读懂了，应该可以朗读得更好。是吗？谁再来读一读这首诗。

（指名一生读诗）

师：能和大家分享一下你是怎么把这首诗读好的吗？

生：我注意了停顿，并且还突出了重要的词句。

师：这是你朗读的经验。还有谁跟大家分享一下朗读的经验？

生：要带着感情来读。

师：很好！文字表达的是情感，我们应该在朗读的时候把其中饱含的情感表达出来。

师：我们再来看看这首诗。诗人提出了一个和我们不大一样的观点。刚才我们交流了，在我们的印象中，"大象很大"，诗人却说——

生：大象并不是那么大。

师：只是——

生：看上去很大。

师：我们说"蚂蚁很小"，诗人却说——

生：蚂蚁并不是很小，只是看上去很小。

师：显然诗人是有针对性的，好像在反驳我们，是不是？那这样，我来说一般人对大象和蚂蚁的印象，你们做诗人，用诗句来反驳我，好不好？要注意你们的语气。

师：大象很大。

生：大象并不是那么大，只是看上去很大。

师：大象很大很大。

生：大象并不是那么大，只是看上去很大。

师：蚂蚁很小。

生：蚂蚁并不是很小，只是看上去很小。

师：蚂蚁很小很小。

生：蚂蚁并不是很小，只是看上去很小。

师：真的吗？

生：真的、真的。

师：干吗要说两个"真的"？

生：强调！

师：真的吗？

生：真的、真的。

师：好好看的话——

生：大象和蚂蚁，大小都一样。

师：我觉得你们反驳得不错。如果我们在读诗的时候，还能想象着诗外的声音，然后来反驳的话，我相信你可以把这首诗读得更好，谁还想再来试一试？

（指名一生读诗）

师：的确读得很棒，我们一起学着她的样子来读一读。第二小节我来读，好不好？从题目开始——

（师生合作读诗）

三、共同探讨，读明哲理

师：刚才，大家读懂了诗人在诗中表达的观点：体形如此庞大的大象和那微不足道的蚂蚁，它们的生命是平等的。你们认同作者的这个观点吗？为什么呢？

生：我赞同作者的观点，每一个生命对于每一个动物来说都是很宝贵的。

生：每一个生命都只有一次，只要死了就再也不可能活过来了。

生：我们不应该凭动物的大小来判断生命的价值，大象的生命重要，蚂蚁的生命也重要。

师：同学们说得很好！关于生命的问题是一个很值得探讨的问题，也是一个十分深奥的问题，甚至需要我们思考一辈子。读这首诗时，我一直努力走进大象和蚂蚁的生活，来思考这个问题，找了不少大象和蚂蚁的图片,也许有助于大家对生命有更深入的思考和理解,跟大家分享一下。

(播放大象和蚂蚁劳作、玩耍、与同伴交流等的图片)

师:看了这一组图片,你对大象和蚂蚁的生命有新的认识吗?

生:不论大象还是蚂蚁,它们的生活是一样的,因此生命也是一样的。

生:大象和蚂蚁有自己的家庭,有自己的兄弟姐妹,它们没有大小之分。生命一样宝贵。

生:它们都有自己的喜怒哀乐,生命没有大小之分。

师:确实,生命是一种独特的存在,是大自然赋予的。每一种生命来到这个世界上就有自己生存的权利,而且都有属于自己的生活,让这个世界更加多彩。每一个生命只有一次,它生来就是宝贵的,就是平等的。诗人写这首诗正是为了强调——

(出示句式:生命是平等的,不因_____而变化)

生:生命是平等的,不因体形而变化。

生:生命是平等的,不因大小而变化。

师:所以,诗中说:"大象有一个宝贵的生命/蚂蚁也有一个宝贵的生命",这句话我们可不可以换成这样:"蚂蚁有一个宝贵的生命/大象也有一个宝贵的生命"?

生:不可以。这样前后的顺序不一样。

师:是的。顺序可以不一样吗?

生:不可以。因为我们更多的人一般重视的是大象的生命,忽略的是蚂蚁的生命。诗中那样说,就是为了强调不要忽视蚂蚁的生命。

师:理解得很到位,说得也很清楚。语言上稍有差别,表达的效果就会大不一样。现在按照屏幕上的提示,我们合作着来读一读这首诗。

(学生分角色读诗)

师:从语言形式上看,这首诗,特别是一、二两个小节是一一对应的,读起来有一种韵律的美。男女生交换角色再来读一读。

(学生再次分角色读诗)

四、模仿创作，强化感受

师：生命的平等，不因大小而改变。

（出示句式：生命是平等的，不因＿＿＿＿＿＿＿而变化）

师：你还可以用这个句式来进一步表达你对生命平等的理解。

生：生命的平等，不因美丑而改变。（师板书：美丑）

生：生命的平等，不因高矮而改变。（师板书：高矮）

生：生命的平等，不因长短而改变。（师板书：长短）

生：生命的平等，不因贫富而改变。（师板书：贫富）

生：生命的平等，不因贵贱而改变。（师板书：贵贱）

师：那我们也来模仿着写一首诗，进一步表明我们对生命平等的理解。再来看看《大小》这首诗，诗人是用怎样的办法把"生命不因大小而改变"这个深刻的哲理写得让我们每一个人都能感受得到？

生：诗中是用大象和蚂蚁来比喻的。

师：你有自己的发现。不是比喻，是借助两个形象——大象和蚂蚁。那我们也来学一学这个方法。我们就以"美丑"为例，可以借助哪两个典型的形象呢？

生：孔雀和乌鸦。

师：或者孔雀和什么？

生：麻雀。

师：可以。还有——

生：蝴蝶和毛毛虫。

生：天鹅和丑小鸭。

生：青蛙和蟾蜍。

生：公主和巫婆。

师：也可以是公主和仆人。

生：水晶和矿石。

师：同学们真会想。那选用两个形象，请你模仿着来创作一首诗。你可以写《美丑》，也可以写《贵贱》等其他的内容，来表达自己对生命平等的理解。

（学生模仿创作，交流学生诗作。诗作略）

师：生命没有大小、没有美丑、没有高低、没有贵贱、没有贫富……在大自然里一切生命都是平等的。(出示图片)这条狗在汶川大地震中救出了12条人命；这是一位消防员，在大火中救出了一只猫，请你别踩了墙角的这朵小花，让五彩的蝴蝶自由地飞翔。让我们学会去善待每一个生命，关爱每一个生命，尊重每一个生命。此时，我们再来读这首诗，我想你的心情会是不一样的，感受也应该是不一样的。

(指名一生读诗)

师：这首诗的语言非常朴素，非常平实，没有什么华丽的辞藻，但是语言背后有着丰富的思想，同样很精彩。

五、再读诗歌，学会看待

师：学到这里，我还想追问一句：如果现在有人问你，大象和蚂蚁的大小是怎样的，你怎么回答？

生：大象和蚂蚁，大小都一样。

生：大象和蚂蚁是一样大的。

师：都是这样认为的吗？

(一生举手)

生：从体形看，大象大，蚂蚁小；而它们的生命是一样的大小。

师：说得真好，我觉得这首诗还对我们如何看待一个事物或者现象提供了一种启示。该怎样看呢？再来读读这首诗，诗中出现了不同的两个含有"看"的词。

生(齐)："看上去"和"好好儿看"。

师：那"看上去"和"好好儿看"分别是怎样地看？

生："看上去"就看事物的表面。

生："看上去"就是看事物的外在，比如体形、颜色等。

师：那"好好儿看"呢？

生："好好儿看"就是看事物的内在。

师：看内在的品质、品格等等。学了这首诗，你觉得今后我们该怎么看待一个事物或者现象？

生：看一个事物或者一种现象既要看它的表面，也要看到它的内在。

师：是呀，这叫做"由表及里"地去看。（板书：由表及里）

师："看上去"，从表面看，我们看到了事物的大小、美丑、高低等；"好好儿看"，往深处看，我们看到了事物的生命，它们是平等的。其实，往深处看，我们还可以看到很多，很多，比如品格、自由等。课后我们还可以继续去思考，去创作。

六、总结全课，背诵诗歌

师：这节课，我们读懂了《大小》这首诗，并且进行了模仿创作，表达了自己对生命平等的理解。这些诗篇幅短小、语言朴实、内容易懂。虽是一首小诗，但是，读后给人启迪、耐人寻味，是一首——大诗。一起来背——

（生齐背）

◆ **案例反思** ◆

1. 诗歌的解读与目标的确定

《大小》是一首哲理诗。没有能够查到诗人写这首诗的背景，不是很清楚作者写这首诗的意图。所以，我就只能站在一个读者的角度，特别是试图从学生的视角去理解，去解读这首诗。我读后感觉这首诗带有一种哲学启蒙的意味，很有嚼头，就像我在课堂上跟孩子们所说的那样，这既是一首小诗，也是一首大诗。

第一眼看这首诗，感觉很简单。整首诗没有一个生字，二年级的学生，甚至一年级下学期的孩子就能够读通。教什么，怎么教？甚至一下子觉得它简单得没有什么需要教。当时，首先想到的教学思路就是带学生读，然后通过补充，丰富教学的内容，充实我们的课堂。或者就是以此诗为一个例子，结合此诗的教学谈哲理诗的阅读。

最后，这两个教学思路我都放弃了。其中，最主要的原因就是，随着我反复地读，不断地思考，越来越觉得这不是一首小诗，有很多的东西值得去细细地揣摩、思考。就诗的形式而言，一、二两节对应的表达，充满着一种韵律之美；就诗的语言而言，没有华丽的辞藻，浅显易懂，但充满情趣，同样很精彩；就表现方法而言，借助一组鲜明的形象（大象和蚂蚁）来表现，诗中意象的选择很有意思；就哲理（也就是这首诗的主题)而言,特别值得反复琢磨:初读,觉得这首诗就是在讲自然界中生物的生命是平等的,再读,觉得这首诗不止于此,还包含着对辩证地或者说全面地认识事物的一种引导,从诗句"好好儿看的话"可以感受到这一点。

这样看来,这首诗值得与学生一同去探讨、学习的内容是十分丰富的。于是,确定了这一堂课的教学目标。

2. 教学的设计与策略的选择

根据教学的目标,我逐步确定了这样一个基本的教学流程:读通诗句—读出韵律—读懂诗意—读明哲理—强化感受—模仿创作。整个教学的设计,力求以学生的学习为核心,营造一种宽松、自由的学习氛围,在讨论、对话、诵读与思考中引导学生逐步理解这首诗,进行思想的启蒙,同时提高学生语言表达与运用的能力。

下面我就选择备课与试教前后考虑比较多或者改动比较大的几个环节来说一说。

环节一:朗读的指导。诗有诗的节奏与韵律,读好诗是很有必要的。而新课标特别指出朗读不可以矫揉造作。的确,有不少学生一读书就太像读书,拿腔拿调,这个我们作为老师是有责任的。那怎么引导学生读?这堂课在朗读指导部分,我主要采用的方法就是回归生活的情境,就是我与学生的一种对话读,我说一般人对大象、蚂蚁的印象,学生用诗句来反驳我,这种读诗的方式孩子是比较乐意接受的。

环节二:引导学生畅谈对生命平等的理解。我认为,"生命平等"的问题是生物学、生态学、社会学、伦理学等都需要关注的一个命题,就像我在课堂上所说的那样,"是一个深奥的问题,是值得我们一辈子思考的问题"。甚至有很多关于生命的问题,我们成人也没有能够有一个完全透彻的认识。所以这一堂课,只是让学生能够初步形成这样一种认识,并且从内心能够认同这样一个观点。不可能把生命平等的问题在这堂课全部理解透彻。

曾经的教学中,我试图通过一些故事的补充,让学生感受每一个生命的伟大。比如苏教版有一篇课文《蚁国英雄》,讲的是面对突如其来的大火,蚂蚁迅速扭成一团,滚过火区,外层蚂蚁以自己的生命保护了整个蚁群的故事。但是,后来我想,如果生命中没有伟大之处,这个生命就不宝贵了吗,就不平等了吗?答案显然是否定的。所以,今天的课堂,我就放弃了这个故事。主要是让孩子自己谈谈,引起他们对生命平等的关注。孩子能够认识到生命只有一次,同时,感受到不管是多大的大象,还是多小的蚂蚁,它们作为生命的存在,是平等的。孩子目前只能理解到这个水平,我们没有必要把生命平等的所有内涵一下子强行灌输给他们,而应该让他们长大后再去慢慢思考。

环节三:引导学生如何全面辩证地看待一个事物。虽然我把这个环节放在课堂的最后,但是我觉得很有必要,也许这不是这首诗主要想表达的。我也有一种担心,在强调了生命平等之后,学生去看待一个事物是否会出现"小大,大小"的偏见,即故意贬大而扬小。所以在课堂学习中,我加了一个问题:现在有人问你,大象和蚂蚁,它们的大小到底是怎样的,你怎么回答。进而引导学生辩证地、全面地看待一个事物。从学生的反应来看,这个问题的提出还是很有必要的。

环节四:课堂的练笔,仿写部分。这部分的设计,我也是做了改变的。我原来的设计是放在课堂的最后。即理解由表及里地看到一个现象和事物之后,我出示了一组对比鲜明的形象,大树和小草、大山和小丘、大厦和小屋、大人和小孩,让学生去"好好儿看",除了生命的平等还能看到什么,由此,让学生再写一首《大小》。当然,比较突出的学生,也可以模仿课文直接去写美丑、贫富等等。

但是,这堂课的设计改变了,原因有两个:第一,这是一首关于生命平等理解的诗。练笔放开去,比如有同学写大小,用大厦和小屋这两个形象,大厦给人一个温暖的家,小屋也可以给人一个温暖的家,突破了这首诗的主题,这个设计可能更开放,是好的。但是,我又觉得,一堂课贪得太多,也许更多的学生得到的恰恰是少的。而假如学生仍然围绕"生命平等"去写,形式上讲,虽然难度不大,但我强调,写诗的过程也是自己表达对"生命平等"进一步理解的过程。通过练笔可以进一步强化学生对生命平等的认识。第二,这首诗在表达方面有一个比较突出的特点,那就是借助了两个意象。虽然二年级的课堂上不会出示"意象"这个概念，但是，这样改变设计之后，更加关注了诗歌中的"意象"。因为，我认为练笔的设计，不仅仅应该关注与原文本内容、主题的关联，还必须注意语言的运用、方法的运用等写作手法上的关联。

专家点评

我们都要"好好儿看"

《大小》是一首儿童哲理诗，"看起来"这首诗没有太多的理解困难。陆红兵准备教这首诗的时候，"感觉很简单，整首诗没有一个生字，二年级的学生，甚至一年级下学期的孩子就能够读通。教什么，怎么教？甚至一下子觉得它简单得没有什么需要教"。我相信大多数教师会和陆红兵一样，也会觉得它简单得似乎不需要教师去"教"什么，让学生自己看看诗文就行了，不就是说大象和蚂蚁都有宝贵的生命吗？不就是说生命没有什么大小之分吗？我想很多教师多半会用我们成年人的思维来解读文本，多半会用成年人的"深度"来测量作者的思想"水深"，多半会在呈现方式上"稚化"而在价值考量上固守成人立场。

而陆红兵没有停留在他的"感觉"上。

他说，"随着反复地读，不断地思考，越来越觉得这不是一首小诗，有很多的东西值得去细细地揣摩、思考。就诗的形式而言，一、二两节对应的表达，充满着一种韵律之美；就诗的语言而言，没有华丽的辞藻，浅显易懂，但充满情趣，同样很精彩；就表现方法而言，借助一组鲜明的形象（大象和蚂蚁）来表现，诗中意象的选择很有意思；就哲理（也就是这首诗的主题）而言，特别值得反复琢磨：初读，觉得这首诗就是在讲自然界中生物的生命是平等的，再读，觉得这首诗不止于此，还包含着对辩证地或者说全面地认识事物的一种引导，从诗句'好好儿看的话'可以感受到这一点"。

于是，陆红兵选择了这样的教学流程："读通诗句—读出韵律—读懂诗意—读明哲理—强化感受—模仿创作。整个教学的设计，力求以学生的学习为核心，营造一种宽松、自由的学习氛围。在讨论、对话、诵读与思考中引导学生逐步理解这首诗，进行思想的启蒙，同时提高学生语言表达与运用的能力。"这里，我不想重复陆红兵的教学细节，他的课堂设计和课后反思都在那里，大家可以去仔细地看，对照自己的教学实践去比较。但是，我要提醒大家，我们不是去看一个教师的教学套路，不是看他的一招一式，而是要看执教者的教学思路，乃至教育思想。

教师对文本的解读不能由着自己的性子和眼光，我们常常说教师对文本的解读要有儿童立场，陆红兵则认为还应该有"儿童深度"。他说，"小学语文教学需要深度，但必须把握好这个度。儿童应该是这个度的基本的、重要的标尺。小学语文教学的本质与核心直接指向于儿童，因此其深度应该是一种'儿童深度'"（陆红兵：《寻找路标》，江苏教育出版社2013年版）。他认为，"儿童深度"在小学语文教学中表现为"一定的思维挑战性""积极的语言建构性""适度的感悟深刻性"和"适切的情感迁移性"。从《大小》的教学设计，我们能够看出陆红兵在这四个方面的努力。

李吉林老师在她的《情境教育的诗篇》一书中反复表达过这样的心声：一切为了儿童的学习。有了这样的信念，我们在做教学设计的时候，就会不满足于轻率地"看上去"怎么样，而是对文本反反复复地"好好儿看"；就会不满足于教师本人作为成人的阅读深度，而是移位于儿童立场来探寻儿童深度；就会不满足于照本宣科地，或者复制教参地教教材，而是用创造的态度、用教育教学的智慧来润泽儿童的言语生命。

面对文本，面对课堂，面对儿童，面对教育，我们，是不是都应该"好好儿看"？

（点评专家：严清，南通市教育学会副会长，南通市崇川区名师导师团团长）

陆红兵,江苏省南通师范学校第二附属小学校长、党总支书记,中学高级教师,江苏省语文特级教师,南通市名师第一梯队成员。近年来,获全国"高效课堂"教学竞赛一等奖,江苏省青年教师教学竞赛特等奖。曾到四川、广东、新疆、河南等地执教公开课,均获好评。主持、参与多项课题研究,现主持省"十二五"教育科学规划重点资助课题"散步美学引领下小学语文灵性的教学实践研究"。近年来,有《儿童灵性,在语言文字的相遇中回归》《"儿童深度":小学语文教学的重要命题》等40多篇论文在《人民教育》《中国教育报》等报刊发表,出版专著《寻找路标》。

细节 11

教学板书的预设与生成

侍作兵

❀ 细节阐述 ❀

教学板书被称为微型教案,是教师教学过程中运用的重要的教学手段,是教师根据教学需要在黑板上以书面语言或符号表情达意,与学生交流信息的渠道。

教学板书一般有三种表现形式:板书、板演、板画。板书,是指教师书写在黑板上的文字;板演,是指教师在黑板上演算例题或推导公式;板画,是指教师在黑板上画的各种图形、符号和表格。有时候,学生也会参与到板书的过程中来。

根据板书的地位、实施主体、时间、呈现方式等,有多种板书分类结果。教师要在教学实践中合理选择运用。

❀ 典型案例 1 ❀

要点式板书层次分明

《司马迁发愤写〈史记〉》是苏教版小学语文教材第十一册第五单元的第一篇课文。讲的是汉代史官司马迁在遭到残酷的刑罚之后,不忘父亲的嘱托,忍辱负重,耗费 18 年时间写成辉煌的巨著《史记》的故事,赞扬了司马迁为了完成父亲遗志矢志不渝的精神。整篇文章结构严谨,条理清晰,可分为三部分。特别是本文人物感情色彩鲜明,不仅可以引导学生抓住重点语句品析人物品质,更是不可多得的训练学生朗读的好材料。

同时,《司马迁发愤写〈史记〉》所在的这一单元的教学内容均是描写历史人物,其教学目的明显在于:引导学生体会古代人物的品质,培养学生热爱中国历史,让学生从中受到传统文化的熏陶。

板书设计

司马迁　　　　　　发愤　　　　写　　　　　《史记》
人固有一死,或重于泰山,或轻于鸿毛。——司马迁
西汉史学家、文学家
矢志不渝　忍辱负重
前无古人　辉煌巨著
史家之绝唱,无韵之离骚
——鲁迅

◆ **案例反思** ◆

这份板书设计以词语提示课文要点,除题目外共分四排,根据教学流程依次呈现于课题之下:第二排是在简介司马迁之后书写,意在给学生留下深刻印象,记住司马迁在我国历史上的崇高地位;第三排写在题目中的"发愤"两字下面,概括司马迁的可贵品质;第一排是司马迁关于生死的一段名言,是文中重要语句的原文,让学生感受司马迁的内心世界,体会他为了写好《史记》,把个人的耻辱与痛苦全都埋在心底,以坚强的毅力完成父亲的嘱托;第四排写在"《史记》"两字下面,从课文及师生互动的感悟中提取两个词语,又拓展介绍鲁迅关于这本巨著的评价,表现《史记》一书在我国古代典籍中的重要地位。要点式板书结合课题和课文主要内容,条理清晰,层次分明,重点突出,兼顾拓展延伸的文字材料,对提高学生理解力、丰富学生语言积累都有很大帮助。

典型案例2

形象化板书生动直观

苏教版小学语文第七册中的古诗《江雪》是柳宗元被贬到永州之后所写,这首诗描绘了一个幽静寒冷的环境,借寒江独钓的渔翁,表现诗人的孤独郁闷、孤傲清高。设计的板书是一幅简笔画《江雪独钓图》:雪天,辽阔的江面上,一叶孤舟,一个老渔翁,头戴斗笠,身穿蓑衣,独自在寒冷的江心垂钓。在画的上方,写着诗名和作者。诵读诗歌后,联系课外搜集的资料:柳宗元是唐代著名诗人,被称为"唐宋八大家"之一。他关心人民疾苦,力主政治改革,可是却遭到了当权派的打击和排挤,被贬永州。当时的永州非常偏远,极度贫穷,柳宗元无职无权,无能为力。他想到自己报国的崇高理想不能实现而又无人理解,心里非常难过,非常悲愤。在这种情况下写成了千古绝唱《江雪》。再问学生:了解了这些,你认为老渔翁真的在钓鱼吗?学生们自然体会到诗人与渔翁形象重叠融合,教师适时在作者名字下面板书:孤傲清高、顽强不屈。

◆ 案例反思 ◆

《江雪》一诗寥寥二十字,却有着辽远的意境和丰富的内涵,学生读起来,理解意思不难,但真正体会其蕴含的思想感情则是教学中的难点。形象化板书生动直观地向学生展示了诗歌描绘的画面,让学生仿佛身临其境,感受到天地之间一尘不染,万籁俱寂;渔翁的生活是如此孤独,他的性格是如此清高。指导学生联系作者生平,知人论世,学生更深切地感受到在这样一个寒冷寂静的环境里,老渔翁竟然不怕天冷,不怕雪大,忘掉了一切,专心地钓鱼,形象虽然孤独,性格却显得清高孤傲,似乎凛然不可侵犯。这种意境,正是柳宗元由于憎恨当时那个一天天在走下坡路的唐代社会而创造出来的一个幻想境界,而被幻化了的、美化了的渔翁形象,实际正是柳宗元本人思想感情的寄托和写照。这时候,学生将渔翁与诗人的形象合而为一,对诗歌的理解更加深入,教学难点得以突破。

●•典型案例3•●

表格式板书简明扼要

苏教版小学语文第九册中的《少年王冕》一文根据吴敬梓《儒林外史》改编，聚焦于王冕的少年时期。初读感知阶段，指导学生默读课文，理清层次，思考：课文主要描写了王冕哪几个时间段里发生的故事？然后进入细读文本、感悟人物形象阶段，指导学生抓住课文重点片段及语句，个性化地理解课文内容，深切感受王冕"离家放牛"是为了孝敬母亲的美好品德。在"学画荷花"一段中感受王冕勤奋刻苦的好学精神也是为了孝顺母亲，进而使学生的思想和情感再一次得到净化与升华。学习全文以后，学生合作探究写作特点，在表格中填空。

板书设计

年龄	事件	品质	写作方法
七岁	父亲早亡，家境贫寒	孝敬母亲 勤奋好学	承上启下， 转承自如； 语言准确， 生动形象。
十岁	辍学放牛，不忘读书		
十三四岁	刻苦学画，画荷高手		
十七八岁	离开秦家，作画读诗		

◆ 案例反思 ◆

采用表格式板书，是根据教学内容可以明显分类、进行比较等特点，找出教学内容的要点，列成表格，通过横向对比和纵向归纳，获得新知识或建立知识之间的联系。《少年王冕》一课的板书设计抓住了教学重点，条理清楚，层次分明，在品读课文过程中指导学生凭借具体的语言文字体会写作方法，让学生明晰写作线索，把握人物特点，感悟表达方法。

•典型案例 4•

合作式板书激励思维

苏教版小学语文第十二册中的《螳螂捕蝉》是一篇寓言故事,讲的是春秋战国时期,吴王决定攻打楚国并下令不准他人来劝阻,这时一位少年巧妙地用"螳螂捕蝉"的故事劝说吴王,使他打消了攻打楚国的念头。教学设计时,我以"螳螂捕蝉这个故事告诉我们什么道理"为研读话题,引导学生体会故事的含义及对劝说吴王所起的作用。教学过程中相机板书,第二、三行的板书由学生完成。

板书设计

黄雀	螳螂	捕	蝉
其他诸侯国	吴国		楚国
一心想得到眼前的利益,却没顾到自己身后正隐伏着祸患			

♦ **案例反思** ♦

本课的教学中,领悟少年所讲的故事与劝说吴王之间的联系是教学难点,合作式板书抓住二者之间的关系,引导学生研讨"螳螂捕蝉这个故事告诉我们什么道理",让学生明白了螳螂、蝉、黄雀都一心想得到眼前的利益,却没顾到自己身后正隐伏着祸患,再进一步理解吴国的实际情况——吴国就像螳螂,楚国像蝉,而其他诸侯国就像黄雀,因而吴王打消了攻打楚国的念头。设计合作式板书的目的在于吸引学生自主合作探究课文内容,在听、说、读等语文实践活动中,发展语言理解和运用能力,在学习过程中给予学生大量的参与和自由表达的机会,以演促读,以读促理解,创设一个自主学习、互相协作的氛围,概括文章的主要内容,了解少年的机智勇敢,以致后来理解寓言的寓意,层层深入,起到了良好的教学效果。在拓展延伸阶段,学生还能联系自己的生活实际谈一谈对寓意的理解,突破了教学难点。

▶•典型案例5•◀

对比式板书强化形象

(笔者执教苏教版小学语文第七册中的《九色鹿》教学片段)

师:请问你叫什么名字?(又提问了两个学生)请问班长叫什么名字?

(学生分别做了回答)

师:问一个不大礼貌的问题,这个小姑娘几岁?

生:十岁。

师:这个小伙子呢?

生:十一岁。

师:班级最大的同学几岁?

生:十一岁。

师:那最小的呢?

生:十岁。

师:那么你们全是小人吗?是不是?

生:不是。

师:怎么不是呢?最大的才十一岁,怎么不是小人呢?

生:(大多数)不是小人。(其中有一个说"是",引起笑声)

师:我说的"小人"是年龄小。你们理解的小人是像课文中的调达这样的人吧?

生:是。

(师板书"调达",字写得很小,而之前写好的"九色鹿"三个字很大,形成鲜明对比)

师:上节课,你们的吴老师已带领大家读过课文了,对课文中的这两个人物有什么想法?想到哪些词语?

生:调达见利忘义,忘恩负义;九色鹿善良。

师:嗯,把关于调达的两个词语写到黑板上。

(生上台书写,师板书"善良")

师:看到调达,还想到什么?

生：调达十分不诚实，是一个灵魂肮脏的人。
生：是一个背信弃义的人。
师：把"背信弃义"写到黑板上，还想到什么？
生：是一个恩将仇报的人。
师：请这位同学将"恩将仇报"写在黑板上。
……

板书设计

九色鹿	调达
美丽善良	背信弃义
见义勇为	见利忘义
不图回报	恩将仇报

◆ **案例反思** ◆

  对比式板书是把课文内容中彼此对应的两方面排列起来进行对比而形成的板书。由于对比使得事物鲜明强烈，因而能更好地揭示事物之间的关系，突出知识重点。各种相互对立、相互排斥的因素结合在一起形成对比强烈、明暗烘托的艺术效果，有时它比匀称的和谐更具有美的魅力，造成一种以偏托正的美感。

  课标要求四年级的学生能初步把握文章的主要内容，体会文章表达的思想感情，关心作品中人物的命运和喜怒哀乐，与他人交流自己的阅读感受。《九色鹿》一课的教学重点是通过朗读感悟，体会人物的内心活动，剖析人物的性格，从字里行间感受美与丑的对立，潜移默化地培养学生的语文素养和正确的人生观、价值观。教学难点是引导学生把握调达前后截然不同的两种态度的有关词句，通过理解词语感悟形象，通过形象加深对词语的理解，明白文中蕴含的做人道理，实现语言与精神的同构共生。教学伊始，在轻松对话中引导学生谈人物印象，整体把握课文内容，学生能说出九色鹿美丽、善良、见义勇为、不图回报等特点，调达见利忘义、背信弃义、恩将仇报、灵魂肮脏等特点。教师与学生合作板书人物特点，形成鲜明对比，凸显文本主题。特别是将"调达"两个字写小，加深了学生对课文中"小人"两个字的理解，使其印象深刻。

　　侍作兵,江苏省灌云实验小学校长。高级教师,江苏省小学语文特级教师,江苏省人民教育家培养对象,江苏省"333工程"高层次人才培养对象,江苏省教科研先进个人,连云港市学术领军人才培养对象,"港城名师工作室"主持人。首届"长三角"名校长,连云港市名校长。

　　主持江苏省"十一五"教育科学规划重点资助课题和市教育科学规划课题、重大课题、精品课题结题,获市"十一五"教科研优秀成果奖。主持江苏省"十二五"教育科学规划重点资助课题。主编、参编校本教材及教学用书30余本,公开发表论文90多篇,其中,多篇论文被中国人民大学复印报刊资料《教育学文摘》《中小学学校管理》《小学语文教与学》全文转载,多篇论文获得国家级、省级评比一等奖。

细节12

语用范式，最是"细节"能致远

王金涛

◆ 细节阐述 ◆

当下，"用教材教"已经成为我们语文人的共识，可是我们只是仅仅把课文作为教材来教，换句话来说，语文课仍然是以教课文、讲课文为主，这已经成为当前语文课堂的一种常态。众所周知，以"讲课文"为主的课程形态最显著的特点就是能够最大限度地实现人文教化的功能，但显然不利于学生母语学习和语言交际能力的提高，而且很容易造成语言学习任务的旁落。所以，在很多时候，一节语文课上下来，留给学生更多的是课文内容的痕迹，而不是"语文课程内容"的痕迹，更谈不上如何教会学生运用语言文字了。

2011年版的语文课程标准，充分强调了"语言文字运用"。但是，涵盖听、说、读、写的"语用范式"依然存在着内语用和外语用、输入性语用及输出性语用相提并论的含混，理论上、实践上仍然没有突破阅读本位的旧观念，遮蔽了基于学习主题思想的表达力，在对综合语用的并重中实质性降低了表达所应有的突出地位和价值取向。

"语用范式"所呈现的课程形态，是在以课文为例，指导学生掌握语文知识和学习语文方法、技能的基础上，理解与感悟语言所承载的人文的东西，即语言所附着的情感、态度、价值观的转变与提升，并同时获得持续、自主地学习语文的能力，全面汲得语文素养。"语用范式"的灵魂就在于在"全语用"的基础上自觉表达和深度表达，所崇尚的境界就是凸显语境中学生主体的表达力乃至表现力。

典型案例

细节虽然不一定决定教学的成败,但是细节却能反映教学的品质。

语用范式的实践,重在教给学生学习语言、积累语言、运用语言的能力,并在这个过程中将语言所承载的精神"释放"出来,实现言语智慧、言语精神与言语生命的融通与相长。下面结合《九色鹿》一课的三个教学细节,试加以阐述。

教学片段一:牵一词而入"全篇"

生:(读)九色鹿非常气愤,指着调达说:"陛下,您知道吗?正是这个人,在快要淹死时,我救了他。他发誓永不暴露我的住地,谁知道他竟然见利忘义!您与一个灵魂肮脏的小人来残害无辜,难道不怕天下人笑话吗?"

师:九色鹿喜欢调达吗?

生:不喜欢。

师:不仅不喜欢,还怎么样?

生:恨。

师:冉去读读刚才我们姚新成所画的这一段话。

(生读课文)

师:谁再来读读这段话?

生:(读)九色鹿非常气愤,指着调达……

师:我听出来了,九色鹿不仅不喜欢调达,而且怎么样?

生:恨、痛恨……

师:痛恨,文中有一个词语,表达的就是这种感觉,哪个词语? 一起说。

生:气愤。(师板书:气愤)

师:是一般的气愤吗?

生:不是,是非常的气愤。(师板书:非常气愤)

教学片段二:示范是最好的训练

生:(读)落水人名叫调达,得救后连连向九色鹿叩头,感激地说:"谢谢你的救命之恩。我愿意永远做你的奴仆,终身受你的驱使……"

师:在你读这段话的时候,哪个地方最能引起你的思考?

师:感激和连连叩头。

师:还有吗?默默地再读一读,还有哪个字眼能引起我们的思考,能引起我们的注意?

生:我愿永远做你的奴仆,终身受你的驱使。

师:太多了,能不能抓住最主要的?

生:终身受你的驱使。

师:简单了,还有吗?

生:永远做你的奴仆。

师:是啊,王老师在读这段话的时候啊,像同学们一样读出了这几个词语,但是王老师还做了一件事,做批注。(屏显课前阅读所做的批注)

师:看!王老师不仅画出了"连连""永远""终身"三个词语,还在旁边写了一句话——"滴水之恩当涌泉相报"。更何况是救命之恩,更应该知恩图报。这也就是我今天要告诉同学们的,读书的时候一定把自己的感受写出来,"知恩图报"是我们这节课的词语,你看王老师想着想着就把它用上来了。好,如果你喜欢这句话,你也可以把它记下来。王老师也再把它写一遍,加深印象。(写在黑板的右上角)

师:写完了吗?

生:没有。

师:没有关系,慢慢地写,只有慢慢地写才能慢慢地记,才能深深地记在我们的脑海里。

教学片段三:一言一语皆精神

师:是呀,每一个人都会犯错,调达也是。我们能不能给他一个改正错误的机会?(能)好的,请以"调达的内心独白"为题,把调达此时的心里话写一写。

师:我想告诉大家的是,调达最后也终于获得了解脱,转世为佛,成为佛教中五百罗汉中的第127尊者。

(生写话)

师:王老师在读这篇课文时也写了一段话,待会儿我们交流交流。同学们有谁写完的可以告诉我,也可以自己读一读,自己酝酿一下,我们这篇课文用词非常的美,光是"非常"就用了很多次。

师:好,谁来说说看,也可以一边说一边想。

生：调达想，我不该见钱眼开，背信弃义，我应该知恩图报，咳，我真后悔呀！

师：听出了你的后悔了。

生：我不该被金钱迷住了，我应该信守诺言，不管有多么大的诱惑，我都不应该把九色鹿的住处告诉别人，我要做一个信守诺言的人。

师：诚信最重要了。王老师在读的时候也写出了一段（出示：《调达的内心独白》）："滴水之恩当涌泉相报"，可是我调达却为了升官发财，背信弃义、恩将仇报，落到今天这个下场，我真的非常非常非常的后悔，我要牢牢记住国王对我的惩罚，永远不再伤害九色鹿，伤害无辜了，我要学习九色鹿的美德，改过自新，重新做人。再也不能让天下人笑话了。言必信，行必果。我调达一定能做到。

师：调达真的做到了，是因为我们给了他一次重新做人的机会，所以说我们不需要这样的调达（擦去板书中写调达的品质的词语），我们需要的是调达尊者（板书：调达尊者），佛教中五百罗汉中的第127尊者。

师：九色鹿是真善美的化身，它的存在，就是要让更多的像调达一样的人受到感化，学习九色鹿的美德，修成像调达尊者、提婆达多这样的佛。

◆ **案例反思** ◆

教学片段一

牵一词"气愤"而入全篇，这是学习方法的呈现，也是情感纽带的牵引，更是语言习得的最好的注脚，必然能引导学生不断地深入文本语言的内核之中，使学生理解人物所发生的情感的变化——气愤、非常气愤、非常非常气愤……言语的变化直接承载着情感的变化。

一篇文章可以贯穿整个教学过程的知识点很多，如《九色鹿》一文，采用拟人的手法，塑造九色鹿美好的形象，反衬调达的丑恶；运用前后对比的手法，揭露调达的嘴脸；精当地选用成语，贴切地表达意旨……如果每一个知识点都教，再加上这一课的词语教学、复述课文、改编课本剧等要求，想必只有重蹈"讲课文"的旧辙，充其量只能是"教过"，并不一定"教会"。但是语文课追求的不应该是简单的"教过"，而应该追求"教师教会，学生真的学会了！"即使有时真的是不求甚解，但是也要求"适解",适度、适量、适性、适时地理解、感悟与运用。所以科学地取舍便显得尤为重要。如在这一课的教学中,我就是采用了直扑重点语句,牵一词"气愤"而动全篇的策略,上引下联,层层推进,而恰恰这一段,就是文章的主旨所在,高度概括了整篇文章内容,而且语言的表达还非常有特色。以"气愤"一词贯穿全篇,是一种很有实用价值的语用范式。

教学片段二

"哪个地方最能引起你的思考?"读书时随时用笔做记号是一种好习惯。我们要实实在在地教给学生做批注的方法,课堂上要实战。"慢慢地写,只有慢慢地写才能慢慢地记,才能深深地记在我们脑海里。"这不是一句简单的空话,这是实战,是最好的训练方式。

俗话说,规范不如示范。德国诗人海涅说过:"每一个人就是一个世界,这个世界是随他而生,随他而灭的。"对于教师来说,有多少名学生,他的面前就有多少丰富而复杂的世界。在每个学生的心灵深处,都有一根独特的琴弦,一经拨动就会发出独特的音响。教师要想使学生能够与自己所开展的教育活动产生共鸣,就必须把自己的心弦与学生的心弦调至共振,即对学生有深刻的而不是肤浅的认识,在此基础上为学生做出示范。对于写话、写批注等,出类拔萃的学生虽能"心有灵犀一点通",但这总是少数的,而对于一般的学生,教师的"下水作业"对学生的启发性是极大的。所以在教学中我们应该做出"示范""蹚水过河",从而使学生们逐步开窍,增加对语言的理解、感悟与运用。

教学片段三

从演到写,从让学生写到教师的范写,最后教师补充资料,其目的就是要转变学生对调达的看法,并通过语言将自己的看法呈现出来,既历练了学生的语言表达能力,又转变了认识,陶冶了情操。

课文语言的学习不仅要学会理解、积累,更要学会在课堂上运用。而运用的点也很多,如在教学这一课的过程中,很多教师都安排了让国王说话的环节,即把课文最后的一段话"国王非常惭愧。他斥责调达背信弃义,恩将仇报,并重重惩罚了他,还下令全国臣民永远不许伤害九色鹿"改写成国王现场说的话。还有的让学生写王妃的前后变化,也很好,很新颖,突出了九色鹿的美好形象。而我在设计的过程中却没有这样做,而是让学生给调达一个改过的机会,以"调达的内心独白"为题,把调达的心里话写一写。"语言是精神的外壳",一切的教育要让学生懂得从善尚美。我想这样的语言训练相比之下更为必要。其实这也是在教给学生怎么反思总结的一个方法,否则一节课留给学生的便是那个"忘恩负义、恩将仇报……"的调达了。这根本就不是语文教学的本意。语用范式,应该重视积极语用的价值,但也更应该注重核心价值观的正确引领,从语用教学走向语用教育,这应该是语用范式的追求与希冀。

➤• 专家点评 •◂

"教学细节"是外显的教学行为的最小单位,表现为多样的形式和复杂的结构,形成于特定的教学情境中,具有独立的教学价值和意义。《九色鹿》讲述的是一个民间故事,赞扬了九色鹿舍己救人、不图回报的高尚品质,谴责背信弃义、恩将仇报的可耻行为。这篇故事,学生自学就能读得懂。如何进行教学,提高课堂教学质量?

王金涛老师在执教这篇课文时,一个鲜明的特点是引导学生寻找叙事中的空白,通过若干个教学细节,让学生充分联想、想象,从而提高学生的语言文字运用能力。

第一个特点是填补形象所造成的空白。这篇故事写了两个形象:"调达"和"九色鹿"。王老师首先在黑板的一个角落板书"调达"的名字,有同学看见笑了。为什么"笑"?因为以小字板书"调达",造成了一个引发学生联想和想象的空间,教师引导学生说说"你为什么笑了",有的学生认为"他是一个小人",有的补充说"很卑鄙",有的补充说"很可耻"。学生在文本中寻找"有哪些词语可以用来形容调达这个小人",有的学生归纳为"见利忘义""恩将仇报""灵魂肮脏""背信弃义"。

第二个特点是始终聚焦语言文字运用。聚焦语言文字运用,采用的方法有以下几种。

一是在阅读内容中捕捉有关词语。如师生在对话中讨论九色鹿不喜欢调达时,教师引导学生说"文中有一个词语,表达的就是这种感觉,快速默读,发现是哪个词语",学生很自然找到了"气愤"一词。能够准确找到"气愤"一词,看似简单,实际上是学生在阅读文本时对信息的筛选,在特定的语境中准确地捕捉的结果。又如写九色鹿救调达,形容九色鹿救的状态,教师提示:"怎么救的,有一个词语很关键。"学生很快说出"立即纵身",教师再追问"从'立即'这个词语当中我们读出了什么",引导学生深入理解文意。又如在学习第五自然段时,教师问:"虽然只有一句话,但这样一句话非常有嚼头,信不信?"然后再追问:"不要光说信,你嚼嚼看,看看你能嚼出哪几个词语有味道,从中又能嚼出什么味道来?一个字一个字地去读,联系上下文去读。"学生既捕捉到了词语,又理解了词语的深层含义:"'郑重其事''绝不说出',我嚼出了调达那个时候感觉九色鹿就是他的大恩人,滴水之恩当涌泉相报。"词语的正确捕捉,与对词语的理解是有机地结合在一起的。正确地感受词语在语境中的意义,是学生自我体验的一种唤醒,只有内心体验正确,才能捕捉正确。从这种意义上来说,从体验到捕捉,是把文本中静态的物质符号还原为鲜活的生命的过程,伴随着生命的灵动、生命的交融和生命的智慧。

二是在阅读内容中提炼归纳主要意思。如设置"九色鹿有什么值得我们学习的品质呢"这一问题,必然引起学生的深度思考,学生自然会在阅读文本的基础上进行语言提炼,这种提炼和概括的过程,就能提高语言文字的运用能力。在学习调达"郑重起誓"的场面时,教师播放了一段和文字对应的录像,然后让学生说出这个场景中的调达的形象,学生通过看录像,形成了这样的印象:"非常诚恳""千恩万谢,郑重起誓的调达"。师生在讨论"国王感到惭愧"时,教师发问:"他想这样做吗?"学生答:"不,他是被王妃逼的。"教师立刻抓住这个"逼"字,大加赞扬。这个"逼"就是学生理解文本并加以提炼概括的结果。这种整合提炼概括是学生的生命与文本所表现出来的内容之间的精神际遇,在学生生命体验中生成的新的认识,很有直觉性,是在特定的语境中由直观体验获得的准确判断,得之于过程中的顷刻。王金涛老师所主张的语用范式得到了很好的呈现。

综上,管窥王金涛老师的教学实录,在他践行的"语用范式"的教学过程中,关注细节,其实就是关注教学行为的改变,就是关注新课程的理念能否落实到位;关注细节,就是追求教学实践的智慧与艺术的统一,就是在推动"语用范式"从"语用教学"走向"语用教育"的深入。

(点评专家:李震,江苏省语文特级教师,江苏省新海高级中学副校长)

王金涛，江苏省特级教师，中学高级教师，江苏省青年岗位能手，连云港市"港城名师""333工程名教师""521第二层次培养对象""首批学术领军人才培育对象"，连云港市教科所兼职教科员。

曾获江苏省优质课评比一等奖、连云港市基本技能大赛一等奖、连云港市首届教师专业研究能力大赛一等奖。在《人民教育》《语文教学通讯》等刊物发表文章百余篇，有专著《重塑小学语文教学新范式》；教学成果"小学语文教学范式的实践与研究"获2013年江苏省基础教育成果奖一等奖。

细节 13

对"学会学习"的再认识

吴建英

▶ 细节阐述 ◀

许多人对"学会学习"存在着一个明显的误解,认为"学会学习"就是让学生掌握一些学习的策略、方法和手段,例如怎样查字典,怎样按一定程序读书,怎样分析思考,怎样背诵……这种理解把"学会学习"的观念简单化、工具化了。其实,学习是一个内涵极其丰富的概念,也是一个历史的变化着的概念,应当从时代、未来的高度和儿童学习的全部本性中整体地、全面地理解学习;而"学会学习"之"学会"也不能从工具主义的立场去理解,学会学习不是工具性的,而是活动性、体验性的,也就是说,只有在学习中才能学会学习,正如只有在"游泳中"才能学会游泳一样。

1. 学会学习就是要学会主动参与

"学会学习"蕴含了一个让学习者主动发展的观念,或者说,蕴含了一个"主体性"的观念。有了学习兴趣和热情,利用个体已有的经验,会使一个人表现出一定的主观能动性,但这些还不是根本意义上的主体性。主体性是通过学习者的主动参与、建构和活动得到培养和体现的。学习在本质上是一个主动建构、主动活动的过程。《基础教育课程改革纲要》积极"倡导学生主动参与、乐于探究、勤于动手",强调要引导学生"在实践中学习",并要求教师"创设能引导学生主动参与的教育环境,激发学生的学习积极性",在某种意义上就是提倡这种建构主义的学习观。什么是建构?建构就是活动。什么是活动?活动是主体与客体的相互作用,是儿童生存与发展的根基。教学应当引导学生在活动中求知识,在活动中求发展,在活动中确立主体地位。

2. 学会学习就是要学会感受体验

人本主义学习理论认为,学习绝不单纯是行为或认知,它还涉及人的情感。这种学习观强调学习的整体和谐性,尤其是情感体验在激发人的潜能中的作用。从某种意义上说,学习就是以情感为本位的学习。情感具有比认知更丰富多样的功能,如驱动、激活、辐射、调节、加工乃至"觉知"等。传统的教学忽视了情感的这种"本体论"的地位和它的多种效能,一味强调认知、分析、理性、逻辑,扼杀了儿童充满活力的感性生命力量。我们倡导"学会学习",应当高度重视引导学生学会"富有情感"地学习,具体地说,就是要学会"感兴"(感兴趣),学会"感受",学会"感动"(移情、共鸣等体验),学会"感悟",学会自我"感化"。其中的核心是"感受"。德国大文学家、哲学家、美学家席勒曾说过,"感受力的培养是我们这个时代最迫切的任务"。

3. 学会学习就是要学会自我创造

人的学习在本质上是创造性的。传统教学片面强调忠实的接受式学习,是基于对人的学习本质的误解。实际上,人,即使是儿童,都具有天赋的创造潜能和创造冲动,正如美国创造心理学家阿瑞提所言,人人都会进行"原发性创造",这种创造几乎是不学而能的。当然它会在学习中通过种种方式表现出来。创造是儿童的生存方式,是他的生命力量的证明。对这种创造的幼芽,只能呵护,不能扼杀;只能培育,不能摧挠。用我国古代哲学家王阳明的话说,就是"舒畅之则条达,摧挠之则衰痿"。激活儿童的创造潜能,使之富有创造性地、富有个性地学习,要依靠鼓舞与激励。

4. 学会学习就是要学会虚心涵泳

"虚心涵泳"是宋朝大理学家朱熹提出的一种学习方式,是指学习时保持平静的心境而不急于求成,把自己从私心与书本的束缚中解放出来,保证思路的自在运作,进入与书本的自由应答、顺畅感应的状态。这实际上是一种特殊的自发学习或无意识学习的状态与境界。20世纪80年代开始兴起的"情境认知""情境学习"理论便十分关注学习的这一特点,认为学习在本质上是情境性的,而不是概念性、事实性的,并认为在情境学习中存在着"合法的边缘参与"。教学的关键在于提供情境化的知识背景,以利于学习者无意识活动及其对象的"合法的边缘参与"。

● 典型案例 ●

《蒲公英》教学实录

师:(配乐引读)秋天到了,蒲公英的花瓣……,花托上……,一阵阵风吹过……,在蓝天白云下……

师:多可爱呀!你们想不想成为蒲公英种子?

生:(大声地)想!

师:好,现在你们就是一颗颗蒲公英种子了,让我们在风婆婆的帮助下一起出发吧!我们乘着风儿在蓝天白云下飞了起来。(在教师的带领下,学生们快乐地做着起飞的动作)哦,你飞起来了,他也飞起来了,我们无忧无虑,自由自在地飞着,飞呀飞呀,越飞越远,越飞越高,飞过小河,飞过森林,飞过山冈……这时,我们往下一看,看到了什么呀?

生:我看到了连绵起伏的高山。

生:我看到了一望无边的沙漠,在阳光照耀下闪着金光呢!

生:我看到了波光粼粼的大海,蓝蓝的像宝石。

师:哟,大地可真美呀!我们去找新的家了,心里可高兴了!咦,大家抬起头来看看,谁呀?(多媒体呈现太阳公公的卡通像)一起和太阳公公打个招呼吧!

生:(兴趣盎然地)太阳公公,您好!

师:小蒲公英种子们,让我们静静地听,太阳公公还在和我们说话呢!

(播放第二自然段太阳公公的话)

师:太阳公公的话里边,你有什么不明白的地方吗?请读读,画上横线,打上问号。(学生认真阅读,边读边做记号)

师:现在请你们在小组内讨论讨论,你能帮助组内同学解决哪些小问号呢?

(学生在小组内积极讨论、交流)

师:"金光闪闪""银花朵朵""黑黝黝",分别是什么样儿的呢?谁上来把这三个词的词卡贴到图上去?

生:(上讲台将这三个词的词卡贴在板画上,并指着板画介绍)你们看,沙漠在阳光的照耀下,闪着金色的光芒,这就是"金光闪闪";湖泊上的浪花一朵又一朵的,像银色的花,多美呀,这就是"银花朵朵";这土地呢,黑乎乎的,就是"黑黝黝"。

生:我来补充,黑人的皮肤也是"黑黝黝"的。(众人笑)

师:泥土黑黝黝的,说明泥土怎样呢?

生:我知道,我的老家在东北,我听爸爸说那边是"黑土地",说明那边的泥土很肥沃、很有营养,能长出茂盛的庄稼。(全场掌声)

师:这位同学能联系生活来理解词语,真了不起!

生:我有个问题,太阳公公为什么叫我们别落在金光闪闪的沙漠,也不要落在银花朵朵的湖泊里,而让我们落在黑黝黝的泥土上呢?

师:刚才那颗蒲公英种子提了个很重要的问题,哪颗聪明的小种子已经理解了太阳公公的嘱咐的?

生:太阳公公告诉我们,金光闪闪的沙漠和银花朵朵的湖泊都不适合我们生存,只有黑黝黝的泥土才是我们生长的好地方。

师:你明白太阳公公说的话,请你再读读。

(生模仿老人慈爱的语气朗读,形象逼真。全场掌声)

师:小蒲公英种子们,现在你们听了太阳公公的嘱咐,想到哪儿去安家呀?

生:我想到黑黑的泥土里去,那里可有营养了。

生:我也想把家安在黑黝黝的泥土里。

师:好,就让我们齐声回答——

(出示句子"放心吧,太阳公公!我们一定到泥土中去生长",生齐读)

(生自由读课文)

师:可是,有两颗种子却不这样想,它们准备到哪儿去呢?请你们读读课文的第三自然段,把它们说的话找出来。

师:读得很认真,谁来读读第一颗种子说的话?

生:这黑黑的泥巴有什么意思!瞧,那金光闪闪的地方一定有数不清的宝贝。到那儿去,我准会变成百万富翁。

师:这颗种子瞧不起这黑黑的泥巴,它是怎么想的?

生:这黑泥巴多难看啊,在那里生活一定毫无乐趣,只有傻瓜才去这样的地方。看,那边金光闪闪的,一望无边,一定满地都是金子,我到那儿去,哈哈,我要发财了!

生:真是天上掉下的馅饼,那么多的金子我一辈子都用不完,我要成为百万富翁啦!

师:哟,做起美梦来了! 它想,成为百万富翁后会怎样?

生:成了百万富翁,住的是金碧辉煌的宫殿,吃的是山珍海味,开着奔驰,想干什么就干什么,多么逍遥快乐啊!(众笑)

生:成了百万富翁,吃香的喝辣的,可以到欧洲、美国去旅游,走到哪儿人人对我点头哈腰,多神气呀!(众笑)

师:知道它是这么想的,那该怎样读好第一颗种子的话呢?

(生读,昂首挺胸,神气十足的样子)

师:第二颗种子也非常得意,它想落在银花朵朵的湖泊里,怎么说?

生:这波光粼粼的湖面,一定能给我带来欢乐!

师:它想那波光粼粼的湖面能给它带来哪些欢乐呢?

生:多美的湖泊呀,那里还有很多小鱼、小虾、小蟹,我可以和它们做游戏、比赛游泳,天天像生活在天堂里一样。

生:我还可以和美丽的浪花妹妹嬉戏玩耍,追逐打闹,多有意思呀!

师:哦,能给它带来这么多欢乐,怪不得它这么得意,谁来读读它的话。

(生读,加上动作、神态,一副得意洋洋的模样)

师:小蒲公英种子们,看到这两位小伙伴一颗向沙漠飞去了,一颗向湖泊飞去了,你们想不想把它们留住? 赶快劝劝它们呀!

生:(很着急地)你们不能去那些地方,会引来杀身之祸的呀!

生:你们千万别被这"金光闪闪""银花朵朵"的表象所迷惑,那儿不适合我们生长的。跟我们一起到黑黝黝的泥土中去吧!

师:可是,这两颗种子不听我们的劝告,还是朝着沙漠,朝着湖泊飞去了。它们会看到什么,又是怎么想的,怎么说的,结果又是怎样的呢? 请你选择其中的一个,张开想象的翅膀,表演出来。自导自演,先排练一下。

(生兴致勃勃地排练)

生:(上台表演)飞呀飞呀,我终于来到了金光闪闪的沙漠。咦? 这是什么鬼地方? 这金光闪闪的根本不是什么金子! 啊,我被迷惑了!

太阳像个大火球火辣辣地烤着大地,我的身上像着了火似的,我口干舌燥,嗓子要冒烟啦! 水呢? 怎么一滴水都没有? 快来救救我呀! 救救我呀! 没有谁听到我的呼救。完蛋了,早知如此,我应该听听太阳公公的话,听听小伙伴的话。世上没有后悔药可买呀! 我的声音越来越弱……(表演惟妙惟肖,全场掌声)

生:(上台表演)我来到银花闪闪的湖泊,毫不犹豫地跳下去……啊,怎么回事? 我的身子直往下沉,啊,气都喘不过来了……快来救我呀! ……真是不听老人言,吃亏在眼前啊……(全场鼓掌)

师:看来,这两颗种子到了金光闪闪的沙漠和银花朵朵的湖泊后,都后悔了。而你们呢,你们都记住了太阳公公的话,落在黑黝黝的泥土里生根长叶,到了第二年的春天,你们茁壮成长起来。哟,你开了,你也开了,(生做开放的手势)大家争着开放,一朵比一朵美丽,这就叫——竞相开放。(贴词卡)瞧,你们把大地装点得多美呀!(呈现竞相开放的画面)

(生齐读最后一个自然段)

师:你们瞧,谁又来了?(再次出现太阳公公卡通像)你们听,太阳公公又在对我们说话了(播放太阳公公的话);小蒲公英们,你们好! 你们开得真漂亮,把大地装扮得更加美丽了,我真为你们感到高兴! 咦,你们怎么少了两个小伙伴?

生:它们不听您的话,不听大家的劝告,被金光闪闪的沙漠和银花朵朵的湖泊所迷惑,一个干死了,一个淹死了!

生:太阳公公,谢谢您,因为您的提醒,我们才开得这么美丽!

师:(播放太阳公公的话)哦,看来,你们的选择不一样,结果也不一样,记住,只有黑黝黝的泥土才是你们真正的家。孩子们,再见!

师:《蒲公英》是一则寓言童话故事,它不但给我们讲了一个故事,而且还告诉了我们一个道理。你们想不想把它讲出来? 要想把童话讲生动,除了可以运用文中的词语和句子,老师还有一个秘诀,那就是可以做适当的创造。童话故事往往会引发我们的想象,例如:大家是怎样劝说那两颗蒲公英种子的? 那两颗种子到了沙漠、湖泊后,会看到什么,会怎么想,怎么说,结果怎样? 都可以讲出来。

(生练习复述,上台讲述,师生评议)

◆ 案例反思 ◆

《儿童文学词典》中这样描述童话:"童话是儿童文学的重要体裁。是一种具有浓厚幻想色彩的虚构故事,多采用夸张、拟人、象征等表现手法去编织奇异的情节。"奇妙的想象、生动的情节、丰富的语言,童话的这些特质,使它成为儿童喜闻乐见的一种文学样式。那么,如何遵循儿童的认知规律,采用童话方式,凸显童话特质,让儿童在童话中学会学习呢?

1. 想象表演,移情体验

所谓"移情",是指在审美活动中凭借情感的牵引将主体移入观赏对象,由物我两忘,达到物我合一。移情入境,即教师运用语言或其他形象化手段,调动学生的联想、想象,使学生宛如置身于与教学内容相应的情景中,以"我"的情趣注于"文",以"文"的情感注于"我",与对象产生心灵的共鸣和思维的共振,从而获得"怦然心动""豁然开朗""悠然心会""百感交集"的体验。

儿童之所以喜爱童话,是因为童话的幻想性和强烈的游戏精神能满足他们的审美需求。同时,儿童的内心世界与童话的幻想世界距离甚小,他们总会不自觉地将童话中的一切视为真实的并产生身临其境的感觉。利用儿童的这种天性,让学生全程担当"蒲公英种子"的角色,并想象表演"两颗种子不听劝告,朝着沙漠、湖泊飞去,它们会看到什么,又会怎么想,怎么说,结果会怎样"等。角色担当、想象表演,这种"游戏"把学生带入童话神奇的意境,产生真切的情感体验,进而有效地品读童话语言,理解童话内容,升华童话认识,感受童话魅力。

2. 联系语境,涵泳对话

语境,即言语环境。课程标准对语境做了多处要求与说明,"结合上下文和生活实际了解课文中词句的意思""能联系上下文,理解词句的意思,体会课文中关键词句在表达情意方面的作用""对作品的思想感情倾向,能联系文化背景做出自己的评价"。这其中的"上下文""生活实际""文化背景"等都是指语境。联系语境,涵泳对话,是将沉默着的文字还原、活化、复苏的过程,也是师生、生生敞开心扉、真情交汇、精神契合的诗意之旅。在涵泳对话中,理解得以升化,感受得以深入,情感得以升华。比如,本课教学中,围绕"金光闪闪""银花朵朵""黑黝黝"三个词,通过板画呈现、联系生活语境,让学生学会理解、运用,再通过提问"太阳公公为什么叫我们别落在金光闪闪的沙漠,也不要落在银花朵朵的湖泊里,而让我们落在黑黝黝的泥土上呢?""这黑黑的泥巴有什么意思!瞧,那金光闪闪的地方一定有数不清的宝贝。到那儿去,我准会变成百万富翁。它是怎么想的?""第二颗种子也非常得意,它落在银花朵朵的湖泊里,怎么说?"让学生潜心涵泳,与文中的蒲公英进行对话,深入感悟它们的所思所想。

3. 续编复述,感悟意蕴

续编童话,既能培养学生的想象能力、语言表达能力和逻辑推理能力,又能促使他们进一步感悟童话的意蕴。教学结尾处,指导学生创造性复述,童话中的故事情节、人物形象、文学意蕴在复述中再次呈现。此时,文本语言内化为学生自己的语言,有效地培养了他们的言语能力,同时还能培养学生的创新思维和求异思维,促进他们学习能力的提升。

专家点评

本课教学十分重视学生的活动参与,将角色的担当贯穿教学过程的始终,这就使学生的活动建构与角色转换有机结合起来,从而加速了学习者主体地位的确立。讲读第二自然段时,教师就用"我们就是蒲公英的种子"将学生引入角色。接下来又通过角色朗读、角色表演来强化学生的角色认知和角色体验。讲读第三和第四自然段时采取了同样的策略,并且还增加了一些角色想象的训练,如,"这颗种子瞧不起这黑黑的泥巴,它是怎么想的?它想,成为百万富翁后会怎样?""它想那波光粼粼的湖面能给它带来哪些欢乐呢?""小蒲公英种子们,看到这两位小伙伴一颗向沙漠飞去了,一颗向湖泊飞去了,你们想不想把它们留住?赶快劝劝它们呀!""可是,这两颗种子不听我们的劝告,还是朝着沙漠,朝着湖泊飞去了。它们会看到什么,又是怎么想的,怎么说的,结果又是怎样的呢?请你选择其中的一个,张开想象的翅膀,表演出来。"等等。把活动建构与角色担当结合起来不仅帮助学生加深了对课文内容的感受与理解,而且也改变了学生作为被动接受者的形象,使之经历从"角色知觉""角色体验"到"与角色同一"(产生移情与共鸣)等心理过程,真正成为学习的主体。活动,只有需要扮演角色时,学习者主动进入的程度才会大大提高,学习者的主体意识和主体品质才会大大增强。

同时,这堂课给予了感受体验应有的地位。这是一篇童话色彩很浓的寓言。法国作家拉·封丹说过:"一个寓言可以分为身体和灵魂两部分,所述的故事好比是身体,所给予的教训好比是灵魂。"儿童喜欢故事,却未必能学好寓言。学好寓言关键在于充分地感受寓体形象,体验寓体情境,并凭借寓体顿悟寓意。本课教学指导感受的策略主要包括:(1)寓体的感受,通过画面呈现形象(利用多媒体课件分节再现了寓言的故事情境)、表演体会形象、联想丰富形象等方法实现。(2)寓意的感悟,通过渐次渗透,水到渠成。这篇寓言的寓意是由若干个知识点支撑起来的,如何不通过直接"告诉"的办法使学生明白这些知识点?继而又如何使这些知识点引发学生对寓意的领悟?本课教学过程中结合寓体的感受进行了四次渗透。第一次是在教"黑黝黝"一词时;第二次是在学习了二、三两节进行角色表演要求学生加上劝阻的语言时;第三次是想象两颗种子来到沙漠、湖泊后遇到的情景和感想;第四次是在学习最后一节太阳公公与学生扮演的蒲公英种子进行对话时。通过这些"无迹可求"的巧妙渗透,不断强化着学生有关泥土促进蒲公英种子生长的认识,以及对两颗脱离本质追求外表奢华的蒲公英种子的态度、价值体验。正是凭借丰富的感受和体验,尽管教师到最后也没有点破寓意,但学生的理解已蕴含其中了。这种理解与形象感受不分离,与情感体验相交融,是"理寓形中""理寓情中",犹如盐在水中,"有味无痕,性存体慝",可以说是"不着一字,尽得风流"。

另外,本课教学没有让儿童机械被动地阅读课文、训练语言,而是差不多一开始就把学生带入一个想象性的环境中,不断鼓励他们进行创造性的阅读,开展与文本的创造性"对话",凭借想象丰富充实文本的意象,如想象出太阳公公的笑容,两颗蒲公英种子鄙夷泥土和希望得到财富与享乐的心理,其他蒲公英种子劝阻伙伴的情形,等等。与此同时,用创造性的语言、表演来表达自己的情感与感受。课中有许多扩展性、想象性、补充性的语言训练和多次创造性表演,通过这样的创造性阅读与语言训练,不仅文本得以充实,更重要的是,学生的经验得以丰富,个性得以彰显,潜能得以发掘。

此外,本课教学还十分重视情境的创设和呈现,与目标化、行为化的教学模式有明显的不同。它营造的角色情境、直观情境、推理情境等都对协调学生的情感与认知、无意识与有意识、非词语与词语等活动有重要作用,进而对最大限度地开发儿童的潜能产生了积极的影响。

(点评专家:李庆明,江苏省特级教师,宁波滨海教育集团校长)

吴建英，江苏省人民教育家培养对象，江苏省特级教师，中学高级教师，全国优秀教师，"南通市中青年名师工作室"领衔名师，南通市"226高层次人才"培养对象，海门市通源小学教育管理集团总校长。《语文教学通讯》《江苏教育》《新作文》《中国教师报》等报刊封面人物或专栏人物。潜心"情意课堂"的探索，形成了雅致灵动、情意交融的教学特色，曾两次在全国赛课中获最高等级奖，赴新疆、广西、广东、云南、四川、河北、贵州等全国各地执教公开课、做讲座近200次。有150余篇文章发表，参与10余本教育教学用书的编写，著作有《情意课堂展现母语之美》《给孩子们上的阅读课》等。"情意课堂教学范式及情意课程的构建"获江苏省教学成果评比一等奖。

细节 14

关注文体,教出诗词之美

吴建英

❧ 细节阐述 ·

在小学语文教学中,教师由于文体意识淡薄,教学中常出现一种奇特的现象,面对任何文体的文本都采用统一的模式来组织教学,文体的特性淹没于共性之中。这种"千文一面"的"去文体"教学现象普遍存在。文体意识,决定着阅读姿态、阅读方式,也决定着教学姿态、教学方式。因此,面对不同文体的文本,除了关注那些共性的阅读规律之外,理所当然地将视点集中在文体本身的特点上。这也是衡量语文教学是否具有语文味的重要依据之一。

在小学语文教材中,选入了大量脍炙人口、文质兼美的古诗词。这些古诗词诗中有画、有情、有理,既闪耀着美的光彩,又给人以深刻的启迪,有着特殊的审美功能。那么,如何关注文体,教出诗词之美呢?

1. 多重吟诵,读出音韵之美

李重华认为,"诗有三要:发窍于音,征色于象,运神于意","音"为诗之首要。所以,吟诵是古诗词教学的根本之道。语文课程标准在各个学段对古诗词教学也有不同的要求:第一学段要求学生"诵读浅近的古诗,展开想象,获得初步的情感体验,感受语言的优美";第二学段要求学生"诵读优秀诗文,注意在诵读中体验情感,领悟内容";第三学段要求学生"注意通过诗文的声调、节奏等体味作品的内容和情感"。从以上要求中,我们不难发现,在古诗词教学中,要关注古诗词的声调、节奏、停顿等,这样更有利于学生较深入地体味古诗词的内容和情感。"吟诵,复活了诗词的音律、声气、节奏乃至诗词的全部风骨和精神。"

2. 想象画面,体悟意境之美

诗词是通过意境来反映生活、表达感情的。意境就是诗词中所描绘的画面和作者的思想感情交融而成的艺术境界的美,也即"诗情画意"之美。所以,学习古诗词首先要"入境"。只有"入境",才能感悟诗情,感知诗美。想象画面,则是"入境"的重要途径。如贺知章《咏柳》中的千古佳句"不知细叶谁裁出,二月春风似剪刀",如果教学只停留在串讲句意上,这无疑把鲜活的诗句缢死于苍白的解释中。教学中,可以让学生透过具体的语言,展开丰富的想象,"春风看不见、摸不着,作者为什么把它比作剪刀呢?"这样引导学生再造想象,感受到诗歌所描写的丰富多彩的形象画面。接着进一步启发学生想象:"是谁握着这把剪刀呢?"学生的想象会被进一步激活,这样才能真正品味到意境的艺术美。

3. 品味语言,感悟精妙之美

我国古代诗歌不仅讲究炼字、炼句,而且讲究炼意,讲究谋篇布局。古诗词的鉴赏应多从语言入手,言为心声,情动于中而形于言。教学时,应引导学生从诗词本身的艺术特色着手,品味语言、欣赏语言,从而享受经典语言的内涵和魅力,促进语言积累,获得美的熏陶,这是语文教学的应有之义。如刘禹锡的《望洞庭》用丰富的想象、巧妙的比喻,把洞庭湖水、湖中君山比喻为"白银盘里一青螺",和首句"湖光秋月两相和"相呼应,勾画出秋夜洞庭湖水和明月清光辉映成趣、水天一色的一幅自然和谐的山水画。又如李白的"飞流直下三千尺""桃花潭水深千尺"等夸张手法,把诗词的语言艺术发挥得淋漓尽致。教学时,要引导学生想象其情景,体会其语言特色,知道这样写好在哪里,为什么这样写。不能只孤立在对词句的片段理解,要遵循从整体到部分、部分到整体的原则,整体把握全诗的语言特色,更深层地感受诗的语言美、艺术美及其无穷的表现力。

4. 知人论世，体察意蕴之美

孟子曾说："论古之人，颂其诗，读其书，不知其人，可乎？是以论其世也。"诗词教学总是和对作者的了解紧密联系，因为很多诗词往往是诗人在特定的环境下有感而发，挥毫泼墨留下的，诗词和作者的生活经历、时代背景、情趣心境有很大的关系。教学时，只有走近诗人，才会为教学搭建起底蕴丰富的文化平台，学生才能更好地理解诗词的内涵，使教学更有厚度和力度。如《示儿》是一首特殊的诗，一首绝笔诗。"诗言志，歌咏怀"，陆游在诗中流露的深沉情感与他所处的环境有着极大的关联。因此，想进一步体会诗人的情感就必须了解诗人和诗人创作的背景。教学时，在初步理解字义、把握感情基调的基础上，应抓住"元知""无忘"等字词让学生感受诗人的悲之深、盼之切。之后，可以出示《清明上河图》《金兵入侵图》来展现金兵入侵前后百姓生活的对比，并配以音乐，让学生进一步感受陆游悲之根源、盼之急切；再通过补充材料了解陆游的生平，了解他一生矢志不渝的爱国情怀及一次次希望破灭的痛苦。拓展史料、走近诗人，使学生对陆游的"悲""盼"感同身受，从而深化对诗歌情感的理解。

典型案例

《如梦令》教学实录

师：听说同学们特别喜欢吟诵古诗词。这样，吴老师出示画面，你们根据画面吟诵古诗词。提个醒：吟诵时，必须把古诗词的味道吟诵出来！

（出示《绝句》《望庐山瀑布》古诗画面，学生兴致盎然地吟诵）

师：请看最后一首——

（出示《清平乐·村居》画面，学生吟诵）

师：大家看，前面两首是古诗，这一首是词。我们学过的古诗很多，学的词只有这么一首。词和诗有什么不一样？你有什么发现？

生：诗每一句的字数是一样的，词的字数不一样。

师：是呀，古诗中的绝句、律诗每行诗句字数相同，词不同，长长短短、短短长长、参差错落,因此词有个别名叫"长短句"。

生:词读起来,有一种抑扬错落的音乐美。

师:最早的词就是配乐演唱的,它又被称为"曲词"或"曲子词"。

生:词分上阕和下阕,诗不分。

师:词有的分上阕和下阕,有的没有。

生:词有词牌名。

师:词都有词牌名,有的有题目,如《清平乐·村居》;有的没有,如《如梦令》。你们还知道哪些词牌名?

生:"水调歌头""满江红""忆江南""西江月"……

师:我们了解了词的这么多特点,非常好! 在中国文学中,词是一种非常独特的文学样式。国学大师王国维说:(出示,生齐读)"词之为体,要眇(miǎo)宜修。"这句话是说,词就像是一个善于打扮的美人,是一种非常精致、美妙的文学样式。这一课,我们就来好好感受一下词的"要眇(miǎo)宜修"的魅力。

师:好,让我们一起走进宋朝著名女词人李清照的词——《如梦令》(生齐读)。《如梦令》是这首词的——(生:词牌名)对,这首词只有词牌名,没有题目,为了区分,我们通常把第一行作为题目,记作——《如梦令(常记溪亭日暮)》。请大家打开书,自己读读这首词,读的时候要注意词当中的生字和多音字,争取把它读正确,读通顺。

(生自由诵读)

师:读得很专心、很投入,很好!(出示)谁来读?

(一生读)

师:字正腔圆,真好! 这里,"藕"是个生字,"兴"是个多音字,他都读正确了。我们一起读这两行——

生:"兴尽晚回舟,误入藕花深处。"

师:"兴尽晚回舟"的"兴"为什么读第四声?

生:这个"兴"表示兴致、兴趣,所以读第四声。

师:你能根据字义区别多音字,是个好办法。老师这儿有一个成语,一起读——(出示:乘 chéng 兴而来,兴尽而返)这个成语意思是说,趁着兴致而来,兴致满足了就返回。"兴尽"就是指——

生:兴致满足了。

师:再读!

(生齐读)

师:同学们读正确、读流利了,但缺少"要眇宜修"的味道。词的"要眇宜修"首先体现在声音的停连、快慢、长短、高低等节奏韵律的变化上。怎么读呢?来!我们一起读!每行的前两个字你们读,后几个字我来读。

(师生合作朗读全词)

师:好!有点味道了。我们再读一次,换过来,我读前两字,你们读后几个字。

(师生再次合作朗读全词)

师:味道更浓了!我们连起来读,我读词牌名和作者,你们读内容,注意词的节奏,词的味道。

(生齐读)

师:好!真有味儿!好一首"要眇宜修"的《如梦令》!读到这儿,你们知道这首词说的是什么呢?根据注释,先自己说说,再同座交流交流。

生:诗人出游溪亭,一玩玩到天黑。深深地沉醉,而忘记归路。坐船返回时,却迷途进入了藕花的深处。大家争着划呀,划呀,惊起了满滩的鸥鹭。

师:很好!字面意思都理解了。但这远远不够。看,王国维还说,(出示:"王国维:'词之为体,要眇宜修……诗之境阔,词之言长。'")"词之言长"也是"要眇宜修"的一种体现,它不是说词的篇幅长、句子长,而是说词的韵味悠长,能带给我们丰富的想象和回味。《如梦令》很短,只有33个字,这么短小的一首词究竟能带给我们怎样的想象与回味呢?请同学们听老师读,边听边想,你的眼前仿佛出现了哪些画面?

(教师配乐诵读,学生想象)

师：看到画面了吗？（出示：常记溪亭日暮，沉醉不知归路）从这两行，你们看到的是一幅怎样的画面？不急，好好看一看，想一想。

生：词人乘着小舟来到湖的中央，向天空仰望，发现太阳已经落山了，只见云霞闪耀着不深不浅的红色的光芒，好像披上了一件橙红色的轻纱，天光照耀大地，湖面上也映着霞光，湖波荡漾，满湖的金色碎了……

师：是的，词人醉了！她醉在娇美的夕阳中！

生：傍晚，太阳慢慢地从西边落下去，晚霞染红了整个天空。远山、近水，亭子、树木，都笼罩在夕阳的余晖中，一切都显得那么美丽和幽静！

师：醉在美丽的晚霞里！醉在夕阳下的山水中！醉在日落美景里！在那样的地方，那样的时候，词人和她的朋友们在溪亭边做什么？

生：喝酒、作诗。

师：古人喜欢饮酒，好朋友在一起，更是"酒逢知己千杯少"。李清照尽管是个女子，但她也爱饮酒，在她的许多词里都写到了酒。除了喝酒、作诗，想一想，她们还会干什么呢？

生：弹琴、唱歌、有景、下棋……

师：对，词人就是有这样的雅兴、雅趣。夕阳晚霞，好友知己，酒美花香，物我两忘，词人醉了！这真是"酒不醉人——人自醉"。谁来读一读这两行？（指名一生读）

师：我感觉到浓浓的醉意了！咱们一起读，一起深深地醉一回——（生齐读）

师：如果让你给这一幅画取个题目，你打算取什么题目？

生：溪亭日暮。（师板书）

师：好一个溪亭日暮！好一个良辰美景！难怪李清照说她此时已经——

生：沉醉不知归路了。

师：就在"沉醉不知归路"时，没想到误入了"藕花深处"（板书：藕花深处）。词人举目四望，她又看到了怎样醉人的景象呢？

生：大片大片的荷花，有的才展开两三片花瓣，有的花瓣全展开了，露出嫩黄色的小莲蓬；有的还是花骨朵，看起来饱胀得马上要破裂似的。

师：这么美，怪不得词人看得有滋有味、如痴如醉。还有谁也看到这幅画面了？

生：莲叶挨挨挤挤的，上面还有一滴滴水珠，在夕阳下，水珠五彩斑斓，更衬托出荷叶绿绿的、嫩嫩的，那么可爱。莲花绽放了，那粉红的花瓣在霞光下变得更红了。

师：真是一个色彩斑斓的藕花深处，一个清香飘逸的藕花深处，一个神秘幽静的藕花深处，让我们走进去！（出示：兴尽晚回舟，误入藕花深处）读——刚才是"酒不醉人人自醉"，现在是"景不醉人"——

生："人自醉"了。

师：当一弯明月的光辉如水般倾洒在荷花上时，众人才猛然惊醒，于是——"争渡，争渡，惊起一滩鸥鹭"。读着这两行，你仿佛看到了什么？听到了什么？

生：一河滩的鸥鹭扑拉拉一下子都飞起来了，拍打着翅膀，高声鸣叫着。

师：一滩鸥鹭上青天，那场面多壮观啊！除了看到鸥鹭飞了起来，听到它们拍动翅膀的声音，鸣叫的声音，你们还仿佛看到诗人和好友们在干什么？耳边又听到了什么？

生：听到划桨声、欢笑声、溪水被船桨击起的声音，看到词人和好友们在争着划桨。

师：你从哪些词语中听到这样的声音的？

生：从"争渡，争渡"和"惊"这些词语中感受到的。

师："惊"字除了讲惊起鸥鹭，谁也惊了？惊什么？

生：还有词人和她的伙伴们也惊了，是一滩鸥鹭惊到了她们。

师：这真是"鸟被人惊""人被鸟惊"！此刻她们的心情如何？

生：惊喜、激动、兴奋、高兴……

师：她们叫哇，笑哇，声音那么响，把栖息着的鸥鹭一下子惊飞起来。"扑拉拉",一滩鸥鹭飞上蓝天,那情景多么壮观啊!它们带给词人一种意外的开心,意外的收获,意外的惊喜。谁来读一读这两行?

(指名一生读,学生读得比较平淡)

师:这样划船能把鸥鹭惊起来吗?划得再有劲一些,你再来试试。

(学生再读,读出惊喜、快乐)

师:读出了那份热闹、那份欢快、那份惊喜!一起读。

(齐读)

师:现在也让你给这一幅画取个题目,你取什么题目?

生:《一滩鸥鹭》。

师:老师帮你改一下,前面用一个"惊",《惊起鸥鹭》,把画面的动感就描写出来了。(板书:惊起鸥鹭)

师:词到这儿结束了,但会想象的同学顺着词的描写一定还看到了其他的画面。谁来说说,你还看到了什么?

生:一滩鸥鹭飞向蓝天,李清照和她的朋友们看得目瞪口呆,久久沉醉其中⋯⋯

生:月光下,一切变得朦朦胧胧起来,李清照感觉自己就在仙境中,被荷花仙子簇拥着,翩翩起舞⋯⋯

师:结尾处还给我们留下了无限的想象,(板书:⋯⋯)真是余味无穷啊!刚才我们边读边想象,读出了那么多美的画面,充分感受到了"词之言长"的特点。你看,因为观赏"溪亭日暮"沉醉了,所以才会误入——"藕花深处";因为误入了"藕花深处",所以才会——"惊起鸥鹭"。这些画面,有动有(静),有声有(色),有人有(鸟),这真是一幅流动的画面!来,一起读整首词,让我们在这流动的画面中再次沉醉!

(生齐读)

师:这首词,仅仅用了33个字就写出了如此丰富精美的画面,给人以美的享受。有人评价这首词——"以寻常语绘精美图"(贴)。你们看,词中语言看起来的确寻常,明白如话,但这些"寻常语"真的寻常吗?静下心来,再读一读,回味一下,你觉得哪些字词用得不寻常?自己思考完后,可以和同座的交流探讨一下。

生：我觉得"惊"字用得不寻常，鸥鹭惊飞了，诗人由惊慌到惊喜，都跃然纸上。

生：我觉得"争渡、争渡"重叠着用，把她们焦急的心情和在荷花丛中手忙脚乱寻找归路的样子活灵活现地写了出来。

师："争渡,争渡"的重叠，本来是《如梦令》这个词牌的要求,这种句式叫短韵叠句。在这里李清照这么用，显得特别精妙自然。

生：开头写"常记"，就是"常常记起"的意思。说明这次出游给诗人留下的印象太深刻了！

师：是呀，一个"常"字，让我们看出李清照对这次游玩的记忆很深，回忆的次数很多，每次回忆起来都觉得意兴盎然。

生：我觉得"沉醉"用得妙！"沉醉"，说明不是一般的醉，而是指深深地陶醉了，看出词人心里特别愉快，流连忘返。

生："兴尽"这个词，让我们感觉到词人和伙伴们整整一天的活动非常欢乐！

生：我觉得这个结尾挺耐人寻味的。它没有接着写后面发生的事，给我们留下了无限的想象，余味无穷。

师：同学们真会品词！你们看，一首好词，每一个字，每一个结构，都有它独特的作用。李清照留下来的词并不多，但是"无一首不精，无一字不妙"。请你们再找找看，这首词中哪个字最能表达她的心情？

生：我认为这个"醉"字最能表达她的心情了！（板书：醉）

师：哦，她的情感都浓缩在"醉"字中，那么李清照为何而醉呢？

生：我觉得她被美酒陶醉了，也被美景陶醉了！

师：李清照不但"酒醉"了，而且还"心醉"了！

生：我觉得她还因为这次游玩很开心而陶醉！

生：她被惊起的一滩鸥鹭陶醉了！

师：是呀，她陶醉在美酒中，陶醉在美景中，陶醉在美丽的意外中，陶醉在美丽的生活中，她的心都醉了！我们也被她精妙的文字深深陶醉了，真是"词不醉人——人自醉"啊！我们再读整首词。

（生齐读全词）

师：这首词仅33字，在为我们展现了一幅流动的图画的同时，又曲折有致地写出了词人的心情，你们看，她以沉醉起，兴尽承，争渡转，惊喜合，真是"要眇宜修"呀！

师：古代大思想家孟子说："诵其诗，读其书，不知其人可乎？是以论其世也。"就是说，读诗也好，读词也好，一定要知其人，要了解作者的生平。读了这首《如梦令》，你能猜一猜李清照当时生活得怎么样呢？说说理由。

生：我猜想李清照当时的生活无忧无虑，非常快乐！因为从词的字里行间，我们都能感觉到这种快乐！

生：我也有同感，她的生活一定非常美好、幸福。但我感到疑惑的是，我看到的资料中都说，古代的女人是大门不出的，而李清照居然能出游、喝酒，真是让人觉得不可思议！

师：你们的猜测是否正确呢？请看——

（出示：李清照，宋代著名女词人，号易安居士，山东济南人。她的词独树一帜，登峰造极，被称为"词国女皇"。她早年生活在文化艺术氛围浓厚的家庭里，过着悠闲幸福的生活。人到中年，宋朝与金兵作战，节节败退，李清照流亡江南，丈夫也去世了。她承受着国破、家亡、夫死的悲痛，晚年生活孤苦凄凉。）

师：和你们的猜测一样，早期的李清照一直生活在幸福美满之中，她的眼睛里充满了色彩，充满了生机，充满了愉快，也充满了乐趣。我们品读一首词，其实就是在品读一段独特的人生经历。那么，李清照后期生活的转变使她的词风又发生了什么变化呢？感兴趣的同学下课后可以继续去读她的词。最后，让我们跟随李清照再次回忆起她少女时期的那一段美好的生活……（播放蔡琴的歌曲《如梦令》）

师：这次游玩令李清照终生难忘，在幸福美满的早年时，她会——

（生齐读全词）

师：在流亡江南的中年时，她会——

（生齐读全词）

师：在孤苦凄凉的晚年时，她也会——

（生齐读全词）

师：今天，我们在"词国女皇"李清照的《如梦令》中沉醉了一回！词，真是一种精巧美好的文学样式，它有一种魅力，有一种触动人心的力量。好词，千百年以后，仍然会使我们为之感动、为之陶醉！

◆ 案例反思 ◆

《如梦令》是一首词，就应该以词的方式来教词。"在中国文学中，词是一种非常微妙的文学样式。"（叶嘉莹语）国学大师王国维在《人间词话》中说："词之为体，要眇宜修……诗之境阔，词之言长。"词精巧美好、韵味悠长，能带给读者丰富的想象和回味。如何让学生感受词之特点，词之魅力？在本课教学中，通过吟诵古诗与词，并进行比较，让学生初步了解词在形式上的特点；通过多重诵读，让学生感知词独特的节奏感、音韵美；通过想象画面，让学生体味词美好的意境；通过回味语言，让学生品出词的精妙，韵味悠长。整堂课，让学生沉醉于词的魅力之中，激起他们对祖国语言、民族文学的热爱。

1. 醉于词之"流动画"

美学大师朱光潜说读诗词最要紧的是"见"！见什么？见"景"，见意象。古诗词教学，只有引领学生想象画面，感悟意境，才能使学生进入真正意义上的鉴赏境界。《如梦令》这首词画面感强，有声有色、有人有景、有静有动，学生易于想象。本课教学时，画面的想象先部分，后整体：分别想象"溪亭日暮""藕花深处""一滩鸥鹭"三个画面，再连贯、整体想象为"一幅流动的画"。教学中把语言—画面—诵读（说话）三者连成一线，融为一体，唤醒学生所有的器官感受词：用耳倾听、用眼观赏、用嘴吟诵、用脑想象、用心感受，打开身体所有通道接收词的信息，化言为画，进入词境。学词的过程犹如人在画中游，诗情画意，乐在其中。

2. 醉于词之"寻常语"

词是语言的贵族，教词贵在"品"。在品味每一个字时，将其中的种种妙处品出来，学生才能领会语言的内涵，享受语言的魅力，获得美的熏陶，为之陶醉。这首《如梦令》，短短33个字，却包括了景物、叙事、抒情的描写,清新别致,情景交融,首开"以寻常语绘精美图"之先河,这是本词最突出的艺术特点。教学时,在想象精美画面之后,让学生去品味这"寻常语"的不寻常。在品读过程中,学生不仅要感悟哪个词用得不寻常,还要说出为什么不寻常。学生所列举的"常记""惊""争渡,争渡""沉醉"等字词,体现了不同程度的个性化解读。在此基础上,再进一步引导欣赏"醉"字,并说明"醉"字和整首词意的关联。这样对语言的细品慢尝,使学生进一步感悟了词的意境、情感,培养了学生对词的鉴赏能力。

3. 醉于词之"一个人"

诗词教学总要和对作者的了解紧密联系,只有走近作者,学生才能更好地理解诗词的意蕴。李清照是以写"愁"著称的女词人,而她的这首《如梦令》却写得清新活泼,极富乐观情趣,这是她早期生活无忧无虑、幸福美好的一个缩影。教学时,让学生猜一猜李清照当时生活的状况,并说说理由,引导学生回归整体,深入赏读。之后补充李清照的生平,让学生明白读词要读人,品读一首词,其实就是在品读一段独特的人生经历。最后提出问题"李清照后期生活的转变使她的词风又产生了怎样的变化呢?"让学生带着问题走出课堂,进一步引发了他们对李清照词研读的兴趣。

专家点评

是什么就教什么

我特别欣赏吴建英在"细节阐述"中说的这番话:"在小学语文教学中,教师由于文体意识淡薄,常出现一种奇怪的现象,面对任何文体的文本都采用统一的模式来组织教学,文体的特性淹没于共性之中。……文体意识,决定着阅读姿态、阅读方式,也决定着教学姿态、教学方式……它是衡量语文教学是否具有语文味的重要依据之一。"

吴建英是这样想的,也是这样做的。说白了,就是一句大实话:是什么就教什么。她教的是词,是李清照的词,是《如梦令》,是词人的前期词,清新、活泼、唯美。

看吴建英的这堂课,除了沉醉在美的清纯和美的雅正之外,我们看到她分量颇重的词格、词律和词独有的"别是一家"的教学努力。从上课伊始的词与诗的比较、从词牌与词题的不同区分、从不同词例的出示、从王国维《人间词话》的名言赏析,一上来就布下浓浓的关于"词"的学习的文化氛围。再到"读"的环节的教学,教者看似不经意的一处点拨:"同学们,读古代的词,注意好词句内部的节奏和停顿,就能读出它的韵味,读出它的音乐美了。"这里还是紧扣词的音乐性来教学的。接下来吴建英领着学生去领略"读词的高境界",即"读出画面、读出情绪、读出心境"。古人提倡的词的"意境说",她要通过课堂教学来演绎。这一环节可看作是吴建英的"华彩乐章",那真叫酣畅淋漓,境界全出!到后来的"品词""读人",课堂推向高潮时,适时播放蔡琴的歌曲《如梦令》。整堂课的容量极大,词的文体味道极浓。可以说没有一处不在凸显词的特质,没有一时离开词这种文体而流于"千文一面"的"去文体"教学。

从教学实录中看得出吴建英有相当的词体的古文化常识的积累,同时她也如才女李清照一样,是酷爱着词的,她要把她对词的浓情传递给她的学生。她的学生相信也都"醉"了,不是"醉"在寂灭了生命的那一个个符号意味的字符中,而是"醉"在被吴建英激活了生命的长短句中;不是"醉"在一般意义的解读和分析中,而是"醉"在对词的意境的涵泳和体悟之中。从这个意义上说,正是"词"用它的千年佳酿"醉"了吴建英和她的学生——清丽的教者和一群清纯的孩子。

(点评专家:严清,南通市教育学会副会长,南通市崇川区名师导师团团长)

细节 15

文学味：文学作品教学的应然追求

吴建英

细节阐述

小学语文教材中，文学作品占据了主体位置。这"说明了文学作品在语文教育中具有极大的适应性和珍贵的价值"（朱自强语）。的确，文学作品的情感性和趣味性，符合儿童的心理特征，可以激发他们亲近母语的热情；文学作品的审美性和独特性，又能提升学生对语言的个性化审美和表达能力；更重要的，文学作品丰富的人文内涵，能激荡学生心灵，提升品性人格。然而，在实际教学中，常见教者未能明确文学作品的"文学"身份，而把它们附属于"文章"之中进行教学，把重心放在字词语句的认读讲解上，或者思想意义的支离破碎的分析上。尤其在应试教育下，文学作品被当作语言材料和应试训练的例文。久而久之，文学作品教学陷入枯燥、机械、苍白、乏味的境地。教出"文学味"，应成为文学作品教学的应然追求。

1. 从文学的视角解读文本

接受美学认为，文学活动是作家、作品、读者三者的动态过程，文学作品的"意义"并不只是作家创造的，而是作家的创作和读者的接受共同作用的结果。所以，在文学作品教学中，教师首先应该从文学的视角解读文本。

第一，要关注文体风格，要根据不同的文体特点确定教学重点，例如,诗歌教学的重点是感受节奏感、音韵美、意象美以及诗人情感;童话教学的重点是体会幻想的乐趣、故事的奇妙、童话人物的性格等。第二,要着眼于表达特色。文学作品的语言典范、优美,蕴含丰富的表达艺术。解读时,着眼于表达特色,方能知其意、得其趣、悟其神。第三,要揣摩语言细节。文学作品的细胞就是语言细节。细节是具体描写环境、刻画性格、展示情节的最小组成单位,可能是一个标点、一个字词或一个句段。教师的作用就是引领学生透过语言细节去探寻细节后的"秘密"、细节后的"故事",揣摩作者的用意。第四,要联系作者背景。文学作品是作者基于一定时代背景下的内心倾诉。解读文本的过程,是现实的读者与彼时的作者进行心灵交涉的过程,是对时代背景下文化内涵的解读和感悟的过程。联系创作背景,关乎学生学习的范畴、感悟的外延和收获的程度。

2. 用文学的方式进行教学

文学作品的阅读是充满审美精神的阅读,涉及言语表达、审美感受、情感体验、自由想象、心灵沉思、精神陶冶等方面。文学作品的教学应当用文学的方式,全面有机地把握好语言文字与文学熏陶的最佳契合点,实现两者有机结合,互补互渗,既提高学生听说读写能力,又培养学生的鉴赏能力和审美意识。

第一,文学作品的"第一要素是语言",是"语言的艺术"。教学时,首先要从语言入手。捕捉语言意蕴,获得语言感悟,美读品味至关重要。第二,文学作品是用画面、形象感染人的。文学文本作为一个开放的动态的"召唤结构",其中有许多"空白"和"未定点",为学生提供了广阔的想象空间。教学时,要善于根据文本的文字和叙事逻辑,引导学生进行想象补白,或描绘一幅生动的画面,或编织一个戏剧性的场面,或勾勒一个逼真的形象,让文本的情感具象起来,立体起来,从而拨动学生的心弦,激起情感共鸣。第三,文学作品充满情趣、智趣和理趣。教学中,可以通过设计阅读话题,引导学生冥思默想。所谓"冥思默想",是一种沉入灵魂深处的默想。冥思默想的深入,会直接影响到学生鉴赏领悟的深浅。第四,文学是"人学""心学",又是"美学"。教学中,可以通过进入文学作品本身所营造的意境,来把握文学作品所展示的意象与内在的意蕴,再通过艺术的联想与想象,完成文学作品意象的理解与形象的再造,进而引导学生加强审美体验,提高审美情趣。

另外,学生学习文学作品,还需要学习作者写作的"所以然",懂得好文章是怎样写出来的。所以,在教学时,适度拓展作者谈文章的创作感受和经验,能丰厚学生的文学内涵,对赏读文学作品有很好的启迪作用。例如,教学《珍珠鸟》时,可以拓展作者冯骥才谈散文创作时的一段话:"散文,就是写平常生活中那些最值得写下来的东西……散文最终只是写一点感觉、一点情境、一点滋味罢了。当然这'一点'往往令人深切难忘。"这一拓展打开了学生的阅读视野,了解了作者对散文创作的思考及散文的特点,同时促进了学生对文本主旨有更好的理解。

> • 典型案例 •

《金色花》教学实录

师:这一节课,老师要和大家一起阅读一篇非常美的文章——《金色花》。金色花是什么样的呢?请大家欣赏。(播放金色花的图片)谁来描述一下刚才你所看到的金色花?

生:金色花在阳光的照射下金灿灿的,它们一簇簇,一丛丛,在枝头展示自己优美的身姿,非常美丽,非常迷人。

生:这种金黄色的美丽小花就像一个个金色的小精灵,在枝头摇曳着,舞蹈着。那金色在阳光下是那么夺目,那么耀眼,令人陶醉!

师:看来,你们都很喜欢金色花。金色花是印度的圣花,在印度人眼里,它不但是美丽的,更是神圣的!(再读题目)

师:课前读了这篇文章吗?老师特别喜欢这篇文章,已经读了不知多少遍了。今天,我还想诵读给你们听。

(师配乐诵读,生鼓掌)

师:它给你留下了什么印象和感觉?谁来说说。

生:这篇文章想象力太丰富了。孩子变成了金色花,和妈妈捉迷藏,真是奇思妙想!

生:我感觉这篇文章充满童真童趣,非常好玩。文中的孩子调皮可爱，和我们小时候差不多。

师：是啊，文章把我们带到了一个纯洁的儿童世界。

生：我觉得它有诗的味道，读起来朗朗上口，很有韵味。特别是听老师的配乐朗诵，感觉美不胜收！

师：看来，你们很喜欢这篇文章。这篇文章有点像散文，又有点像诗歌，我们叫它——散文诗。我想在座很多同学可能是第一次听说散文诗。这一节课，咱们好好感受一下散文诗的魅力。学诗主要靠诵读，请大家也用自己喜欢的方式读读这首散文诗！

（生投入地诵读）

师：大家读得有滋有味的！谁来说说这首散文诗主要写了什么？

生：一个机灵可爱的孩子，为了好玩，变成金色花，与妈妈捉迷藏、嬉戏。

师：他究竟做了什么呢？简单地说说。

生：当妈妈做祷告时，"我"就开放花瓣散发香气。

生：当妈妈读书时，"我"就将影子投在书页上。

生：当妈妈去牛棚时，"我"就恢复原形求她讲故事。

师：多有意思啊！孩子做了那么多好玩有趣的事。

师：有人说，诗歌是用文字记谱的流动音乐。读诗和读普通的文章不一样，它更讲究朗读时的情感、情趣。我们先来读读这三个小节，试着把字里行间流露出的好玩、有趣读出来。

（出示第1至第3小节，学生自由朗读）

师：读出来了吗？哪些地方特别好玩、有趣？

生：我觉得好玩在孩子的调皮、可爱。如诗中"笑嘻嘻""摇摆""跳舞"这些词，生动地写出了孩子和妈妈捉迷藏时有趣的情景。

师：原来孩子在和妈妈捉迷藏啊！请把这有趣的情景读出来！（指名一生读）

生：我觉得有趣在"妈妈，你会认识我么？"当时妈妈认不出"我"，"我"心里可得意，可骄傲了！

生：妈妈认不出"我"，于是"我"暗暗地在那里匿笑，我觉得这孩子真有意思！

师："匿笑",是怎样的笑呢?能做一下"匿笑"的样子吗?(生表演)"我"暗暗地在那里匿笑,"我"在笑什么呢?

生:"我"在笑:妈妈,你的宝贝儿子变成了金色花,你怎么也认不出"我"。

生:"我"在笑:妈妈,你认得出那朵摇摆、跳舞的金色花就是"我"么?"我"呀,今天要好好地和你捉迷藏,看你什么时候能认出"我"。

师:谁来把这三个小节连起来读一读,读出好玩、有趣来!

(生饶有趣味地读,掌声)

师:好的朗读能让我们看到画面。你的朗读让我们看到了一幅母子俩逗趣、好玩的画面。咱们一起读。

(生齐读)

师:学诗就应该这样,通过反复诵读,把文字读出画面,读出情感,读出意趣。我们接着读下面三个小节,继续感受这一行行诗中的好玩、有趣。

(出示第4至第6小节,生自由读)

师:同学们读得很带劲!谁来说说好玩、有趣在哪儿?

生:好玩在当妈妈做祷告时,"我"就开放花瓣散发香气却不让妈妈知道。

生:有趣在当妈妈读书时,"我"就将影子投在书页上。

师:多有意思的做法啊!那"我"当时是怎样想的呢?让我们走进这个孩子的内心世界。现在,我们就是这好玩的孩子。孩子,我想问你,你为什么散发香气又不让妈妈知道呢?

生:"我"散发香气是让妈妈闻闻我迷人的清香,给妈妈消除疲劳,但"我"又不想让妈妈知道,妈妈一定会奇怪这香气来自哪儿。

师:原来你想让妈妈闻闻你迷人的香气啊!妈妈一定会被陶醉的。那你又为什么要把小小的影子投在妈妈的书页上,而且正投在妈妈所读的地方呢?

生:中午的阳光很强烈,妈妈读书一定很刺眼,"我"就把小小的影子投在妈妈的书页上,而且正投在妈妈所读的地方,这样妈妈读书就舒服多了!

师：原来你想为妈妈做事，又不想让妈妈知道。

生："我"呀，想再给妈妈一次机会，把小小的影子投在妈妈的书页上，想看看妈妈能不能猜出这小小影子就是她的宝贝儿子变的。

师：你真是个机灵鬼儿，原来在逗妈妈呢！多么活泼机灵、淘气可爱、爱妈妈的孩子啊！谁来读一读这三个小节？（生富有情趣地朗读，读完，掌声响起）

师：你们为什么鼓掌？

生：听她的朗读，好像在听一首美妙的乐曲，拨动着我的心弦。

师：哦，她读出了诗歌的"音乐美"。

生：听她的朗读，我好像看到了孩子和他妈妈逗趣好玩的画面。

师：她读出了诗歌的"画面美"。现在，男女生分别读读这三节诗，注意读出诗歌的"音乐美""画面美"。（男女生读）

师：就这样，一整天，妈妈到哪儿，"我"就跟到哪儿，一刻都没有离开妈妈。想一想，"我"还会看到妈妈在做什么呢？"我"又会怎样和妈妈捉迷藏，和妈妈逗趣呢？发挥你的奇思妙想，仿照诗句，先练说一下！

（学生练说后交流）

生：当你在林间散步时，我在你前面不停地飘舞，一会儿迈着小碎步，一会儿又跳起迪斯科，给你美的享受。你正沉醉其中时，我又轻轻飘到你的前额，悄悄地给你一个吻。

生：当你睡午觉时，你会听到一阵"沙沙"的声响，那是我为你吟唱的催眠曲。在我美妙的歌声中，你甜甜地进入了梦乡。

生：为了好玩，我故意从树上飘下一片花瓣，正好落在你乌黑的长发上，做你的发夹为你打扮。啊，妈妈，你真漂亮！但是你会知道这是你亲爱的儿子送给你的特殊礼物吗？

师：怪不得有人说"孩子是天生的诗人"。优美的语言、独特的想象，充满浓浓的诗情。就这样，"我"一整天都在和妈妈捉迷藏，和妈妈嬉戏。到了黄昏，"我"又会怎样去做呢？请读读最后三个小节。

（出示，生自由朗读）

师：这一部分中，你又觉得好玩、有趣在哪儿了？

生：好玩在黄昏时，妈妈到牛棚，"我"突然落到地上，求妈妈讲个故事。

师:"我"突然落到地上,是怎样求妈妈讲个故事的?你们能想象当时母子俩见面时好玩有趣的情景吗?注意那时的动作、神态、语言……

生:"我"一跳下来,妈妈吓了一跳,可随即笑了。点着"我"的脑袋说"你到哪里去了,你这坏孩子"。"我"歪着脑袋,调皮地眨着眼睛,背着小手,说"我不告诉你,妈妈"。妈妈并不深究,搂过"我","我"又开始撒娇,央求妈妈讲故事。

师:你把自己当成那个可爱的孩子,你完全融入到诗歌中去了,真好!(出示:母子俩的对话)什么时候你也被妈妈称作"坏孩子"的?

生:一到夏天,我特别喜欢吃冰淇淋。一天,我趁妈妈不在家,把冰箱里的冰淇淋消灭了一半,大概五六支。妈妈得知后,对我说:"你这坏孩子,这么贪吃,肚子吃坏了可怎么办啊?"

师:看似责备,实则疼爱,"坏孩子"这个词的用法叫贬义褒用。你们看,语言就是那么奇妙。好,现在同座分角色读一读。注意边读边想象当时的情景。(指名读,把母子的情感表达得淋漓尽致,掌声)

师:读得真好,读出了诗歌的画面、情感和情趣!同学们,读到这儿,从孩子做的这些好玩的事情中,你又体会到了什么?好好想想。

生:孩子变成金色花,不仅仅是为了好玩,还因为爱妈妈,心甘情愿地为妈妈做事而不让妈妈知道。他变成金色花,开放花瓣,看妈妈工作;散发花香,让妈妈嗅到花香;投影书页上,为妈妈遮挡阳光。因为孩子懂得,妈妈深情地爱着自己,自己也应用真诚的爱回报她。

师:哦,因为孩子懂得,妈妈深情地爱着自己,他用这种方式在表达对妈妈的爱,对妈妈的依恋呢!好文不厌百回读,让我们再一起来美美地读读这篇散文诗,感受这浓浓的母子之爱吧!

(配乐齐读)

师:《金色花》这首散文诗富有童真童趣,又充满想象,写这首散文诗的作者会是个怎样的人呢?我们来做个大胆的猜想,好吗?可以从年龄、性别、性格等方面去猜。

生:我猜是一位天真聪明的孩子,因为只有孩子才会有这么奇妙的想象,才能写出这么富有童真童趣的诗歌。

生：我猜是一位温柔细腻的母亲，因为她爱自己的孩子，孩子又爱她，她的心中充满了爱。这首散文诗的语言那么优美，感情那么浓烈，我觉得更像是一位年轻妈妈的作品。

生：我猜是一位老人，他童心未泯，回忆起童年往事，觉得是那么美好，就写下了这篇散文诗。

师：同学们有的猜是一位温柔的母亲，有的猜是一个天真的孩子，还有的猜是一位童心未泯的老人。我想，不管是什么年龄什么性别，我们都能感觉到他有一个丰富的内心世界。那大家的猜测对不对呢？我们一起来看看这位作家。（出示泰戈尔像及简介）这位白发白须的老人就是《金色花》的作者泰戈尔，他是印度著名的文学家、诗人，被称为印度的"诗圣"。他的代表作有《新月集》《飞鸟集》《园丁集》等，曾获得诺贝尔文学奖。知道什么是诺贝尔文学奖吗？诺贝尔文学奖是世界上最高级别的文学奖项，要获得诺贝尔文学奖可不是一件容易的事。从1901年设立到现在，已经有一百多年了，我们亚洲只有4个人获得过诺贝尔文学奖，而泰戈尔是亚洲第一个获得这个奖项的。

师：在《金色花》中，泰戈尔为什么把孩子比作金色花呢？他有着一种什么情怀？

生：金色花是印度的圣花，不但美丽而且神圣。金色花是美好的，正如孩子也是美好的，所以诗人把孩子比作金色花。读了诗，我觉得泰戈尔是很爱孩子的。

生：金色花是一种高贵、圣洁的花，孩子也是高贵、圣洁的。金色花充满生机，充满活力，孩子也是充满生机，充满活力的。两者是那么相似。从这首诗中，我能感受到诗人对孩子的爱，有一种圣洁的情怀。

师：是呀，在泰戈尔的心中，孩子和金色花一样，是高贵的、圣洁的。泰戈尔是爱儿童、懂儿童的。只有爱儿童、懂儿童的人才能写出那么纯洁的儿童世界。我还从泰戈尔诗歌《告别》中摘录了一段——

（出示：我要变成一股清风抚摸你；我要变成水的涟漪，当你沐浴时，把你吻了又吻。我要变成一个梦儿，从你的眼皮的微缝中，钻到你睡眠的深处。当你醒来吃惊地四望时，我便如萤火虫似的熠熠地向暗中飞去了。——摘自泰戈尔诗歌《告别》）

（师生配乐齐读）

师：读了《金色花》和《告别》中的一段，请你想一想，泰戈尔的散文诗到底有什么特别的魅力？究竟是什么深深地打动了我们？

生：泰戈尔的散文诗语言优美，朗朗上口，充满韵味，深深地吸引了我。

生：我感觉诗歌的字里行间洋溢着浓浓的情感，那么真挚，深深地打动了我。

师：是呀，诗歌是诗人真挚情感的流露。

生：我主要感受到的是他的诗歌中充满童真童趣，把孩子写得趣味无穷。

师：富有童真童趣，诗人也因此获得了"儿童诗人"的美誉。

生：我觉得他的诗歌想象实在是新奇而美妙，他把孩子比作金色花，比作一股清风，比作水的涟漪，比作一个梦儿，这些想象真是与众不同！

师：《金色花》《告别》这两首诗充满童真童趣，有着奇妙的想象、真挚的情感、优美的表达，读起来韵味无穷。这两首散文诗出自泰戈尔的哪一本诗集呢？（出示：《新月集》，做简单介绍）有人说，《新月集》是天使带给人间的浪漫，是天堂送给大地的诗篇。我国著名文学家郑振铎认为——（出示，齐读：泰戈尔的《新月集》如安徒生的童话一样，有一种"不可测的魔力"，"只要一翻开它来，便立刻如得到两只有魔术的翼翅，可以使自己飞翔到美静天真的儿童国里去"。这"魔力"，便是童真美所产生的魅力。）孩子们，常常品读泰戈尔的诗，走近泰戈尔，我们会更智慧，更诗意，更圣洁，更快乐！

师：下课后，请同学们也来进行一次文学创作。（出示：文学创作）同学们，如果你忽然具备了文中孩子的神力，你准备变作什么来表达你对母亲的爱呢？请你以"我要变成……"为开头，也来尝试写一段散文诗。

◆ 案例反思 ◆

学者李庆明先生这样说："文学阅读是一种充满审美精神的阅读，是一个文化的熏染过程，涉及审美感受、情感体验、自由想象、心灵沉思、德性精神陶冶、言语情意表达等多方面相交织融合的复杂心理活动。诗性语言或文学语言作为语言的一种特殊创造,以更卓越的象征和隐喻方式建立起一个超越世俗的永恒的、完美的世界。语文教学应当让语言的诗意本质在儿童的生活里涌现出来,彰显其诗意栖居的自由状态,文学阅读可以扮演胜任的角色!"作为语文老师,应积极地引导学生进行文学阅读,亲近文学,走近文学,进而热爱文学。引领他们去体味、感悟作品,多角度、多层面去理解、鉴赏作品,从而培养他们的语感和美感,触发他们的灵感,丰富他们的精神世界,涵养他们优雅的文化风度。久而久之,学生身上会洋溢出浓郁的文学味,他们的语文能力、语文素养和文化品味就能得到提升。

《金色花》这首散文诗的阅读教学,力求体现文学的特点,用文学的方式,把握好语言文字与文学熏陶的最佳契合点,实现两者的有机结合,互补互渗,既提高学生听说读写能力,又有意识地培养学生的鉴赏能力和审美意识。

1. 美读品味,获得语言感悟

学习文学作品应当从语言入手,让学生欣赏语言艺术的精华,在含英咀华中获得丰厚的语言底蕴。《金色花》这首散文诗语言清新活泼,充满诗情画意。文学语言的感悟不需要老师做多少繁琐的分析,主要是靠美读。教学一开始,通过情趣盎然的配乐范读,一下子拉近了学生与教师、学生与诗人、学生与文本的距离,使学生身临其境。之后,在学生想象画面、揣摩情感、感受意趣和相互评点的基础上,再顺势加以点拨、指导,最后集体诵读全诗。学生在一次次表演性、体验性的声情并茂的朗读中,情不自禁地走进语言诗意的世界,把文本的情趣表现得淋漓尽致。在文学作品充满诗性的语言里漫步,学生小小的心灵就在纯美的世界里得到愉悦和满足。在美读中,再引导学生品味文字,品味关键词句在表情达意方面的作用,品味作者的表达方法与表达效果,尤其品味富有表现力的语言,从而感悟到文学语言的生动性、形象性、情趣性。

2. 涵泳意趣,加强审美体验

文学阅读中只有将作品中美的语言对象化于学生的语感和美感,

将作品中美的情感、美的意境对象化于学生的心灵,才能使学生沉潜到作品的深处,对文学的意趣进行整体性的感受和玩味,从而最终获得对作品深层美学的把握。文学阅读活动是个见情、见性、见灵思、见神韵的审美活动,课堂上,师生应一起挖掘文本的审美因素,共同体验、领悟、联想,徜徉在美的意境中,在美丽的课堂上诗意栖居。本课教学,在体味涵泳中,让学生读出诗的画面、情感和意趣。如指导学生抓住诗歌鲜活的词句,抓住"坏孩子"的贬词褒用,感受诗人遣词造句的美妙、确切和传神。再如,让学生在意境中想象"你也是这一朵金色花,你还会怎样和妈妈逗趣、嬉戏呢?""'我'突然落到地上,是怎样求妈妈讲个故事的?想象一下当时母子俩见面时好玩有趣的情景。"教学中,通过品读涵泳和艺术想象,完成了文学作品意象的理解与形象的再创造,进而引导学生加强审美体验,提高审美情趣。

3. 探究魅力,播下文学种子

泰戈尔的散文诗充满童真童趣,有着奇妙的想象、真挚的情感、优美的表达,读起来韵味无穷。如何让孩子充分感受泰戈尔散文诗的独特魅力呢?让孩子猜测写这首散文诗的作者会是一个怎样的人,深入思考诗人为什么把孩子比作金色花,并拓展阅读《告别》片段,还补充了著名文学家郑振铎对《新月集》的评价,鼓励学生去阅读《新月集》。这样立足于教材,又超越教材,尝试从文章体裁本身的特点出发,打开了以往语文教学只见文字不见文学的屏障,从而拓展了学生的鉴赏视野,使学生的文学熏陶由课内教师刻意的、系统的安排转化为课外随意的、自觉的探求。这种拓展阅读,延伸了学生学习语文的触角,使它变得更长、更宽。在此过程中,为学生播下了一颗文学阅读审美的种子。最后设计了一道文学创作题:以"假如我变成……"为开头,也来尝试写一段散文诗。从赏诗到作诗,如此设计的目的是帮助学生在文本的感受和现实生活的意念之间建立联系的通道,将诗歌所传递的情感影射到学生的实际生活中,学会运用具体的形象、美好的语言来表达自己的情感,使得学生能尽快地内化表达,内化情感。

• 专家点评 •

文学视角　语文味道　情意课堂

吴建英老师的课堂教学已自成风格,她执教的《金色花》给人以享受。首先是课堂中学生们的学习状态告诉我们,他们在课堂中获得了充盈的情意浸染与自在的童心放飞;其次是课堂显现的教学生态告诉我们,师生共创的教学情境不仅自然和谐而且意趣盎然;再次是吴老师的课堂教学行动告诉我们,她对于作品、作者、读者、学生的积极情感,对于课标、学科、教材、课堂的积极把握,构建了富有诗意的文学教育生活。

课堂教学其实可以从两个层面来定义,第一个层面是课堂的实际进展情形,它可以通过具体可感的教学活动加以考察总结评估;第二个层面相对较广,包括课堂教学的目标、任务、策略、方法、技术背后的教学理念与实践思想。这里想从这两个层面的结合上说说自己的三点感受。

一、文学视角——语文教师应有的一种教育自觉

作为语文教师,面对上位态的课标,权威性的教材,制度化的教学常规,在教学过程中究竟以怎样的心态对待,怎样的姿态解读,又以怎样的观念去建设? 至关重要,也值得观照。

《金色花》是印度著名诗人泰戈尔的一首散文诗。在吴老师的眼里,它不只是用来教学的一篇文章,而首先是一个文学作品。她明确地意识到,"文学作品应以文学的方式去教学"。文学是以语言为材料或媒介的艺术,使用语言创造的一个虚拟世界,它是以日常生活为参照,而又超越日常生活的人类的一种感情形式。我们的语言或许可以分为生活语言、科学语言、文学语言三类,语文学科的工具性特征要求我们关注学生对于语言文字的认知、理解、把握与运用,但这显然同样有两个指向,一是指向科学规范,寻求学生对于语言文字的准确理解和精准表达;二是指向艺术审美,寻求学生对于语言文字的真切体悟与艺术表达。在我们的语文教学中,常常忽略了文学在语文现行教材中的实际存在和相对独立的地位,忽略不同类型课文的基本区别,也正是这种对

于文学作品"文学性"意识的缺失,导致我们对于文学作品内在情感性、审美性等特质的轻视,因而采取"肢解"式的分析方法,以理性阅读为主导,使语文失去本应有的文学品性,使语文教学的工具性和人文性的统一显得僵化和生硬。

文学教学涉及审美、文化与语言三个维度,又以审美为教学主体。在本课教学中,吴老师从文学的视角进行深刻解读,具有鲜明的设计思想:文学作品的教学应强调文学性,再现文本本身的感染力,让学生走近文学、亲近文学,进而热爱文学。教学中通过读、品、悟、写、说让学生由浅入深地感受美的形象,品味美的语言,体验美的情感,享受美的情趣,升华美的心灵。课堂教学中,吴老师从语言文字入手,告诉学生诵读是重要的学习方式,通过教师配乐范读、学生小组对读、音画朗读等多种方式,让学生读出画面,读出想象,读出情趣,并通过适时的师生点评指导,让学生体察语言的精妙和灵性。

需要指出的是,语文课堂是有基调的,或许是蓝色的清朗,或许是红色的热烈,或许是粉色的温馨,或许是绿色的恬静。显然,吴老师在这一点上是有很高的语文课堂教学的审美自觉的,本课开始的配乐朗读,实际上为本课奠定了童真童趣的、唯美温暖的、主动舒放的课堂基调。而这一基调不仅与本文内容相吻合,与作者的情怀相一致,也与师生应有的心绪相统一。随着对主线分明的语言不断的诵读品味,学生内心的意象由初生及至鲜明,吴老师又引导学生说说"你仿佛看到了怎样的画面与情境呢",学生走进了作品,就不单单是文学作品的一个读者,同时又是作品中的那个调皮可爱的孩子。师生之间、生生之间展开的对话更是使作品的文学审美价值得到积极的体现。从学生们的语言、表情与感悟中,我们体会到了文本所承载的美好情意对于学生心灵的唤醒和震荡。而围绕"我还会怎样与妈妈逗趣"进行散文诗句的编创,更是自然地让学生走进爱的欢愉与抒情之中。应当说,这是文学教学的一种理想境界。

二、语文味道——语文教学应有的一种理性担当

"文学作品应以文学的方式进行教学",这并不意味着文学教学中工具性使命的淡化。在我们的语文教学中,我们需要思考的是该如何

抓工具性任务的落实,以怎样的视角,怎样的路径,怎样的方式去抓?吴老师执教的《金色花》给了我们三点启示:启示之一,语言文字教学的工具性落实应建基于文学教学的基本理念,即文学教学要以审美为主体;启示之二,语言文字教学的工具性落实应建基于文学作品及作品学习的情意基调;启示之三,语言文字教学的工具性落实应在师生共同创设的文学情境中得以生活化实现,防止有意无意地让学生走出作品情境去进行割裂式的枯燥的工具性学习。在《金色花》教学中,吴老师的处理积极而又扎实,整堂课有着浓浓的语文味,一是丰富多样的朗读,二是语言常识的适时引入,在理解"坏孩子"时,告诉学生"这个词的用法叫'贬词褒用',看似责备,实是疼爱,语言就是那么奇妙"。这既是语言方法的讲授,又是对于人物内心的解读。又如文学常识的渗透,在介绍作家作品时,告诉学生《金色花》这样的文体叫做散文诗,还选取了泰戈尔《告别》中的一段,让学生在诗意的享用中了解散文诗的基本特点:奇特的想象,真挚的情感,优美的表达。又如在学生听完老师的首次朗读以后,"谁能说说作品给你的整体感受",其后又让学生对母子间三次嬉戏进行内容概括,都体现了教师在文学教学中进行语言文字教学的用心、精心和匠心。

三、情意课堂——语文课堂应有的一种教学境界

吴建英老师的课堂教学总是洋溢着自然而又优雅的情意,并渐成一种独有的风格。

小学语文课堂教学不仅需要理性,也需要感性。对于课堂中的情意问题,吴老师有自己的见解:她反对教师以各种手段大肆渲染、催生情感的做法,认为教师过分的情感铺张与思想流露,不但不能带动与感染学生,反而成了一种精神负累与情感逼迫,可能导致学生无法自由地呼吸,安静地思考,独立地体验。这种富有儿童心理学与教学哲学意味的见解正是吴老师情意课堂建构的重要观念背景。

有人把小学语文教材中的文章分为情感型课文和非情感型课文。显然,吴老师的语文课堂教学始终拥有一种自然真挚与优雅舒放的情意,这种情意不只是来源于情感型课文,或者说不只是来源于与情感型课文共生的情意,更是来源于教师对于教育工作、语文教学、学生发展

以及课堂生态的一种虔诚的仁爱与诗意的情怀。我赞同李庆明先生的一句话,"学校应当是离教堂最近的地方,教师应当拥有一种宗教的情怀",吴建英老师作为一位优秀的语文老师,她的情意课堂正是基于其自身的人文涵养,基于其自身的对于教育理念、教育理想的一种情感和精神的气质与力量。个人以为,真正理想的语文课堂,应当是具有语文学习生活的课堂,是一种有情趣有品质的语文学习生活,这种学习生活的建设应是源自于教师内心的,是教师个人精神气质的自然释放,而绝不只是教学策略、教学方式、教学手段等操作层面上的教师教学技能的呈现。

吴建英老师在配乐朗诵前有这样一句话:"课前读了这篇文章吗?老师特别喜欢这篇文章,已经读了不知多少遍了。今天,我还想诵读给你们听。"这篇文章是吴建英老师自选的,吴老师喜欢《金色花》是由衷的,真切的。我一直以为,课文倘若不为教师所喜爱,教师就很难创建真情真意的课堂生态;课文倘若不为学生所喜欢,学生就很难真正走进文本,获得文本的人文濡染。我们的教材编写似乎在这一点上有待完善,教材是给学生学习的,但我们很少征询学生的意愿,我曾做过一项调查,发现不少在我们看来是经典的课文,却被学生列入了不喜欢的行列,而吴建英老师向外寻找文学作品,也恰恰表明了她对于教材的一种积极期待。在本课中有这样一个独具匠心的教学环节,吴老师让学生猜猜作者是怎样的一个人,学生从年龄、性别、性格、修养等多个方面进行猜想,构成学生与作家的一次心灵对话,也成为学生对于这部作品的再一次整体感知和体悟,以如此的方式引领学生走近作者,走近文学,体现了教师对于文学教学的理解把握,也体现了教师对于语文教学中文化教育的高度重视。一节课为学生打开一扇文学的窗户,真的很有诗意!很具语文教学的风骨!

在泰戈尔的眼里,金色花是美丽的,圣洁的,高尚的,是富有生机与活力的,让我们由衷祝愿吴建英老师能以其独有的姿态,独有的芬芳,成为我们语文教学园地里的一朵金色花。

(点评专家:袁炳飞,江苏省特级教师,启东市实验小学校长)

细节 16

关注文本的形式：语文教学不能忽略的存在

武凤霞

➤ 细节阐述 ◄

不知道从什么时候起，语文老师在教学中总是把目光集中在所教学文本的内容之上，而且分析、讲解乐此不疲，以至于语文教学被大家批评为"少慢差费"。出现这种状况的原因也许有二：一是因为语文本身的因素，老师们的目光总是不由自主地被吸引到文本所叙述的事件和所介绍的事物上；二是因为我们没有足够的语文积累，以至于对承载内容的语言形式视而不见。其实语言的形式和内容二者是相辅相成的存在，任何一种只取其一的做法都是对语言的伤害。更何况如果把语言的内容看做是"道"，那么承载它的形式就是"器"，忽略了"器"的存在又怎能很好地悟"道"呢？所以，语文教学一定要关注文本的语言形式，通过对语言形式的把握认知，更好地体会文章的内容，完成语文学习任务。

➤ 典型案例 ◄

《莫高窟》教学实录

一、由题目入手，远窥莫高窟的神秘

师：(出示中国地图)有这样一个传说，在一千六百多年前，有一个叫乐尊的僧人要去西天寻找极乐世界求取真经。他这一天步行到一个叫三危山的地方，忽然看到山上万道金光闪耀，如同出现了万尊大佛，他认定这里是一个圣地，于是，就开始化缘，筹集资金在山上凿了一个洞窟，建成了第一尊佛像。后来这里成了著名的古丝绸之路的必经之地。很多商人就从这里走出关外，故乡已在远方，思乡情更切，于是就烧香拜佛求菩萨保佑自己和家人平安。极其旺盛的香火又吸引了更多达官贵人来开凿洞窟，塑造佛像，经过一千年的开凿，这里就形成了蔚为壮观的洞窟群，这就是著名的敦煌莫高窟。

（板书课题）

师："莫高窟"这个名字是什么意思呢？

（生不语）

师：如果把"莫"变为"漠"是不是可以猜出来了呢？

生：漠——沙漠，高——高处、高山、高地，窟——石窟、洞窟。

生：莫高窟就是"沙漠高处的洞窟"。

生：莫高窟就是沙漠中高山上的石窟。

师：莫高窟的名字是这样的意思么？我们来看文章第一自然段。

（生齐读）

师：谁来说一说，莫高窟在哪里？

生：莫高窟在祖国西北。

生：莫高窟在祖国西北三危山和鸣沙山的怀抱中。

师：还有一个很关键的表示位置的词语被忽略掉了。

生：莫高窟在祖国西北三危山和鸣沙山的断崖绝壁上。

生：莫高窟在甘肃省三危山和鸣沙山的断崖绝壁上。

师：真好！同学们抓住了这段话中表示地点和方位的词语，准确地说出了莫高窟所处的位置，这就叫提炼概括，写在这段文字的旁边吧。

（生写）

师：（小结）这许多排列在断崖绝壁上的洞窟，人们就叫它"漠高窟"。后来"莫"和"漠"通用，就被写成了"莫高窟"。

（出示莫高窟外观的图片）

师：看看，这就是莫高窟，它带给你的第一印象是什么？

生：阳光照在它身上，金碧辉煌的样子。

师：这是阳光的杰作。

生：感觉不漂亮，外面很粗糙。

师：对啊，因为粗糙的山体。

生：很多的洞窟看不到里面有什么，所以感觉像蜂窝一样。

师：就是这样一个从外表看起来粗糙，很不起眼的洞窟，联合国教科文组织却把它和长城、故宫一起列入《世界遗产名录》。外国游客看过莫高窟，这样评价——

（出示）

看了敦煌莫高窟，就相当于看了世界的古代文明。

莫高窟是世界上最长、规模最大、内容最丰富的画廊。

莫高窟是世界上现存佛教艺术最伟大的宝库。

（指名一生读）

师：如此高的评价，让我们不能不好奇，这洞窟中都有什么呢？让我们走进去看一看吧。

二、深入文本深处，近观莫高窟的精彩

师：请同学们自由读一读这篇文章，发现一下，作者向我们介绍了莫高窟的什么呢？

（生自由读，交流）

生：这篇文章向我们介绍了彩塑、壁画和藏经洞。（师板书）

师：其中彩塑和壁画是莫高窟的主要艺术表现形式，是莫高窟被称为艺术宝库的最核心的内容。既然如此，我们就先走近它们。

1. 体会结构的精巧

师：谁来读一读作者描写彩塑的段落？

（生读）

师：作者向我们介绍了哪些彩塑呢？

生：介绍了菩萨、天王、力士、卧佛。

师：请同学们把介绍它们的句子画出来，仔细读一读，看看这一部分描述中，哪些介绍是重点，需要我们关注，留意一下。

（生读）

师：我这里有几张图片，考考你们，知道分别是谁么？（出示天王、力士、菩萨的照片）

生：最后一幅是菩萨。

师：你的理由是什么？

生：你看他的眼睛微微闭着，很漂亮。

师：漂亮就像菩萨么？这个理由有点不充分。

生：他的眼睛微微闭着，神态很安详，让人一点也不害怕，和庙里的菩萨很像，所以，我猜测这是菩萨。

师：她说，这尊彩塑很平和，让人一点也不害怕。用一个词语来表示就是——

生：慈眉善目！

师：对啊，慈眉善目是菩萨的特点！

生：我知道第二幅是天王，因为他穿着金色的盔甲，很威武。

生：我也感觉第二幅是天王，因为他的眼睛睁得很大，嘴巴大张着，好像在呼喊着：有本天王在此，谁敢上来！特别威风！

师：描述得很形象！用一个词语概括，这尊彩塑——

生：威风凛凛！

师：第一幅呢？

生：第一幅是力士。你看他身上的肌肉一条一条的，他还这样做。（说着学生做了一个弯起手臂、露出肌肉的样子，其他学生大笑）好像很多人一起也打不过他。

生：他很强壮勇猛！

师：真好！同学们很好地抓住了三尊彩塑的特点。像这样的不同的身份、不同的性格、不同的表情和神态，用两个词来形容就叫——

生：（齐）个性鲜明、神态各异。

师：卧佛的图片我怎么也没找到，他是怎样的姿态呢？你们能表演出来么？

（一生到台前来，侧卧在地上）

师：你认为他演得像么？

生：像！

师：有没有需要改进的地方呢？

生：他睁着眼睛！应该眼睛微闭。

生：他一直在笑，而文中的描写是神态安详。

师：对啊！他表演的卧佛仿佛很顽皮的样子。

生：他的手支着头，我感觉佛不会这么随意，一定是枕着枕头。

师：（面向表演的同学）大家的建议你认为有道理么？

生：有道理。

师：我们一起读一下写卧佛的句子，看看这尊卧佛到底是怎样的姿态。

（生读）

师：这句描写的关键词有哪几个？

生："侧身卧着""眼睛微闭""神态安详"。

师：很好！看看天王、力士、菩萨的图片，谁的表情是安详的？

生：菩萨。

师：好了，请这位同学再来演一下卧佛。

（生上台表演，和文章描述基本吻合。然后师生看着图画配合读）

师：这些彩塑个性鲜明，神态各异——

生：有慈眉善目的菩萨，有威风凛凛的天王，还有强壮勇猛的力士。有一尊卧佛长达16米，他侧身卧着，眼睛微闭，神态安详。

师：这段话最后一句写的是什么呢？

生：写游人都啧啧赞叹。

生：写的是人们的感受。

师：你能用上"先……然后……最后……"这组连接词说说这段话向我们介绍了什么吗？

生：这段话先总体介绍了莫高窟的彩塑个性鲜明、神态各异，然后分别介绍了天王、力士、菩萨、卧佛，最后写了人们的感受。

师：简洁明了！真好。请大家都说一说。

（生自由说）

师：第三段介绍壁画又是怎样的顺序呢？请同学们自由读读第三段，画出开始和结束的句子，想想写的是什么，在这一段中起什么作用。

（生读，画）

师：再认真读读中间几句话，看看介绍的又是什么？

（生读，画）

师：相互之间说一说，这段话又是怎样向我们介绍的，介绍了什么？

（生相互交流）

生：第三段先告诉我们莫高窟不仅有精妙绝伦的彩塑，还有四万五千平方米宏伟瑰丽的壁画；然后介绍了壁画的内容，有记录佛教故事的，有描绘神佛形象的，有反映民间生活的，还有描摹自然风光的，还重点介绍了飞天；最后介绍了人们走进去就像走进了灿烂辉煌的艺术殿堂。

师：很好！这位同学条理清楚地为我们介绍了第三段的内容。你们有什么发现么？

生：第三段的写作顺序和第二段完全一样。

生：这位同学介绍得太详细了。

生：还可以再精练一些。

师：可以从哪些方面概括？

生：这位同学把一些文章中的原句都说了，可以概括。比如，第一句就可以说：先概括介绍了莫高窟有很多宏伟瑰丽的壁画。

师：很好啊！为什么把前半句给忽略了？

生：因为第一句是过渡句，前半句说的是彩塑，彩塑是第二段的内容，我们已经学过了，这一段主要介绍的是壁画，所以，只要说壁画就可以了。

师：掌声送给他！说得有理有据，特别好！

生：第二句也可以缩减成"然后具体介绍了壁画的内容很丰富，重点介绍了飞天"。

师：对啊，用一个"丰富"就可以概括那么多壁画的内容。

生：最后一句依然写的是人们的感受。

师：谁能够把大家刚才的建议融合起来，介绍一下这段话按照顺序分别讲了什么。

（生自由说，指名一生说）

生：第三段先概括写了莫高窟的壁画宏伟瑰丽，又具体写了壁画的内容十分丰富，重点描写了飞天，最后写出了人们的感受——走进去就像走进了灿烂辉煌的艺术殿堂。

师：好了，在同学们对这一段话主要内容的梳理把握中，知道了作者介绍壁画主要介绍的是壁画的内容。让我们一起把这几句具体写壁画内容的句子齐读一遍。

（生齐读）

2. 感受语言的美妙

师：其实，这两段的描述不仅仅是结构相同，就连语言形式也完全相同。请同学们关注一下这两段中的短语或者词语，把结构相同的用同样的符号画出来。

（生寻找，但是感觉无从下手，不少学生画出来的不是结构相同的）

师：我看到同学们寻找到的不尽相同，给大家一个提示吧，请同学们看这句话，能不能找到两个结构相同的的词组。

（出示）

莫高窟不仅有精妙绝伦的彩塑，还有四万五千平方米宏伟瑰丽的壁画。

生："精妙绝伦的彩塑""宏伟瑰丽的壁画"。

师：是的，找找这两段中有没有和这两个词组结构相同的，画出来。

（生读，画，交流）

生："慈眉善目的菩萨""威风凛凛的天王"。

生："强壮勇猛的力士""惟妙惟肖的彩塑"。

生："成百上千的飞天""面积不大的洞窟"。

师：自己读一读，发现这一组词语有什么特点？

生：都有一个"的"。

生："的"前面是形容词，后面是名词。

生：每一个词组都是七个字。前面的形容词是四字词语，后面的名词是两字词语。

师：真会发现！像这样的字数相等，词性相当的词组，就叫语言的对称。（板书）对称的语言读起来特别上口，谁来读好它们？

（生读）

师：在这两段中，还有没有其他形式的对称的语言呢？继续找找。

（生寻找，批画）

生："记录佛教故事""描绘神佛形象""反映民间生活""描摹自然风光"。

师：你为什么说这些词语也是对称的呢？

生：因为它们都是六个字，前面是动词，后面是名词，动词都是两个字，名词都是四个字。

师：也就是说符合"字数相等，词性相当"这个条件。所以也是对称的语言。对称的语言读起来朗朗上口，很有音乐感。我们来读一读，注意节奏。

（生读）

师：放在文章中来读一读，体会一下语言的节奏感。

（生读，师指导语言的抑扬顿挫）

师：还有没有对称的语言了呢？

生："臂挎花篮，采摘鲜花""怀抱琵琶，轻拨银弦""倒悬身子，自天而降""彩带飘拂，漫天遨游""舒展双臂，翩翩起舞"……

师：这些都是描写谁的词语？

生：描写飞天的。

师：你们知道飞天是什么人么？

生：飞天是天上的仙女。

师：传说飞天是天上的乐神，他们抚琴弄箫、能歌善舞，那一份音乐之神的洒脱就在这对称的语言中充分体现出来了。我请男女生对读。

（指导男女生对读）

师：这些对称的词组中，前面一个都是写飞天的姿态，后一个写的是在做什么。放入文章中我们再来读一读。

（生读）

师：这段描写带给你什么感受？

生：我感觉飞天的形态各异，千姿百态。

生：我感觉飞天很美丽。

师：文中语言对称的特点，这三处最为明显。请同学们仔细看看，这些对称的短语是用什么方式连接起来的呢？

生："有……，有……，还有……""有……的，有……的，有……的，还有……的""有的……；有的……；有的……；有的……；有的……"。

师：同样是对称的语言，作者为什么不用同样的连接词？

生：如果是同一个关联词就显得单调、重复，让人觉得呆板。

师：是的，在使用相同的语言形式时，要注意有变化，这样读起来才更灵动，更有活力。

（板书：形式多样）

师：让我们再来读一读，体会体会这对称中的变化，变化中的美妙。

（生齐读）

3. 在写作中习得

师：刚才我们深入研究了莫高窟的彩塑和壁画，还研究了作者的构段方式和对称的语言特色，构段方式大家应该比较熟悉，而对称的语言是大家第一次见到，我们试着写一句，好不好？只写一句。你看描写飞天的后面有省略号，说明有很多姿态的飞天。

师：（课件播放飞天图片）请同学选择一幅画面，或根据自己的想象仿写，注意语言的对称，意境的优美，写在文中省略号的下面。

（生写作，交流）

生：有的伸展双臂，尽情舞蹈。

生：有的手托琵琶，邀人弹奏。

生：有的怀抱花篮，抛撒鲜花。

生：有的上下翻飞，双双舞蹈。

生：有的怀抱二胡，琴声悠扬。

生：有的襟飘带舞，追逐嬉戏。

……

师：也正是因为这里的壁画宏伟瑰丽，所以人们才会感叹——

生：（齐读）"看着这些精美的壁画，就像走进了灿烂辉煌的艺术殿堂。"

三、了解背后的故事，触摸莫高窟的沧桑

师：接下来让我们走出彩塑和壁画的美妙，把脚步停留在一个仅仅有9平方米的小小洞窟——

（出示第四段，齐读）

师：（出示莫高窟藏经洞的照片）这就是藏经洞，一个只有9平方米的小小洞窟，竟然藏着六万多件文物，据资料记载，那些文书经卷中可以看见十多种古代文字，文书内容十分丰富，涉及佛经、道经，甚至账册、信件等十几种类型，这里的物品跨越了1 000多年的时空，静静地沉睡在这个小小的洞窟里。藏经洞，真可以说是一座流传后世的宝库！但是，这段话里，有一个词像一把利剑，刺痛着我的心。不知道这个词是不是也刺痛了你们。读一读，哪一个词？

生：腐败无能。

生：掠走。

生：仅存。

师：同学们说的这些词语都直接告诉了我们这里曾经发生的掠夺，和被掠夺的原因。还有一个词，没有直接说明，但是却让我们知道这里一定发生过掠夺和破坏。这个词就是"曾"。

师：从这个词中你读出了什么？

生：读出了现在已经没有这么多物品了。

生：读出了当时人们的无知。

生：读出了帝国主义的掠夺。

师：是啊，这个词语看似普通，其实给予了我们很大的想象空间，蕴含了这里发生的让人心痛的故事，让人们不得不去联想和想象。这就是用词的精妙！

师：下面我把几个历史的碎片呈献给大家——

1907年、1914年英国的斯坦因两次掠走文书、文物一万三千多件。

1908年法国人伯希和从藏经洞中拣选文书中的精品，掠走约5 000件。

1911年日本人橘瑞超和吉川小一郎掠走约600件经卷。

1914年俄国人奥尔登堡又从敦煌拿走一批经卷写本，还盗走了第

263窟的壁画。

1900年发现的六万多件藏经洞文献，最终只剩下了8 757件，现均藏于中国国家图书馆。

师：请这几位同学一人一句读完吧。

（学生读，现场很寂静）

师：这些历史的碎片带给你怎样的感受呢？谈谈吧。

生：我痛恨这些人，残暴地掠走了我们这么多珍贵的文物。

生：我痛恨清政府的软弱无能，任由国宝流失到外国去。

生：我痛恨看守这个宝库的人，让那么多侵略者盗走我们的国宝。

……

师：同学们谈了这么多感受，我的心情和大家一样，但是我也有和大家不一样的感受，那就是其实我的内心里感到庆幸，庆幸它们都还存在着，无论藏于英国也好，日本也罢，或者是俄罗斯，它们毕竟存在着！它们无论身在哪里，身上都烙着无法磨灭的出身——它们来自中国，来自中国的敦煌，来自敦煌——莫高窟！

（同学们默默点头）

师：同学们，莫高窟的背后有着很丰富的故事，如果大家对那一段历史感兴趣，就从藏经洞的掠夺者和满载文物出发的骆驼队入手读读莫高窟背后的故事吧。

（出示《翻找典籍的掠夺者》《满载文物出发的英国骆驼队》）

（注：本课教学设计融合了无锡市南湖小学丁美君和无锡市扬名中心小学张议匀两位老师的教学智慧，在此对两位老师表示感谢！）

◆ 案例反思 ◆

《莫高窟》是一篇说明性的写景文章，组织结构完整清晰，语言丰富华丽，是一篇语言特色极其鲜明的文章。这种特色体现在两个方面：其一，构段形式清晰。文章二、三两个自然段结构完全相同，都是按照"概括—具体—感受"的顺序来介绍，就连具体描述部分的结构也一样，分别按照"面—点"的顺序介绍了彩塑的内容丰富和壁画的个性鲜明。所不同的是，第二自然段介绍彩塑抓的"点"是"卧佛"，是个体；而第三自然段写壁画抓的"点"是"飞天",是群体。其二,对称语言的运用。在这篇文章中对称性的语言形式支撑起了文章的主体,也正是对称语言的使用,使语言的形式美和语言所承载的内容美达到了高度和谐的统一。也正是鉴于文本这一独具的语言特点,我确定了以下的教学思路。

教学中,我把教学重点放在对二、三自然段的体会上,分"段落结构"和"语言特色"两个方面分层依次推进学习过程。

首先,体会段落的结构形式。这一层面的学习以第二自然段为主,从对彩塑的具体描写入手,然后针对学生对天王、力士、菩萨、卧佛特点的认知,明确"像这样不同身份、不同神态、不同性格、不同表现就是个性鲜明,神态各异",从而引出对作者介绍顺序的体会。这一部分的教学主要是在教师指导下完成。而对第三自然段结构的体会则以检测学生的掌握为主,把学习的重点放在对语言形式的体会之上。实际教学中,学生对第二自然段的学习很有兴趣,对段落结构的概括也比较顺利,但是第三自然段的学习就有了难度,不少同学会忽略掉段落最后"看着这些精美的壁画,就像是走进了灿烂辉煌的艺术殿堂"这句写感受的句子。为此,教学中,我再一次降低难度,先让学生找到第一句和最后一句,画出来,想想写的是什么,然后再来交流本段先写了什么,再写了什么,最后写了什么,从而理清本段的思路,发现了二、三两段的共同之处。

然后,学习语言的对称。和体会段落结构相比,学习对称的语言表达形式难度更大,因为对称语言对于小学生来说是一个全新的内容,他们只是在低年级学习过一些对称的词组或者短语,以文章的形式呈现对称的语言还是第一次接触,所以,陌生感极其强烈。为了降低学习难度,我以第三段第一句为例,让学生寻找结构相同的词组,然后再从二、三段中寻找和它们结构相同的词组,接着发现这些词组的共同点,最后得出"像这样字数相等、词性相当的词组或者短语组成的语言就是对称的语言"这一结论。学生从理论上理解了什么是对称语言以后,再寻找其他形式的对称语言就很顺畅了。在这一部分的教学中,最难的环节是以写飞天的姿态为凭借学写对称的语言,教学中,学生往往只能顾及四字词语的对称,而难以顾及在每一组语言中应该先写姿态,再写做什么。我的体会是,教师对这一环节要求不要太高,只要学生能写得有点感觉就应该给予肯定。

需要说明的是,在这篇文章的教学中,因为更多关注到了学生比较陌生的语言形式,以至于学生学习起来没有那么活泼和轻松,也正是因为他们课堂上在不停地成长和拔节,所以,课堂一直呈现着一种真思考状态。我想说的是,如果"浅思的精彩"和"真思的沉静"两种课堂状态必须让我选择其一,那么,我宁愿舍弃精彩而选择安静,因为教学不是表演,学习不是作秀,成长才是最初和最终的评价指标。

专家点评

美,一线串珠
——武凤霞老师《莫高窟》课堂观感

细细学习武老师的《莫高窟》教学实录之前,我在想,"莫高窟"具有很高的审美价值和极大的历史意义,这些对五年级学生而言颇为深奥。读完武老师的《莫高窟》教学实录后,我们发现:在武老师的引领下,学生在"落英缤纷,芳草鲜美"的语文世界尽情遨游,不亦乐乎,他们或欣赏莫高窟的非凡神韵,解读莫高窟的内在生命力;或品味语言的张力,感受语文知识的美妙;同时,提升着语文素养,享受着生命成长的快乐。

纵观武老师的课堂,美,无处不在,一线串珠;如隽永秀美的风景画,无论横看竖看,还是正看侧看,都是葱郁依旧,生机勃勃,散发着语文的芬芳。

一、美,在教学设计的精巧

徐志摩曾说过:"向青草更青处漫溯。"其实,文本也是一片鲜美的水草地,阅读教学,就好比教师撑一支长篙,满载一船充满阅读期待的学生,在文本的水草地放歌。

上课伊始,高明的武老师长篙一点,巧妙导入,讲述了有关莫高窟的神话传说后,趣解课题"莫高窟",写成了"漠高窟",学生一下明了莫高窟所处的地理位置在"沙漠的高处",学习兴趣顿时浓厚。教学情境经这样设置,武老师的课堂轻舟倏地驶向"芳草鲜美"的新境界。

导入之后的教学展开,主要由两个环节完成。第一个环节是"深入文本深处，近观莫高窟的精彩"，武老师引导学生欣赏莫高窟的彩塑、壁画和藏经洞的不同形态，细细品味语言的对称美。第二个环节是"了解背后的故事，触摸莫高窟的沧桑"，通过展示简明的史实数据，触摸了莫高窟的沧桑历史，激发学生爱国热情。这几个环节（包括导入新课在内）层递式呈现，前一环节是后一环节的铺垫，后一环节是前一环节的升华。这种教学设计构思，异于大多阅读课堂中所采用的平铺式教学形式，这既符合解读文本由浅入深的教学规律，又符合学生思维能力螺旋式上升的认知规律，能真正有效促进学生语文能力发展。

二、美，在随文认知的灵动

阅读教学，老师的责任之一就是助力学生从关注"言语内容"到关注"言语形式"。文本解读是一个重要环节，需要教师引导学生反复品味，体悟文本语言，尤其是通过对文本中典范语言的揣摩、赏析，才能充分感受语言的魅力之所在，提升对文字的敏感度，获得语言的新智慧。

《莫高窟》是事物性说明文，但其语言生动活泼，咀嚼品味，进一步开掘文本语言的厚度，太有必要，因而，武老师设置了教学环节"感受语言的美妙"，出示"莫高窟不仅有精妙绝伦的彩塑，还有四万五千平方米宏伟瑰丽的壁画"，引导学生找寻"结构相同的词组"。学生很快发现"精妙绝伦的彩塑"和"宏伟瑰丽的壁画"结构相同，武老师继续引导学生找寻文中还有哪些此类词组，并细细咀嚼，聪明的学生又找出了许多。接着，武老师继续问这些词语的特点是什么，这才是她需要学生掌握的一个重点，在充分的师生对话后，又一起水到渠成地归纳出了"语言的对称"特点，即"字数相等，词性相当"，同时，又兼顾了学生灵活掌握对称形式的多样性。

《语文课程标准》中指出，语文课程"应考虑汉语言文字的特点对识字写字、阅读、写作、口语交际和学生思维发展等方面的影响"，"在阅读教学中，为了帮助理解课文，可以引导学生随文学习必要的语法和修辞知识，但不必进行系统、集中的语法修辞知识教学"。这一环节，武老师引导学生品味语言，相机随文教授"语言对称"知识，整个过程投射出灵动美。

三、美，在课堂结构的严整

语文教育专家崔峦老师指出："在我们语文教学中，一方面要加强阅读教学，另一方面要加强读写联系，做到读写渗透，读写结合。"当下，很多阅读课，教师常常注重文本的细读，而忽略读写结合。但在武老师的《莫高窟》课堂里，我们见到了读写的无痕融合。"对称的语言是大家第一次见到，我们试着写一句，好不好？只写一句。你看飞天描写的后面有省略号，说明有很多姿态的飞天。"老师柔声地说。学生写道："有的伸展双臂，尽情舞蹈""有的手托琵琶，邀人弹奏""有的怀抱花篮，抛撒鲜花""有的上下翻飞，双双舞蹈""有的怀抱二胡，琴声悠扬""有的襟飘带舞，追逐嬉戏"。赏读语言后，尽管只写小小的一句话，但已使学生口、手、脑并用，做到"既练说，提高口头表达能力；又练写，提高写作水平"。

课堂结构的严整美，还体现在文末的相机拓展。武老师出示藏经洞的照片，又从洞里展示的文物引出西方侵略者掠夺文物的故事，让学生的情感价值观获得了提升。

四、美，在审美情趣的体验

西方体验美学理论认为，一个文本是作家的一种体验，解读一个文本就是体验作家的体验，体验作家体验过的世界，是一种体验的体验。而且，读者的解读体验对文本意义有着建构作用，文本的意义只有在读者的解读体验中才能生成。

《莫高窟》只有短短的五百余字，但经武老师的智慧建构，文本意义尽显。透过课堂的实录文字，还原真实的课堂现场，我们依然可以感受她的课堂热情四溢，极具亲和力，行云流水，干净清洁，没有一丝旁逸斜出。学生全身心沉浸于愉悦的学习情境，享受着学习的快乐情趣。

这样的课堂，舒展；这样的课堂，最美。这样的课堂，为生命的舒展发展提供了无限可能，使他们在获得语文知识的同时提升了精神，生命的活力在课堂中真正得到了体现。

荷尔德林说过，"人，诗意地栖居"。武老师的《莫高窟》课堂，美妙绝伦，让我们进一步享受了语文人的诗意栖居，真好！

（点评专家：戴志梅，南京市栖霞区教师进修学校）

　　武凤霞，江苏省无锡市南湖小学校长，江苏省小学语文特级教师，正高级教师，全国模范教师，全国巾帼建功标兵，江苏省人民教育家培养对象，江苏省"333高层次人才培养工程"培养对象，无锡市社会事业领军人才。出版有《武凤霞讲语文》和《教育的生命底色》两本教育专著。发表200多篇文章于《中国教育报》《人民教育》等报刊。《语文教学通讯》《小学教学》封面人物，应邀到20多个省市做观摩教学或做语文教学、班主任、教师专业发展、校长工作艺术等专题讲座800多场，所到之处均得到与会学生和老师高度的评价。

细节 17

用生活激活远去的故事：
记叙文教学的重要支点

武凤霞

➤ 细节阐述 ◄

在小学语文教材中，叙事性记叙文占有相当大的比重，这样安排的原因或许有很多——也许是为了照顾小学生的年龄特点，也许是为了奠基学生的文学底子，或者是因为小学阶段写作的需求。无论原因是什么，阅读故事成了小学生语文学习的一个重要的方面。

故事是什么？是远去的曾经的生活。这生活也许是你的，我的，他的，曾经的喜怒哀乐，经过时间的沉淀，就成了故事，变成文字的故事，就有了被人阅读的经历。

那么，如何阅读才能达到课程标准要求的让学生体味到文字的魅力，得到情感的熏陶，获得思想的启迪，享受到文字和故事带给自己的审美乐趣呢？我想，一个重要的策略就是把属于别人的故事激活，让故事成为自己正在经历的或者刚刚经历过的，或者是自己向往经历的生活。也就是说，让故事成为自己的一部分，让阅读成为一段自我生活的旅行，在这样的融合中，生活就成了阅读的催化剂，两者融合在一起，就催化了对文字所讲述故事的认知，并通过故事触摸远去的生活，在这样的体验与认知中，阅读的价值就达到了最大化。

• 典型案例 •

《我和祖父的园子》教学实录

一、从年龄入手，建构萧红形象

师：同学们，这节课我们一起来参观欣赏一座园子，一座八九十年前我国东北呼兰河边的一座园子，园子有两个主人——一个是祖父，一个是"我"。（板书：我和祖父的园子）

（生齐读课题）

师：这里的"我"是谁呢？

生：萧红。

师：关于萧红，你了解什么呢？

生：萧红是一个女作家。

生：萧红的原名叫张乃莹，31岁就去世了。

师：是啊，英年早逝，让人惋惜。还了解什么呢？

（生无语）

师：我告诉大家一个情况。萧红生于1911年，如果活到今天，她该多大了？

（生紧张计算。有的同学还拿出笔来算）

生：如果活到今天，萧红103岁了。

（教室里出现微弱的惊讶声）

师：是的。如果活到今天，萧红就是一个百岁老人了。但是，《我和祖父的园子》中的萧红有多大呢？猜一猜。

生：大概有三四岁。

师：表述很准确，我欣赏你这个词——大概。

生：可能有十来岁吧。

师：感觉和你们大小差不多。

生：应该是五六岁吧。

生：应该是七八岁吧。

师：无论是三四岁也好，五六岁也罢，或者是十来岁，我发现大家的猜测有一个共同的特点,那就是文章中的萧红还是一个——

生:小孩子。

师:我很赞同你们的猜测。我也知道你们不是胡乱猜测的,一定有你们的依据,对么? 那你们的依据在哪里呢?

生:在这篇文章中。

师:文章哪些段落的描写让你感觉萧红是一个孩子呢? 请选择一段读给大家听一听吧。

生:"祖父戴一顶大草帽,我戴一顶小草帽。祖父栽花,我就栽花;祖父拔草,我就拔草。当祖父下种,种小白菜的时候,我就跟在后边,把那下了种的土窝,用脚一个个地溜平。哪里会溜得准,东一脚西一脚地瞎闹。有时不单菜种没被土盖上,反而被我踢飞了。"

师:像这样的超级模仿秀也只有孩子才会做。真是一个孩子!

生:"祖父铲地,我也铲地。因为我太小,拿不动那锄头杆,祖父就把锄杆拔下来,让我单拿着那个锄头的'头'来铲。其实哪里是铲,也不过爬在地上,用锄头乱勾一阵就是了。也认不得哪个是苗,哪个是草,往往把韭菜当作野草一起割掉,把狗尾草当作谷穗留着。"

师:连韭菜和野草也分不清,还把狗尾草当谷穗,真是一个天真可爱的孩子。

(生笑)

生:"玩腻了,又跑到祖父那里去乱闹一阵。祖父浇菜,我也抢过来浇。不过我并不往菜上浇,而是拿着水瓢,拼尽了力气,把水往天空里一扬,大喊着:'下雨了! 下雨了!'"

师:这水会洒到哪里去呢?

生:会洒到菜上。

生:会洒到自己的身上。

生:会洒到祖父的身上,把祖父的衣服都淋湿了。

师:这哪里是干活啊? 分明是——

生:分明是捣乱!

生:分明是在瞎胡闹!

师:真是一个顽皮的孩子! 还有其他的段落么?

生:"祖父虽然教我,可我并不细看。一抬头看见一个黄瓜长大了,跑过去摘下来,我又去吃黄瓜了。黄瓜还没有吃完,又看见了一个大蜻蜓从旁飞过,于是丢了黄瓜又去追蜻蜓了。跑了几步就又去做别的了。"

师:听你读到这里,我突然想起了一个童话故事——

生:小猫钓鱼!

师:是啊,像钓鱼的小猫一样三心二意,真是一个孩子!

师:同学们,我刚才看你们在读这些段落的时候,一边读一边笑,有的同学笑得都止不住了,怎么这么开心啊?

生:因为萧红太好玩了!

生:萧红太调皮了!

生:读着萧红这些事,我仿佛看到了自己童年的时候。

师:(笑问)你现在已经不是童年了么?

生:我也经常像萧红一样捣乱,看着萧红,我好像看到了我自己的影子!

师:真好!读出了自己的影子!会读书!为什么你们能感受到萧红的调皮可爱呢?为什么你们能读出自己的影子呢?这一定和萧红的语言有关系。你们发现萧红语言的特点了么?

(生沉默)

师:没关系,让我们以第三段为例,来体会体会萧红语言的特点吧!

二、体会句子的简洁,找寻"诗"的味道

(出示文章第三自然段)

师:读一读,看看萧红的语言有什么特点?

生:萧红的语言很生动很形象。

生:萧红的语言很有趣味。

师:萧红的语言还有一个很重要的特点,那就是句子很短。看看,是不是?这么短短的句子,我一个字不修改,一句一行排列,瞧,成为什么了?

生:一首诗!

师:诗的语言是凝练的,跳跃的,读起来朗朗上口。读一读,品味一下,有没有诗的味道?

(一生读,读得很有节奏。尤其是最后一句,读得神采飞扬)

师:我很欣赏她的朗读!尤其喜欢最后一句的朗读。猜一猜,我最喜欢她读的哪个词?

生:老师最欣赏她读的"哪——里会溜得准",她读的时候把"哪"读得长长的,还拐着弯,让我感觉很调皮的样子。

师:对呀,做了坏事,还不感觉惭愧,反而是很光荣的样子,一看就是一个被祖父娇宠的孩子。

师:还有一个词我也很欣赏。我们再听这位同学读一读最后一句。

(一生读)

生:"反而被我踢飞了!"我猜老师很喜欢她读的"飞"这个字。

师:(惊讶)为什么你这样猜测呢?

生:因为她把这个字读得声音很高,声音拖得很长。

师:为什么她把"飞"字读得高和拖得长我就喜欢呢?

(生沉默)

师:调皮的萧红把种子踢到哪里去了?

生:把种子踢到天上去了。

师:还有什么也到天上去了?

生:鞋子也到天上去了。

(众大笑)

生:快乐的心也飞到天上去了。

师:她读的时候什么也飞到天上去了?

生:她的声音也飞到天上去了!

师:这就是有感情朗读!把文字的意思和自己的声音、表情融合在一起。谁再来读?注意像"祖父栽花,我也栽花"这些相对应的句子的节奏和重音。

(生读,很有感觉)

师:萧红的语言就是这样像诗一样凝练、跳跃。怪不得著名作家茅盾先生这样评价萧红的《呼兰河传》——

（出示）

一篇叙事诗，一幅多彩的乡土画，一串凄婉的歌谣。——茅盾

（生齐读）

师：《呼兰河传》是一首诗，《我和祖父的园子》更是一首诗，而且是一首"叙事诗"。作者在这篇文章里，都写了哪些事呢？读读课文，画出来。

（生画，师巡视并指导生抓关键词，不要把一段话都画下来。然后交流汇报）

生：作者写了栽花、拔草、种小白菜、铲地、浇菜这些事。

师：这些事情作者写得都很简单，散落在这篇文章中，我相信大家都能读得懂。我把这些事简单挑选出来，我们一起读一读。

（出示）

祖父栽花，我也栽花。

祖父拔草，我也拔草。

祖父种小白菜，

我就跟在后面把下了种的土窝溜平。

祖父铲地，我也铲地。

祖父浇水，我也浇水，

只不过不往菜上浇，

而是把水洒向天上，

大喊着：下雨了！下雨了！

……

（师生分角色读，现场气氛热烈欢快，孩子们笑得很开心）

师：瞧，多有意思的一首叙事诗，多么快乐、无忧无虑却又很顽皮的小萧红啊！

三、捕捉景物的特点，品味画的美丽

师：这不仅是一篇叙事诗，还是一幅多彩的乡土画呢！读一读课文，哪里让你看出了画的美丽？

（生读）

生：第二自然段我看到是一幅多彩的乡土画。

（出示第二自然段）

师：如果让你为这幅画面取一个名字，你取什么？把你的理由也告诉大家。

生：我起一个"我们家的大园子"。

师：你们家大园子有什么特点呢？

生：有很多蜜蜂、蝴蝶、蜻蜓、蚂蚱。

师：它们在这园子里生活得怎么样呢？

生：生活得很快乐。

师：抓住这个特点改改这幅画的名字，可以么？

生：我们家园子里的昆虫很快乐。

师：抓住了特点，但是有点长，能不能短一点？

生：快乐的昆虫园。

师：好多了！颠倒一下会更好！

（生为难，其他同学举手很积极）

生：昆虫的乐园。

师：还有其他不同的名字么？

生：我起的名字是"生命"。

师：哦？为什么？

生：这园子里面有蜻蜓、蚂蚱、蝴蝶、蜜蜂，而且这里面所有的昆虫应有尽有，一片生机勃勃的景象。所以，我起名叫"生命"。

师：这么多可爱的昆虫，让我们感受到园子的生机勃勃。谁来读一读这段话，让我们欣赏欣赏这园子里昆虫们的快乐。

（生读）

生：我给这幅画起的名字叫"五彩缤纷的园子"，因为这里面的颜色很多，有黄色、红色、金色、绿色等等，五颜六色。

师：他抓住了园子里的颜色起名字，很好！这么多颜色，还可以用一个什么词语来形容？

生：五彩缤纷。

生：五彩斑斓。

师：谁再来读读这段话，让大家感受到园子的多姿多彩？

（生读）

师：如果你就站在这园子中，身前身后环绕着这样美丽的蝴蝶和蜜蜂，你最希望发生什么事情？

生：我希望自己也能和它们一样在空中翩翩起舞。

生：我希望蝴蝶都在我的身前身后围着我飞。

生：我希望蝴蝶落在我头上做我的蝴蝶结。

生：我希望蝴蝶落满我的身上，给我穿一件蝴蝶衣裳。

生：我希望一个蚂蚱自己蹦到我的手上和我玩。

师：那是多么快乐的一件事啊！谁来读，让我听到你的快乐！

（生读）

师：你还喜欢哪一幅画呢？

（生读第13段）

师：你喜欢的这幅画中有哪些景物呢？画出来吧。

生：有太阳、花、鸟、虫、倭瓜、黄瓜、玉米、蝴蝶……

师：如果真的让你画出这幅画，你想让什么占据画面的中间？

生：我想让太阳占据画面的中间。因为没有太阳就没有万物。

生：我想让蝴蝶占据画面的中间，因为它们很漂亮。

生：我觉得如果是蝴蝶占据画面的中间，就和第一幅画太相似了。

师：那你想让什么占据画面的中间呢？

生：我想让倭瓜、黄瓜、玉米占据画面的中间，因为它们长得很自由。

师：这段话表现的主题是什么，你知道吗？

生：我觉得是自由，园子里的万物都很自由。

师：真好！掌声送给这位同学！他抓住了这段话最核心的内容来安排自己画上的景物。很了不起！来，让我们读读这几句话的描写——

（出示）

一切都活了，要做什么，就做什么，要怎么样，就怎么样，都是自由的。倭瓜愿意爬上架就爬上架，愿意爬上房就爬上房。黄瓜愿意开一个谎花，就开一个谎花，愿意结一个黄瓜，就结一个黄瓜。玉米愿意长多高就长多高，它若愿意长上天去，也没有人管。

师：自己读一读。想想，如果真的让你画这幅画，你打算怎么画它们？

（生读）

师：交流交流吧，你打算让你的倭瓜爬到哪里？

生：我打算让我的倭瓜爬到房顶上，那里可以躺着晒太阳，不用一直挂着那么辛苦。

生：我想让我的倭瓜爬到架子上，做一个绿色的帐篷，我可以坐在下面乘凉。

生：我想让我的倭瓜爬到天上去。

生：我想让我的倭瓜爬到房顶上再垂下来，做我的绿色窗帘。

师：我想让我的倭瓜从窗户爬到屋子里，最好爬到我的厨房……

（生笑）

生：想吃它的时候一伸手就摘下来。

师：真懂我的心思。

生：我想让我的倭瓜爬到我的床头，陪着我睡觉，而且还能一睁眼就看到它们。

师：你打算让你的黄瓜怎么长呢？

生：我打算让我的黄瓜长得像西瓜一样胖。

（生大笑）

生：我打算让我的黄瓜长得比我还高，一根黄瓜够我们十个人吃。

师：这里有一个词"谎花"，你们知道什么是谎花么？

生：就是黄色的花。

师：是这样的么？

（学生没有人回答）

师：看来我们要理解一下这个词。给"谎"字组个词语吧。

生：说谎。

生：谎话。

生：撒谎。

师：那"谎花"就是——

生：(如梦方醒般)撒谎的花。

生：只开花不结果的花。

师：我不高兴结果实，全部开成谎花，可以么？

生：可以，你是自由的。

师：我一朵谎花都不开，结很多的黄瓜。可以么？

生：可以，你是自由的。

师：玉米呢？

生：玉米愿意长多高就长多高，它若愿意长上天去，也没有人管。

师：因为它是——

生：自由的。

师：再读这几句话，是哪些词让你感受到了这里万物的自由。

生："愿意……就……。"

(生齐读)

四、想象萧红的自由，聆听歌谣的欢乐

师：自由的可不仅仅是它们，还有一个自由的呢！没有她的自由，就没有这里万物的自由。她是谁呢？

生：萧红。

(出示)

在园子里自由生活的不仅是它们，还有一个我。我愿意＿＿＿＿，就＿＿＿＿，愿意＿＿＿＿，就＿＿＿＿，我若愿意＿＿＿＿，也没有人管。

(生自由说，然后交流)

生：在园子里自由生活的不仅是它们，还有一个我。我愿意栽花，就栽花，愿意拔草，就拔草，我若愿意跟在祖父后面，把菜种踢飞了，也没有人管。

生：在园子里自由生活的不仅是它们，还有一个我。我愿意浇水，就浇水；愿意把韭菜铲掉把野草留着，就把韭菜铲掉把野草留着，我若愿意把狗尾草当谷穗留着，也没有人管。

师：那你可要小心了，没粮食吃的时候，就让你吃狗尾草咯！

(生大笑)

生：在园子里自由生活的不仅是它们，还有一个我。我愿意摘黄瓜，就摘黄瓜，愿意捕蝴蝶，就捕蝴蝶，我若愿意浇花就浇花，即使把水都洒到天上，也没有人管。

生：在园子里自由生活的不仅是它们，还有一个我。我愿意躺在地上睡觉，就躺在地上睡觉，愿意在小河里洗澡，就在小河里洗澡，我若愿意爬到房顶上和倭瓜一起晒太阳，也没有人管。

师：你这样调皮会让爷爷害怕的，一定要注意安全啊！

（生笑）

师：同学们，听着你们的交流，我仿佛听到这院子里回荡着一首歌，这是一首——

生：快乐的歌

生：幸福的歌。

生：无忧无虑的歌。

生：自由自在的歌。

……

师：可是茅盾先生却说——

（出示）

一串凄婉的歌谣

师：为什么呢？同学们如果有兴趣，就走进萧红的《呼兰河传》吧，在书中，她为我们呈现了自己真实的曲折而短暂的一生。

五、强化对祖父的怀念，唤起阅读的欲望

师：同学们，无论生活如何辛苦，呼兰河，都是萧红梦中常常思念的河，爷爷，在萧红梦中常常陪伴在她的身边，是他，托起了萧红一生的快乐。在《呼兰河传》的结尾，萧红苍凉地写道——

（出示）

呼兰河这小城里边，以前住着我的祖父，现在埋着我的祖父。我生的时候祖父已经六十多岁了，我长到四五岁，祖父就快七十了。我还没有长到二十岁，祖父就八十岁了。祖父一过了八十，祖父就死了。从前那后花园的主人，而今不见了，老主人死了，小主人逃去了。

师：短短的一段话，"祖父"这个词就出现了七次，可见萧红对祖父的怀念之深刻。童年的萧红,在祖父身边还有着怎样刻骨铭心的快乐和幸福呢?课文中没有,我们只能到《呼兰河传》中去寻找了。

(出示萧红在爷爷身边撒娇的图片)

师:一切都去了,只有这一幅画定格在萧红的脑海里,永远定格在萧红的心中,在几十年后,又通过文字定格在我们的眼前,这就是文字的魅力……下课。

◆ **案例反思** ◆

《我和祖父的园子》节选自萧红的长篇小说《呼兰河传》,文章语言精短、形式整齐,颇具诗的味道,长短句的巧妙结合,使文章在诗意陈述的同时又兼具散文的从容,读起来既朗朗上口,又张弛有度。更为重要的是,作者通过这精妙的语言,为读者呈现出了一大串看似平常的童年趣事,画面性极强。面对这样一篇文质兼美的诗化小说,我们怎么教、从哪一个角度走进才能既不破坏文章本身的特质,又能让孩子们吸纳语言,沉醉在这童真童趣之中,并能悄悄触摸萧红现实中的孤独与悲凉呢?思考后,我决定从语言的形式走入,让学生的生活和萧红的生活相互点燃这样的教学思路。切入的支点是茅盾先生对《呼兰河传》的评价——"一篇叙事诗,一幅多彩的乡土画,一串凄婉的歌谣"。教学分四步进行。

一进文本,勾勒萧红的形象

我每一次教学,都希望孩子们在学习的过程中不断通过文字在头脑中建构画面,而且,随着学习的深入,这画面越来越丰满,越来越清晰。本文的教学更不例外。那么本文最初的形象是什么?当然是文章的主人公萧红。萧红的形象又从哪里入手?年龄?衣着?长相?抑或是其他的什么?当然,无论选择哪一个方面,这形象绝不能是图片或者什么影视资料所呈现的,而应该是学生从文字中感受到的。那么,文字呈现给孩子们最直观的是什么呢?是年龄!文中萧红的年龄恰恰和学生相仿,还有什么比看同龄人的趣事更能引起孩子们兴趣的呢?没有了!于是,学习还没有开始,我就问孩子们:"你知道园子中的萧红多大年龄么?"孩子们丝毫不为难——是一个儿童,是一个孩子,也许只有八九岁!并把自己的依据一段段读出来,这所谓的依据其实就是萧红的童年趣事。在孩子们一段段的朗读中教师适时点睛——"这哪里是干活,分明是一次模仿秀么!""麦苗韭菜都分不清!真是一个孩子!""这萧红像那个钓鱼的小猫一样三心二意!"孩子们一次次笑得很开心!——也许是为萧红这些趣事而笑,也许是想起了自己的什么事情而笑,或者是为发现作家小时候的顽皮与无知而笑。管他呢!学生找到了兴趣点才是最重要的。于是,从上课开始,孩子们就不再是听那个作家说什么话,而是看那个和自己一样顽皮的孩子是怎么闹的,孩子与文本,孩子与作家之间的距离就这样淡于无形。

二进文本,品味诗歌的味道

因为这篇文章语言特色极其鲜明,而且这特色恰好是我和孩子们喜欢的一类——简短、疏朗、活泼、清新,读起来朗朗上口。读着"祖父栽花,我也栽花,祖父拔草,我也拔草……""倭瓜愿意爬上架就爬上架,愿意爬上房就爬上房……"不由使我想起了师范时学过的鲁迅先生的文章《友邦惊诧论》——深刻的意义模糊了,原来背下来的全文忘记了,25年的时间过去了,现在仍然能够脱口而出的是"好个'友邦人士'!日本帝国主义的兵队强占了辽吉,炮轰机关,他们不惊诧;阻断铁路,追炸客车,捕禁官吏,枪毙人民,他们不惊诧……"为什么会这样?因为语言形式!——我感兴趣的不是内容,而是这种简短而有力的语言形式!

于是,以茅盾先生的评语为扶手,我先带着孩子们走进他们喜欢的语言形式。诗的感觉就这样在我的指导下被发现,被领会,被学习,被吸纳,被运用。而且在运用这些诗意语言对作者所描写的事件的补充中,孩子们的生活和萧红的生活再一次无痕对接,对语言文字的深入学习就这样在无声无息的对接中开始了,深入了。

三进文本,欣赏画面的芳香

在中国古代文学作品中,诗与画往往是不分家的,一篇小说,在具有诗的特质的情况下,也必定会具有画的韵味。萧红的《呼兰河传》也不例外。所以,无论是拔草、栽花、浇水的画面,还是蜂飞蝶舞的世界,或者那自由生长的植物园,都鲜活地呈现在学生的面前。但是,这许多画面该让学生怎么从不同的路径走进,才能保持他们的兴趣不衰呢?蜂蝶翻飞的段落热闹而艳丽,有不同的落脚点,就让学生为画面定题目吧;自由的植物园就让学生为画面上的重要景物安排布局,呈现形象吧。孩子们的乐趣就在这当家做主之中,对课文的感知也就在这其中走向深入了。

四进文本,触摸歌谣的欢乐凄凉

看着萧红的自由,孩子们听到了一首首快乐的歌,幸福的歌,美丽的歌,自由的歌。但是,为什么茅盾先生却说他听到的是一首凄婉的歌谣呢?一个问题,让学生从刚才的喧闹转为安静。是他不了解萧红么?不是的。那,是什么?教学中,我没有再深入走进,而是把这个问题放在了引导学生阅读《呼兰河传》上。也许孩子们现在不会读,但也没什么,我更希望他们心中保留这欢乐的场面,再长大一点才去走进萧红的生平,触摸歌的哀婉和凄凉。

很多次教过这篇课文,无论是在哪里,无论学生的学习基础怎样,他们的学习兴趣都是一样的浓厚,猜年龄、想象萧红在园子里怎样玩耍、给画面起名字、画图画,所有的场面都那样深深地吸引着他们,每一次都让我感觉到他们不是在观摩萧红,而是在诉说自己的生活。你的生活,我的生活,他的生活就这样成为同学们共同经历的生活。

专家点评

倾深情以绘课堂之华章
——评武凤霞老师《我和祖父的园子》课堂

记得一位颇为知名的朋友曾经对我说过,一名优秀的语文老师一定是有讲究的,他或她必写得一笔好字,写得一手好文章,还得出口成章,即使滔滔不绝地说上数小时,亦必有章有法,从容不迫,而他或她的课堂也理应是一篇天然浑成的"文章",而自成其格调。以此来观照武凤霞老师《我和祖父的园子》这一课,则足以称之。

在我看来,要使得课堂如风行水上,上课如作文,至少需要讲究两点:首先好课顺有章法,前有伏笔,后有呼应,开合有度而人不觉。其次,好课如美文,讲究行云流水般的过程和略无滞涩的畅快。此二者,在武老师很多的课上自然都不缺,而《我和祖父的园子》这一课也不例外。下面分而述之。

一、好课有章法,前有伏笔,后有呼应,开合有度而人不觉

选自著名女作家萧红《呼兰河传》第三章里的课文《我和祖父的园子》,如果单从今日教育欣赏的角度来看,完全合乎对一个孩子天性培养的需要,在一个自由的而不是打骂的环境里,有一个或一群爱着或呵护着他或她的大人,在一旁陪伴着他或她成长,让他或她自由自在,无拘无束地生活着,即使坐在教室里接受应试教育的孩子,读后,也一定是感受甚深的。然而,武老师没有从此处着眼,她依旧执着地要从一个既切近又遥远的双重复杂的角度去透视文本,她给这一课定调为"从文字触摸远去的生活"。"触摸",说明萧红笔下的生活可感可触,并不悖于当下的生活要求;所谓"远去的生活",应该是与当下的生活有很不一样的内容,即与萧红笔下所写也可能大异其趣的别一份真实。

然而,这里的问题是,追寻一段遥远的生活,并指向课文作者的人生命运,是必要的吗?而一个最充足的理由可能是:了解昨天,以看清脚下的路。在萧红醉心地写出与心爱的祖父一起生活的一段,实则只是她短暂的人生生活的一个片段,照见的是她生活的其余部分的黯淡、寂寞、苦闷和不幸,以及她童年时代东北农村社会的黑暗、落后、愚昧及其旧思想对人的束缚和戕害。她生活在一个母亲早逝的家庭,缺乏父爱与母爱,大作家茅盾先生在1946年为《呼兰河传》作序时,反复叹息于萧红的寂寞的幼年。而其幸与不幸皆系于疼爱她的慈爱、宽容、仁厚的祖父一身,他活着,园子里的一切都自由而充满了生机;他离去,则一切如蝴蝶、蚂蚱、蜻蜓、小黄瓜、大倭瓜等,都将零落而荒芜。茅盾说:"萧红的童年生活就是在这种样的寂寞环境中过去的。这在她心灵上留的烙印有多深,自然不言而喻。"

为此,武老师精心设计了一个开头"从年龄入手,建构萧红形象",通过几段文字的识读,让一个稚嫩的、嬉闹的、野趣十足的孩子活脱脱地呈现在大家面前。而在课堂第二板块"体会句子的简洁,找寻'诗'的味道"里,武老师顺带出来自茅盾先生的一句话("一篇叙事诗,一幅多彩的乡土画,一串凄婉的歌谣"),以作为统摄整个课堂的纲目,然后在"诗"与"画"上大做文章,蔚成课堂洋洋的大观。接着,在第四板块"想象萧红的自由,聆听歌谣的欢乐",嵌入《呼兰河传》的结尾的一段话,以形成强烈的比照,给人余味无穷的想象。尤其是结尾,生死离散,强烈的、莫大的悲情,会将其实是破旧、黑暗而尘封的后房及其后园重新笼罩,即使当下的五年级的学生再小,他们对于人生的感受,亦必因此而有了新的内容,他们多少也会悬想和牵念——为历史而思,为儿童而思,为人生而思。而这,又足以引发课堂上的这些未来人,将来对于美好人道的珍视,对于自由幸福的追求。

而从文章学的角度看,课堂对"一篇叙事诗"和"一幅多彩的乡土画"做得越精彩、越厚实,则后面点提而未展开的"一串凄婉的歌谣",在幼小读者的心中所留下的追索就会越发强烈。这就是教师巧妙地运用"不平衡对比"所得的收效。

二、好课如美文,讲究行云流水般的过程和略无滞涩的畅快

好的课堂,一定是教师、课堂与学生的深度互动。在这样的课堂上,教师全情倾注,深入到课堂的每一个细节,并化而为无形。此外,要达到课堂的行云流水的状态,还要求:自然,顺势,说心中想说的话。就如宋代大文豪苏轼在《与谢民师推官书》里所谓,"初无定质,但常行于所当行,常止于不可不止"。文本并非是密不透风的墙,其实从哪里切入都不成问题。高明的教师往往就其自然,因势象形,从何处开始皆有文章可做。这一课,武老师便是从作者的年龄入手,在与孩子的聊天中不知不觉地开始了课堂,又颇为自然地将一个跟在祖父身后"分明是捣乱""分明是在瞎胡闹"等大家可以把握的形象,活灵活现地捧托而出。这又见出教师顺势的"顺"功。聪明的教师往往不经意间营造了一个课堂,而他或她可能更在意顺势而为,将正在阅读的文字转为"示现",又将示现演变为"现场",这样,一下子又将课堂置入"在场"。

我们看课文中,小萧红"拿着水瓢,拼尽了力气,把水往天空里一扬……"这一节,当有孩子惊讶地说"会洒到自己的身上",又有孩子也担心地说"会洒到祖父的身上,把祖父的衣服都淋湿了",而武老师则相机而牵,说"这哪里是干活啊?分明是——",非常隐蔽而巧妙地顺出了一个新的情景。这时候,课堂的理解持续"燃烧",就有孩子激动地说:"分明是捣乱!""分明是在瞎胡闹!"而此时,老师则又略微收了收,说:"真是一个顽皮的孩子!"而这,本是文本字面上没有的内容,但非常合乎情境的现场。没有这样的现场,理解无法交融,共识也无法达成。而那些常见的初级俗师们,他们只知道依自己的所谓"预设",拼命地在课堂上折腾学生,总是想方设法、生拉硬扯地将课堂上活跃的思想强逼进他或她所设置的思路或框架里,然后再僵硬地进行所谓"明确",如仪式宣誓般。有多少这样的课上下来,将孩子的兴趣上绝,将活跃的思维上断;又有多少这样的课堂,将孩子折腾得死去活来。两相比较,真天壤之别也。

不少教师至今还在为一节课如何开头,中间如何过渡,挖空心思,结果常常是虎头蛇尾,弄得一整节课极为乏味。大作家冰心先生当年在《寄小读者》里说到"行云流水"说得好,她以为"不造作,不矜持,说我心中所要说的话"。何谓"说我心中所要说的话"? 就是要说真实、坦诚、好懂的话。而并非像一些俗师,如守株待兔般地,一旦有某一两学生误打误撞地说出了他所想要说的意思,即虚情假意以周全之。武老师绝非如此,她不屑此种作为,而是倾听、交流、想学生所想。比如学生朗读课文里小萧红"摘黄瓜""追蜻蜓"一节,武老师忽有所感地说"听你读到这里,我突然想起了一个童话故事——",此时孩子们都领会老师心里所想,甚至在"阅读这些段落的时候,一边读一边笑,有的同学笑得都止不住了",显得非常开心,因为这些事真实地在孩子们身上或多或少地发生过。课堂就是这样,非常畅快,当然,归根结底,还是高明的老师在课堂上善于借势、引势,善于激活学生的心灵所达到的效果。

当然,萧红这一文本也因其自具的特色,而感人至深。课文字字句句,饱含深情,又细腻逼真,充满了一个孩子所能理解到的幼时的自由、快乐和亲情相伴的幸福。而她的文字虽则含情,又有几分冷峻,文句不刻意整饬;而其行文又如泉涌,不择地而出,意尽而止,充满了洒脱的风度。相信,这些也是为师生所喜欢的一个原因吧。

(点评专家:吴永明,中学语文教师,《教师之友》资深作者)

细节 18

转换：文言文教学的重要凭借

武凤霞

▶ 细节阐述 ◀

文言文，语言简洁，行文简练，古奥难懂，它的主要特点是单音节词多，且多省略，再加上历代名家讲究语言锤炼，追求"微言大义"，且与孩子们习惯的当下的现代汉语相脱离，所以，就愈发显得艰涩难懂。所以，在初学者眼中，文言文就成了捉摸不透的"迷言"。

那么，教学中，教师该如何指导学生学习，才能帮助学生破解"迷言"，了解文章内容，感受文言魅力，进而愿意学习文言文呢？我想，在学习中善用"转换"，应该是一个非常重要的学习方法。这里所谈的"转换"，可以是文言和现代汉语之间表述内容的转换，也可以是表述形式的转换，还可以是学生和文中人物身份、思维的转换，这些多层次多角度的转换，既有利于古今语言的对接，又有利于古今人物思维的融合，对于打开学生文言文学习的路径，从而收获良好的学习效果是很有帮助的。

▶ 典型案例 ◀

《伯牙绝弦》教学实录

（课文）伯牙绝弦

伯牙善鼓琴，钟子期善听。伯牙鼓琴，志在高山，钟子期曰："善哉，峨峨兮若泰山！"志在流水，钟子期曰："善哉，洋洋兮若江河！"伯牙所念，钟子期必得之。子期死,伯牙谓世再无知音,乃破琴绝弦,终身不复鼓。

一、拨弦吟诗遇伯牙

师:我这里有一首诗,谁来念?

(出示)

　　　　　摔碎瑶琴凤尾寒,
　　　　　子期不在对谁弹。
　　　　　春风满面皆朋友,
　　　　　欲觅知音难上难。

(生朗诵,有板有眼,感情充沛)

师:读得非常好。这首诗出自一个千年流传的故事,这故事就是今天我们要一起学习的《伯牙绝弦》。(板书课题)"弦"是什么意思?

生:琴弦。

师:"绝"呢?

生:断绝。

生:割断。

师:"绝弦"的意思呢?

生:断绝琴弦。

师:谁断绝琴弦?

生:(齐)伯牙。

师:伯牙是谁?你了解他吗?

生:伯牙是一个琴师,叫俞伯牙,是春秋时期人。

生:俞伯牙和钟子期是一对知音。

师:你知道吗?伯牙可不是一个普通的琴师,他能弹琴,会作曲。相传,伯牙弹琴的时候连马都不吃草了,也抬起头来倾听。可见他的技艺高超,所以当时的人称他为"琴仙"。

(生惊讶)

师:我在想,如果他生活在现在,我们可能会送给他一个怎样的头衔?

生:音乐大师。

生:音乐家。

师：是啊，这样一个在当时誉满天下的音乐家，为什么却要绝弦呢？

二、一唱三叹作子期

师：请同学们自由读一读课文。

（生自由读）

师：谁来读给大家听？

（一男生读，声音响亮，字音正确）

师：声音响亮，断句完全正确，我喜欢。谁再来读？

（一女生读，字正腔圆）

师：我们班无论男同学还是女同学，声音都这么响亮，字字句句入耳。真好！文中有两个生字，是现在都不用的，只有在文言文中才会出现。你发现是哪两个字了吗？

（生看着课文寻找，短暂的沉默。几秒钟后，有生做恍然大悟状，举手，其他生陆续举手）

生："哉"和"兮"是两个生字，我们现在都不用了。

师：眼睛真明亮！谁来读读这两句话？

（出示）

　　善哉，峨峨兮若泰山！
　　善哉，洋洋兮若江河！

生：（读）"善哉，峨峨——兮若——泰山！善哉，洋洋——兮若——江河！"

（生断句出了问题，师并没有急于纠正）

师：这两个字都是语气词，相当于我们现在的哪一个词呢？

生：相当于"啊"。

生：相当于"呀"。

师：是的。既然是语气词，想想这两句话该怎么断句？

（生尝试练习。一生站起来读，依然读错）

师：把"兮"换成我们现在常用的"啊"体会一下该怎么断句。

（生自己练习，找到了诀窍，纷纷举手）

生：（读）"善哉，峨峨兮——若——泰山！善哉，洋洋兮——若——江河！"

师:很好!"哉"和"兮"既然是语气词,我们在读到它的时候就把声音拉长一点。

师:谁来读?

生:(读)"善哉——峨峨——兮——若泰山!"

(生读,两个语气词后面停顿依然不够长。师范读。再请一生读,读得很好)

师:瞧,读出古文的韵味就是这么简单,把字音拉长,读得从容一点就好了。读好了这几句话,我相信全文也能读好了。谁来读?

(生读)

师:读得舒缓、从容,味道十足。同学们一起来读吧。

(生齐读,颇有气势)

三、琴心合一得知音

师:读了这么多遍课文,我想同学们一定读明白了,这是一个关于什么的故事?

生:一个关于知音的故事。

师:对。(板书:知音)文中的知音,一个是俞伯牙,一个是钟子期。

(出示)

伯牙善鼓琴,钟子期善听。

(生齐读)

师:这句话是什么意思呢?

生:伯牙擅长弹琴,钟子期擅长听。

师:"擅长"的"擅"还是这个"善"吗?

生:不是。是另一个。

(生用手比划着写,师示意上台写"擅长")

师:从文中哪些句子可以看出他们一个善鼓,一个善听呢?

(生默读,批画)

生:我是从"伯牙鼓琴,志在高山,钟子期曰:'善哉,峨峨兮若泰山!'志在流水,钟子期曰:'善哉,洋洋兮若江河'"这句中知道的,伯牙弹什么,钟子期都能听出来,所以他们俩一个善鼓,一个善听。

师:伯牙在鼓什么?钟子期又听出了什么呢?我们一句句地来读,

先读读这一句——

（出示）

伯牙鼓琴，志在高山，钟子期曰："善哉，峨峨兮若泰山！"

生：伯牙弹琴的时候，心中想到了高山，钟子期就说：太好了！像泰山一样高。

师：你所说的"想"就是这一句话中的——

生：（齐）志。

师：是啊，"志"在这里是"想"的意思，与我们现在的习惯用法是有差异的。伯牙鼓琴，心中想到高山的时候，他的琴声一定是怎样的？

生：高昂的。

生：气势磅礴的。

生：雄浑有力的。

师：这雄浑有力的琴声一定震撼了子期。子期啊，你的脑海中一定出现了这样的画面吧——

生：我仿佛看到了一座高山。

师：不知道这山的气势如何？

生：我仿佛看到了一座气势雄伟的高山。

生：我仿佛看到了一座高山直插云霄。

生：我仿佛看到了泰山巍然屹立在眼前。

师：我发现同学们无论是想到高山还是泰山，都用到了形容山很高的词语，如"气势雄伟""直插云霄"等。为什么你们如此不约而同呢？

生：泰山就是很雄伟的，所以用了这些词。

生：因为钟子期说"峨峨兮若泰山"，文章下面注释说"峨"是"高"的意思。

师：所以，就用了形容山很高的词语，是吗？

（生点头表示同意）

师：钟子期也正是听懂了伯牙的琴声，所以才不由自主称赞道——

生：（齐）"善哉，峨峨兮若泰山！"

（生声音小，而且读得比较平）

师：好平静的子期啊！把这句话换成现代语言，该怎样称赞呢？

生：太好了,我仿佛看到了巍峨的泰山!

师：哪一个词可以理解为"太好了"?

生：(齐)善哉!

师：这里的"善"和前面的"善"意思一样吗?

生：不一样。前面的善是"擅长"的意思,这里是"好"的意思。

师：这可是自己理解出来的,写在课文纸上吧。

(生做笔记)

师：这里的"善哉"还可以理解成什么?

生：太棒了!

生：太妙了!

生：太了不起了!

师：这些词称赞的语气都很强烈。谁再来读?

生：(读)"善哉,峨峨兮若泰山!"

师：让我听出泰山的巍峨和你由衷的称赞。

生：(读)"善哉,峨峨兮若泰山!"

(生齐读,气势如虹。)

师：伯牙弹琴,高明在何处呢?

生：他能把心中想到的高山用琴声表达出来。

师：是啊,这就叫琴心合一。其实,高明的何止是伯牙一个人啊!

生：子期也是高明的,因为他能够从伯牙的琴声里听出他弹的是什么,能够知道他心中想的是什么。

师：好一个善听的子期!听,伯牙的琴声又转换调子了——

(出示)

志在流水,钟子期曰："善哉,洋洋兮若江河!"

(生齐读)

师：这一次伯牙的琴声又妙在哪里呢?

生：妙在把江河的广阔无边弹出来了。

师：这里的"江河"指什么?

生：指大江、大河。

师：在古诗文中,只要没有点明,"江"指的就是长江,"河"指的就是黄河。说到长江黄河,你又想到了哪些词或诗句呢?

生:我想到了"气势磅礴""波涛滚滚"。

生:我想到了"九曲黄河万里沙,浪淘风簸自天涯"。

生:我想到的词是"汹涌澎湃"。

生:一望无际。

生:波涛汹涌。

生:我想到了"黄河之水天上来,奔流到海不复回"。

生:我想到了"孤帆远影碧空尽,唯见长江天际流"。

师:就是这样的大气磅礴,伯牙也弹出来了,所以钟子期不禁再一次赞道——

生:(齐读)善哉,洋洋兮若江河!

师:要表现长江黄河的气势磅礴,就把每一个字音拉长一点,再试试。

(生齐读,很有气势)

师:也就是说无论伯牙弹什么,子期都能够听懂。这叫——

生:知琴音。

(师板书:知琴音)

师:弹琴者琴心合一,听琴者心、琴、景相互交融,所以我们说——

生:(齐)伯牙善鼓琴。

师:所以我们说——

生:(齐)钟子期善听。

师:人生得一知己足矣,两人的喜悦之情就从这简单的文字中流露出来了。一起再读这两句话——

(出示)

伯牙鼓琴,志在高山,钟子期曰:"善哉,峨峨兮若泰山!"志在流水,钟子期曰:"善哉,洋洋兮若江河!"

师:能与这样的人为友,怎不让人激动!

(师生配合朗诵)

师:所以说,"伯牙所念,钟子期必得之"。这里的"念"什么意思?

生:想。

师：刚才学习的时候还有一个字也是"想"的意思，还记得是哪个字吗？

生：是"志在高山"的"志"。

师：用不同的字表示相同的意思，在古文中是常见的。"钟子期必得之"中的"之"是什么意思？

生：伯牙心中所想到的。

生：伯牙弹琴时想到的景物。

生：伯牙弹琴时的心情。

生：伯牙的志向。

师：也就是说——

（出示）

伯牙鼓琴，志在明月，钟子期曰：＿＿＿＿＿＿＿＿。

（生沉默、思索，师不说话、耐心等待）

生：伯牙鼓琴，志在明月，钟子期曰："太好了，我看到了明月。"

师："太好了"可以换成文中的——

生：（齐）善哉！

生：伯牙鼓琴，志在明月，钟子期曰："善哉，明亮兮若明月。"

（生受启发，举手者多起来）

生：伯牙鼓琴，志在明月，钟子期曰："善哉，圆圆兮若明月。"

师：真好！和文中的句式完全一样，颇有古文的风韵。

生：伯牙鼓琴，志在明月，钟子期曰："善哉，皎皎兮若明月。"

师：你怎么想到用"皎皎"这个词的？

生：我想到了"皎皎明月"这个词，就用了。

师：真好！我很欣赏你的用法！

（出示）

伯牙鼓琴，志在清风，钟子期曰：＿＿＿＿＿＿＿＿。

生：伯牙鼓琴，志在清风，钟子期曰："善哉，轻轻兮若清风！"

生：伯牙鼓琴，志在清风，钟子期曰："善哉，凉爽兮若清风！"

生：伯牙鼓琴，志在清风，钟子期曰："善哉，柔柔兮若清风！"

(出示)

伯牙鼓琴,志在杨柳,钟子期曰:_____。

生:伯牙鼓琴,志在杨柳,钟子期曰:"善哉,依依兮若杨柳。"

师:钟子期从伯牙舒缓的琴声中,听出他心情的平静。

(出示)

钟子期能从伯牙_____的琴声中,听出他的_____。

生:钟子期能从伯牙舒缓的琴声中,听出他的平静。

生:钟子期能从伯牙高亢的琴声中,听出他的激动。

生:钟子期能从伯牙低沉的琴声中,听出他的悲伤。

生:钟子期能从伯牙急促的琴声中,听出他的急躁。

生:钟子期能从伯牙轻快的琴声中,听出他的愉悦。

师:所以,我们说——

生:(齐)"伯牙所念,钟子期必得之。"

师:这就叫知音,知琴音,知心弦,知志意。

师:我们是不是知音呢?测验一下。配合着来读这一段文字,我读伯牙,你们读子期。

(出示)

伯牙善鼓琴,钟子期善听。伯牙鼓琴,志在高山,钟子期曰:"善哉,峨峨兮若泰山!"志在流水,钟子期曰:"善哉,洋洋兮若江河!"伯牙所念,钟子期必得之。

(师生配合得很默契)

师:配合这么默契,看来,我们也是知音。

师:伯牙走遍大江南北,今天才遇到子期这一知音。如果你是伯牙,你的心情如何?你会对子期说什么?

生:人海茫茫,知音难觅。生我者,父母。知我者,子期也。

师:这么高的赞誉,我想子期听了一定也十分激动。

生:我虽是名满天下的乐师,可是我心中的孤独又有谁能知晓?今天遇见你,真是我三生有幸呀!

生:子期啊,你跟我走吧,我们一起弹琴交流,那该多快乐啊!

师:从你的语言中感受到你的激动,连你没有说出来的感叹号我都听到了。

四、高山流水不复弹

师:得遇知音,一生难求。(音乐起)两人相约明年再相见。第二年伯牙再来的时候,见到的却是子期的坟茔。伯牙甚是悲痛,哭声惊动了周围的乡里,他们听说一个当官的还来凭吊子期,甚是好奇,于是前来观看。

(出示,师诵读)

伯牙命童子把瑶琴取出囊来,放于祭石台上,盘膝坐于坟前,挥泪两行,抚琴一操。那些看者,闻琴韵铿锵,鼓掌大笑而散。伯牙问(子期父亲):"老伯,下官抚琴,吊令郎贤弟,悲不能已,众人为何而笑?"钟公道:"乡野之人,不知音律,闻琴声以为取乐之具,故此长笑。"

……

师:伯牙啊,你在好友坟前挥泪痛悼知音,百姓却以为你抚琴取乐,你心情如何?

生:我十分难过。

生:我十分悲痛。

生:我十分悲愤!

师:你为什么而悲?

生:为子期死去而悲。

生:为这么多人竟然不知道我的琴声而悲。

师:又为什么而愤?

生:我恨老天爷夺走了我的知音。

师:伯牙转头问子期父亲:"老伯,你可懂我在弹什么?"钟公说:"模糊不懂久矣。"伯牙道:"随心应手一曲短歌,以吊令郎者,口诵于老伯听之。"伯牙诵完,就取出刀子割断琴弦,举起自己心爱的瑶琴摔碎于子期的祭石台上。钟公大惊,忙问:这是为何? 伯牙道——

(音乐起,出示)

摔碎瑶琴凤尾寒,
子期不在对谁弹。
春风满面皆朋友,
欲觅知音难上难。

（生齐读）

师：知音难觅，知音已逝，一起读——

（出示）

子期死，伯牙乃破琴绝弦，终身不复鼓。

（生读，声调偏高，语速偏快）

师：声音低沉一点，一字一顿地读。

（生齐读）

师：《伯牙绝弦》的故事千百年来被人们广为传颂，在深深的感动中，这个故事逐渐被浓缩成一个词——知音。这个词今天已经成为我们中华民族的一个文化符号，让我们记下最初的这一对知音吧。

（生齐背课文，下课）

◆ **案例反思** ◆

《伯牙绝弦》是一篇经典小文，文章用精练的语言描述了伯牙和子期这一对知音从相识，到相知，到阴阳相隔后，一代琴师伯牙摔碎瑶琴以谢知音的故事，读着这个荡气回肠、耐人寻味的故事，我们不能不想，为什么它能够千百年流传而不衰？我想，也许是"伯牙绝弦"所预示的是一种真知己的境界，恰如古人所推崇和追求的"士为知己者死"的人生情操的缘故吧。既然如此，教学中让学生从字里行间捕捉到，从诵读之中体会到伯牙和子期相知相惜的情感就成了学习的重要任务。

为了达到这一教学目标，我把"知音"一词结合故事分解为"知琴音""知心音"两个层面。在学习体会中，引领学生不停地在文字和角色中进行转换，在转换中深入到文字的深处和人物的内心，体察他们用相知相惜谱写的经典知音情。

其中对"知琴音"的体会，主要是抓住核心语言"伯牙鼓琴，志在高山，钟子期曰：'善哉，峨峨兮若泰山！'志在流水，钟子期曰：'善哉，洋洋兮若江河！'"两句进行学习转换。比如在学生怎么也体会不好"善哉"一词中包含的浓浓情感时，让学生用现代语言进行表扬，于是，"太好了！""棒极了！""太美妙了！"一系列的浓情赞扬就出现了，这样，通过古今语言的转换很好地完成了文言和现代语言之间的对接，也很好地实现了学生和子期情感的对接,进而比较清晰地勾画出了子期欣喜若狂的形象。再比如,本文教学最重要的,也是难度最大的是让学生通过体会"峨峨兮若高山"和"洋洋兮若江河"这两句的描写,体会到伯牙琴声的绝妙无双。但是,这两句话并没有具体描写伯牙的琴声是如何的跌宕起伏,而仅仅是写了作者的感受,于是,伯牙琴声和子期想象中景物之间的转换与对接就显得非常有必要了。教学中,我让学生想象峨峨的高山和洋洋的江河,并通过语言描述出来,在描述的过程中,学生的眼前会不自觉地呈现出连绵高山巍峨入云和万里江河奔腾而来的景象,就这样,在想象中学生把虚无的琴声和熟悉的事物进行对接转化,完成了对琴声的认知。

而"知心音"的体会主要通过对琴声的想象和联想来体会,核心问题是"子期不仅仅能从伯牙的琴声中感受到景物的变化,更能从伯牙的琴声中体会到他感情的变化"。这一个问题其实是引导学生化身为子期换,设身处地感受子期对伯牙的了解和理解,在这样的感受中,"知音"的形象就进一步丰满在学生心中了。

专家点评

"知音"折射出的醉心力量
—— 武凤霞老师执教的《伯牙绝弦》课评

《伯牙绝弦》选自《列子·汤问》,是一个流传千古的寓言小故事。随着时代的发展,文本中蕴含的"知音"文化为故事本身平添了一些传奇的色彩,也使得不少老师愿意并深入探究将其转换成课堂的教学价值。

翻阅《辞海》,对"知音"一词的解释为:相传春秋时伯牙善鼓琴,钟子期善听琴,能从伯牙的琴声听出他的心意。后因此称知己为"知音"。聆听全国知名特级教师武凤霞老师执教的《伯牙绝弦》一课,不禁叹曰:"善哉,其神采奕奕兮似风神!妙哉,其语文丰润兮若醴泉!"

武老师作为一名极优秀的小学语文教师,从中国传统文化的长期浸润中"走来",满腔热爱,满怀激情,以其对文本睿智的解读、广博的延伸,以其一颗朴素至纯的童心、温润的引领,诠释了小古文可以这样教,展示了属于她自己的独到风格、气质、精神与魅力,让我们真切地感受到了"优雅的老师"与"可爱的语文"之间的密切关系,以及当中折射出的醉心的力量……

一、课堂审美的重构:该浓则浓,该淡则淡,能简不繁,当艳不让

钱梦龙老师教文言文,历来反对串讲,反对一字一句嚼烂了"喂"学生。他认为,文言文首先是"文",就应该把它作为饱含思想感情的"文章"来教,词句的解释应该在理解文章意蕴的前提下进行。综观武老师的文言文教学,显然也对"字字落实,句句对译"的传统教法怀"叛逆"之心。她有自己的主见,整个教学经历了"破题解题—读文悟味—品词析句—文化寻根"的过程,四个板块衔接流畅,线条简约,策略匠心独运,"文"和"道"交融得自然熨帖,体现了"教读文言文"的理念。究其深层次原因,是武老师多年来对哲学、美学领域的广读博研,促使其对语文课堂有了更高层次的审美追求,所以呈现出的教学环节是该浓则浓,该淡则淡,能简不繁,当艳不让。

引导学生理解"伯牙鼓琴,志在高山,钟子期曰:'善哉,峨峨兮若泰山!'志在流水,钟子期曰:'善哉,洋洋兮若江河!'伯牙所念,钟子期必得之"中所蕴含的"知音"之含义,是武老师教学的"轴心"之所在,也是整个教学设计的"主心骨"。她依次采取了五步法:找一找(文中哪几句话具体写的是伯牙善鼓琴,钟子期善听?)——想一想(安排两次角色体验,进行联想:如果你是伯牙,弹琴时想到的是高山,你的琴声会怎样?如果你是子期,听到这样的琴声,眼前会出现怎样的一幅画面?)——读一读(引读、发自内心地有感情朗读)——延一延(伯牙鼓琴,志在明月,钟子期曰……;伯牙鼓琴,志在清风,钟子期曰……;伯牙鼓琴,志在杨柳,钟子期曰……)——练一练(钟子期能从伯牙_____的琴声中,听出他的_____)。

在这五步法中,武老师尽量避免孤立地为解释词语而解释词语,把"志""善""念"字的解释和语境的把握及语感的体会结合起来,这在她的《杨氏之子》教学中也多次采用。她曾经在后者教后说课中谈到:写文章有"以词害意"的情况,读文章过于死抠字眼,也会妨碍对文章主旨的领会。因此，无累宏旨的细节，尽可粗放，不必纠缠不休。这也是她文言文教学一以贯之的追求。而本课想象的训练、语言的训练、词语积累的训练、朗读的训练她无一不在引导的策略、时间的花费上下足了功夫，从而使学生对"知音"可贵、知音难觅体会到位，朗读声情并茂，较课始朗读水平有了质的飞跃。

关注武老师对文本"浓淡"的适切处理，实则从中观照到的是我们每一位语文老师自己。文本解读看似一种技能，实则却是关乎我们自身成长的一项专业人格的修炼。武老师之所以能够读出"人之未见，人之未发"，是因为她在解读文本的过程中，能够重新发现文本、解构文本，同时又升华文本，能够将自己作为一个读者的独立思考、自由精神、平等意识等主体智慧融入其中，所以她既能收获言语解读的意义和意蕴，也能收获细读言语的经验和感受。这是值得我们反思和警醒的。

二、学习方式的温润：以生为本，直抵内心，以读为本，重品重悟

也许，一堂课或成或败并不重要，重要的是，它在多大程度上体现了执教者的教育理念。一堂理想的语文课，应该看得出执教者在教育理念上的执着追求。

武老师的语文课，我们看不到当下在不少语文老师甚或某些名师身上存在的"低幼化主导""文化主导""机械训练主导"的功利痕迹，她和学生彼此依存，武老师以其特有的方式成就学、激励学，学生也以特有的方式提升教。

且不说整堂课充溢的朗朗的读书声，单说引导学生理解教学难点，也即文末"子期死，伯牙谓世再无知音，乃破琴绝弦，终身不复鼓"这句话，武老师就以儿童的方式，先想学生之所想，将自己定位成一个学习者，一个与学生处于相同情境的学习者，拓展阅读了大量与"伯牙子期"有关的文史类文章，因她同时又是一个在心智、经验、领域、深度等方面优于学生的学习者，所以她将遴选后确定的有价值的文本资源引入课堂——冯梦龙的《警世通言》中的一个故事：

伯牙命童子把瑶琴取出囊来，放于祭石台上，盘膝坐于坟前，挥泪两行，抚琴一操。那些看者，闻琴韵铿锵，鼓掌大笑而散。伯牙问："老伯，下官抚琴，吊令郎贤弟，悲不能已，众人为何而笑？"钟公道："乡野之

人,不知音律,闻琴声以为取乐之具,故此长笑。"

于是,我们看到的是武老师俯下身来,以学习者的身份,展示自己的思考与问题解决。于是,学生在逐层品读中将"伯牙所念,钟子期必得之"与"伯牙抚琴,吊令郎贤弟,悲不能已"众人却鼓掌大笑、钟父模糊不懂相对比,想象如果自己是伯牙,听到笑声内心会作何感想?心情又当如何?进而体会到伯牙失去子期后内心的悲痛、悲愤,从而水到渠成地理解了"伯牙破琴绝弦,终身不复鼓"之举。在此基础上,武老师用极富感染力的语言阐释"知音"作为中华民族一个特有的符号所承载的意义与价值,学生听得出神,读得动情,背得投入,那场景令听课的老师们都为之动容。

国家督学成尚荣说过:"好老师要有自己的风格,要像一个学者。"武老师就是这样一位老师,她能够以学者的眼光来审视资料,然后巧妙地为自己所用,并让学生从中体悟、发现学习的乐趣、方法、境界。于是,我们幸福地看到,他们师生是一种相遇与陪伴,是一种直抵人心且有温度的关系存在。因为在40分钟这虽短犹长的一段生命时光里,他们通过相互的敞亮,彼此的生命变得丰富和强大,天地变得高远、辽阔。所谓"师强弟子高。课堂小天地,天地大课堂"。这既是教师学养的体现,也是语文学科独特魅力的彰显。

总之,武老师的课因其立意高远,所以教得大气。站上讲台,武老师就是语文!可以想见,在她那温暖而强大的内心,无穷的远方,无数孩子的未来都和她有关……

(点评专家:张淑英,山东省胶州市第二实验小学,特级教师)

细节 19

课程资源的拓展与运用

杨海波

> ▶ 细节阐述 ◀

关于"课程资源",在课标中有具体的阐述:"语文课程资源包括课堂教学资源和课外学习资源,例如:教科书、相关配套阅读材料、其他图书、报刊、工具书、教学挂图、电影、电视、广播、网络、报告会、演讲会、辩论会、研讨会、戏剧表演,生产劳动与社会实践场所,图书馆、博物馆、纪念馆、展览馆、布告栏、报廊、各种标牌广告,等等。""自然风光、文化遗产、风俗民情、方言土语、国内外的重要事件、日常生活的话题等也都可以成为语文课程的资源。"

课程资源在生活当中处处可见。作为语文教师,更应当认识到语文的外延就是生活,要正确把握语文教育的特点,要有强烈的课程资源意识,"充分利用已有的资源,积极开发潜在的资源,特别是人的资源因素和在课程实施过程中生成的资源因素",成为语文课程资源的开发者和利用者。"语文课程是实践性课程,应着重培养学生的语文实践能力,而培养这种能力的主要途径也应是语文实践。"在运用课程资源的过程中,给予学生听、说、读、写的语言实践机会,让他们在大量的语文实践中增强学语文、用语文的意识,日积月累,体会、把握、运用语文的规律,全面提高语文素养。

▶·典型案例1·◀

文本资源的拓展链接

笔者教学《三打白骨精》一课时,进行了三次教学资源的拓展与运用。

一、结合课文具体语言材料交流

指导学生联系课文中的人物动作、语言描写说说、议议、读读。补充原文中白骨精三变后的出场描写,体会它的诡计多端。用唐僧及猪八戒的表现与孙悟空作对比,体会反衬的手法,深入了解人物特点。补充对金箍棒的介绍,激发学生阅读兴趣,带给学生经典的润泽与熏陶感染,使课堂更为厚重。补充资料主要有:

A. 摇身一变,变做个月貌花容的女儿,说不尽那眉清目秀,齿白唇红……柳眉积翠黛,杏眼闪银星……体似燕藏柳,声如莺啭林。

(这一段文字资料《补充习题》P30上也有,并不是照搬原著中的句子,而是精心挑选,注重学生的年龄特点,并降低难度,起到辅助教学的作用。)

B. 假变一婆婆,两鬓如冰雪。
走路慢腾腾,行步虚怯怯。
弱体瘦伶仃,脸如枯菜叶。
颧骨望上翘,嘴唇往下别。
老年不比少年时,满脸都是荷叶折。

C. 白发如彭祖,苍髯赛寿星。
耳中鸣玉磬,眼里幌金星。
手拄龙头拐,身穿鹤氅轻。
数珠掐在手,口诵南无经。

D. 金箍棒。全称如意金箍棒,是《西游记》中孙悟空使用的武器。又称为神针、定海神针铁。传说是大禹治水时所用的定海神针。13 500斤重,二丈长短,碗口粗细。《西游记》第三回中老龙王介绍金箍棒时曾说:"那块铁挽着些就死,磕着些就亡,挨挨儿皮破,擦擦儿筋伤!"

二、精讲点拨，了解表达方式

（1）为什么三打？反复叙事、反衬的作用。还读过哪些带"三"字的故事？

预设：《三顾茅庐》《三借芭蕉扇》《三打祝家庄》《刘姥姥三进大观园》……

作用：情节曲折、引人入胜。此环节依据学情，对学生易忽视处，不太明白处进行精讲点拨，对小说的叙事表达方式有所了解，并结合其他名著中的相关故事加深印象。

（2）文中还有哪些人物？

预设：唐僧——善良糊涂，人妖不分；猪八戒——贪吃嘴馋。点拨反衬的表达方法，更突出主要人物孙悟空的忠心耿耿、坚定不移、机智勇敢。

（3）给我们印象最深的、应当赞美的人物是谁？

出示毛泽东写的《三打白骨精》：

一从大地起风雷，便有精生白骨堆。僧是愚氓犹可训，妖为鬼蜮必成灾。金猴奋起千钧棒，玉宇澄清万里埃。今日欢呼孙大圣，只缘妖雾又重来。

——毛泽东《七律·和郭沫若同志》

齐读赞美孙悟空的句子："金猴奋起千钧棒，玉宇澄清万里埃。今日欢呼孙大圣，只缘妖雾又重来。"

补充毛主席的诗，使整节课的教学紧紧围绕孙悟空这个主要人物，给学生留下深刻印象。

三、适度拓展，感受经典魅力

出示儿歌：

唐僧骑马咚那个咚，后面跟着个孙悟空，孙悟空，跑得快，后面跟着个猪八戒，猪八戒，鼻子长，后面跟着个沙和尚。沙和尚，挑着箩，后面跟着个老妖婆。老妖婆，真叫坏，骗过唐僧和八戒。唐僧八戒真糊涂，是人是妖分不出，分不出，上了当，多亏悟空眼睛亮。眼睛亮，冒金光，高高举起金箍棒。金箍棒，有力量，妖魔鬼怪消灭光，消灭光。

用朗朗上口的儿歌再度感悟课文的主要情节，对人物形象有更深理解，潜移默化地进行语言积累。

◆ **案例反思** ◆

苏教版小学语文六年级下册第8课是《三打白骨精》，这篇课文选自经典名著《西游记》第二十七回"尸魔三戏唐三藏，圣僧恨逐美猴王"，选作教材时做了改编。教师在进行教学设计时，要思考怎样用好选自经典名著的教学文本，预想学生怎样走进文本去体会、品味、感悟，又怎样走出文本积累、内化、迁移、运用，在文本中走个来回，在与文本的对话中进行语言实践，培养思维能力及表达能力，在探究中得到审美的愉悦，从而激发阅读经典名著的浓厚兴趣。

学生课前大多读过原著或少年版本，对故事的内容应是十分熟悉了，教学第一课时，请学生谈《西游记》故事，评其中人物，学生能联系故事情节谈人物特点。以当前学生的认知能力，在第一课时充分阅读的基础上，学生完全可以凭借具体的语言材料体会动作、语言等描写，感悟到孙悟空的机智勇敢与白骨精的诡计多端。但学生对小说环境、情节、人物三要素及本课反复叙事的写作手法的认识可能是模糊的，对人物特点的体会可能会概念化，教师应适时点拨，启发学生在语言实践中积累、内化、运用语言，并引导学生在与课文的对话中，凭借具体的语言材料认识人物，走近人物，走进自己的心灵世界，感受经典名著的魅力。

因此笔者对改编后的教学文本的解读，试图从文本的本身特点、教学文本的价值、语文学科本位、学情的角度，最大限度地了解编者意图。在此基础上，选择利用相关文本资料，引入课堂作为课程资源，丰富教学内容：通过阅读原文，与改编的教学文本做比较。原文篇幅长，生僻字多，学生读起来有点吃力，改编后的文本语言更为通俗易懂，更为简练，矛盾冲突更为集中，人物形象更加鲜明突出。原著注重环境的渲染，人物关系较为复杂，特别是猪八戒的挑拨离间、搬弄是非写得十分精彩，人物对话个性鲜明，富有浓郁的生活气息，风趣诙谐，充满了艺术魅力，但课文因篇幅压缩，做了删节，语言与原文相比少了原汁原味。教学时，教师可引导学生回忆原文，补充原文片段，引导学生做比较，并将阅读延伸至课外，激发学生阅读原著的欲望。重点聚焦于以下几点。

其一，情节。以"三变""三打"为主线，可使教学流程清晰而不繁琐零碎，找出体现人物特点的语句重点品味，在语言实践中感悟形象。还要注意点拨反复叙事的写作方法，了解这种表达方式的作用，帮助学生认识这种写法的好处。

其二，人物。《西游记》中的人物有着浓厚的神奇色彩，同时又有强烈的现实感，在猪八戒这个人物身上表现得很突出，书中许多故事表现了他神、人、猪三者有机结合的特点，学生对他也是有许多话想说，但是在本课教学中他不是重要人物，教学时拟以孙悟空为主要人物进行重点解读，挖掘这个人物身上的人文内涵，并对学生进行情感、态度、价值观的正确引导。

其三，反衬的写作手法。本文人物、情节的描写都注意了对主人公孙悟空的衬托作用，唐僧是非不明，人妖不辨，忠愚不分，肉眼凡胎，一再冤枉孙悟空，让人气愤；白骨精贪婪狡诈、诡计多端，让人愤怒；白骨精"三变"，唐僧"三责"，更能反衬出孙悟空"三打"、火眼金睛、明察秋毫、神通广大、机智勇敢、忠心耿耿、坚定不移。

其四，根据高年段学生特点，依据学情，引导学生感受原著的语言魅力，走进更为广阔的精神境界。

本文内涵深刻，教学中可利用的资源很多，但课堂教学时间有限，不可能在有限的教学时间里一一挖掘，不能因"面面俱到"而导致"面面不到"，因此教师应有所为有所不为。与其因面面俱到而蜻蜓点水、浅尝辄止，不如挖一口深泉，引导学生与文本对话，碰撞出智慧的火花，实现思维的共振、心灵的共鸣。

总之，课文故事性强，情节曲折生动，又是学生所熟悉的题材，适合学生阅读理解和进行简要的复述训练。作为教师，在解读这篇课文时要注意两点，一是它的文学价值，二是它的教学价值。在解读过程中始终不能忽视的是要关注学生，了解学生的最近发展区。只有心中始终具有生本意识，把握文本特点，坚守语文本位，增强文化浸润意识，才能完成教学任务，如编者所期望的那样，通过学习本课，让学生初步了解《西游记》，然后在"我读书，我快乐"的栏目中简介全书内容，激发学生阅读动机，增加读书兴趣，把课标中提出的"少做题，多读书，好读书，读好书，读整本的书"的要求落到实处。

◥•典型案例 2•◣

网络资源的适度延伸

笔者执教小学三年级语文时,为了激发学生的阅读兴趣,提高习作自信心,将绘本阅读与写作结合起来,取得了良好的效果。网络绘本资源十分丰富,不仅可以推荐给学生阅读,还可以请家长与孩子亲子共读。我也会将诸如绘本在线论坛或网友博客里的经典绘本下载下来,制作成精美的 PPT,与学生共读,读了以后了解其表达方法,再迁移到习作中来。

美国著名绘本作家大卫·夏农代表作《鸭子骑车记》就是学生都非常喜爱的绘本。它描绘了一只鸭子尝试学骑自行车,还和农场里的马、牛、羊、鸡、狗、老鼠等一起骑车,在一个平平常常的下午,动物们干了一件很不平凡的事情。作者通过这个让人兴奋又愉快的故事,表现了孩子勇于探险的心理特征,让小读者产生极大的满足感。书中各种动物的语言和表情都十分传神,大胆的笔触和鲜艳的色彩,既吸引孩子的目光,更深入孩子的心灵,让他们萌发大胆尝试的勇气。本书入选美国纽约公共图书馆"每个人都应该知道的 100 种绘本",获美国图书馆协会优秀童书奖。阿甲、梅子涵、王林等著名儿童阅读专家、著名儿童文学家、儿童阅读推广人倾力推荐。著名儿童文学家彭懿倾情翻译。

本课的执教对象为小学三年级学生。这个经典绘本故事情节简单却又跌宕起伏,画面生动细腻、色彩丰富,动物形象鲜明,极具个性,能让学生在阅读中感受快乐并产生新奇的想象。针对三年级学生的心理特点,结合写作起步阶段的需要,我选择这个绘本故事,带领学生走进美妙的绘本世界,激发阅读兴趣,学会观察画面,明白只要我们对自己充满自信,勇于尝试,就一定能享受到成功的喜悦。让学生试着模仿绘本,放飞想象,编写童话故事,提高写作自信心。

教学设计了三个目标:(1)阅读绘本《鸭子骑车记》,了解故事内容,激发学生课外阅读的兴趣。(2)在赏读绘本的过程中,仔细观察,大胆想象,并将观察到的、想象到的说出来。认识一只勇敢、自信的鸭子,了解对话的不同形式。(3)读写迁移,模仿习作。

◆ **案例反思** ◆

2011年10月31日,连云港市"333"青蓝课程培训小学语文特级教师教学艺术展示活动如期举行,我执教了这节观摩课,上课地点是江苏省海州高级中学报告厅,听课的有市骨干教师620余人。之所以选择这个课型,是因为当时我正主持省重点课题"'经典阅读'校本课程的课型研究",绘本阅读指导课是我们课题组研究的课型之一,同时也希望在这样的课堂中体现自己的教学主张:注重课内阅读与课外阅读、阅读与写作的结合,构建言语审美课堂,继而引领师生走向言语审美人生。

这节课的成功之处,我认为有以下两点。

1. 在对话与感悟中,轻松走进绘本世界

指导学生从绘本的封面到封底、从扉页到正文、从图画到文字等整体认识图画书,对图文并茂的绘本产生新奇有趣的直观印象,带领他们轻松走进绘本世界。

教给学生阅读绘本的具体方法,不仅欣赏图画书的外在美,培养健康的审美情趣,而且适时选择精彩句段开展多种形式的赏读:图文对照读、想象读、表演读等,引领学生开心愉快地阅读绘本故事。抓住绘本特点,充分利用多媒体展现图画,设计几个语言训练点,与书中人物对话,想象其心理活动,如:"这真是一个(　　)的下午""这是一只(　　)的鸭子"。知道了人是需要有些冒险精神的,要勇于尝试,充满自信,促进师生与文本的视野融合,感悟绘本内涵,给学生以强烈的情感熏陶及畅快的阅读享受。

2. 在欣赏与体验中,构建言语审美课堂

指导学生走进绘本,给予他们语言实践的机会,注重挖掘文本的语言训练点,引导学生联系生活体验,对各种动物的心理活动和语言进行猜想,不但激发了学生的想象,也锻炼了学生的说话能力,实现读、说、写相结合。课堂教学立足激发学生的阅读兴趣,提高观察力、理解力、口语表达能力和审美能力。孩子们阅读了一个故事,能够自信地拿起笔,开心地创作自己的绘本故事。开发言语潜能,发展言语个性,学生一边读文,一边赏图,让思维、想象、表达伴随着图文尽情驰骋。走进绘本,快乐阅读,让我们的语文教育立足儿童视角,联系生活,感悟生命,关注语言实践,走上回归之路。

这节课课堂气氛活跃,学生们兴致盎然,发言极其踊跃,度过了轻松快乐的课堂时光,感觉收获颇多,同时也使许多一线教师感受到了绘本阅读的魅力,对课外阅读特别是绘本阅读指导起到了积极的影响作用。更让人欣喜的是,不少学生完成了十分有意思的想象习作,有的还配上了稚拙的图画,"出版"了自己的第一本图画书,收获了言语创造的喜悦,这正是我最感欣慰之处。

◆典型案例 3◆

灵感资源的智慧捕捉

灵感,词典中解释为灵感思维,指文艺、科技活动中瞬间产生的富有创造性的突发思维状态。它具有突发性、独特性与新颖性等特点,常常是文艺工作者或科学家在瞬间产生的富有创造性的思维状态。在教学实践中,我主要通过微诗歌、微日记、微评论等微写作方式指导学生在"思想"与"回眸"之际捕捉灵感资源,撷取灵感之美。

一、微诗歌:书写灵感浪漫之美

一句诗、汉字诗、字母诗、数字诗、数学诗、图形诗等微诗歌写作唤醒学生心中沉睡的诗意,捕捉灵感。

1. 约会经典,邂逅缪斯

语文课上学习冰心的散文《只拣儿童多处行》,拓展延伸环节,我推荐学生阅读冰心的小诗集《繁星》《春水》,还介绍了印度大诗人泰戈尔的《飞鸟集》《新月集》、现代美学家宗白华的诗集《流云》、当代诗人王守勋的《大自然之歌》等,让学生课外搜集欣赏。这些诗句短小精辟,叩人心扉。有些孩子买来了诗集,爱不释手,在书上圈点勾画,将喜爱的诗句熟读成诵,我趁热打铁,开展读书交流活动,学生们兴致盎然,有的朗读,有的背诵,有的畅谈感受。

在这个约会经典的过程中,孩子们不知不觉和缪斯有了美好的邂逅。不少孩子爱上了诗歌,在晨读课堂上,我们一起吟咏金子美铃、狄金森、金波、路野等中外诗人的儿童诗。

有些孩子模仿写小诗,也在书上空白边边角角留下自己的思考。如有的孩子写小尺:"本身是直的,才能量出别人的长短。"写牵牛花:"坚持向上的攀爬者。"写瀑布:"一泻千里奔涌生命的无限激情。仿金子美铃的小诗:远看大海//海很小,我很大;/我是旅游的人,/海是一风景。//在大海里/海很大,我很小;/海是蔚蓝的天空,/我是一朵云。"

2. 诗路花语,缤纷想象

孩子们的诗心在闪耀,我又带着他们欣赏并学习、创作字母诗、数字诗、数学诗、图形诗等。有些孩子常在自己灵感忽至时,连忙记录下来,有的甚至将关键词记在手心里,于是他们的笔下,英文字母 A:"一座顶天立地的铁塔,犹如一个对社会有贡献的人,受到大家的尊重。""一个顶天立地的人,永远站得很稳。""一座金字塔,不朽的传奇,怪不得成了英文字母的老大。""气势恢宏的埃菲尔铁塔,矗立在书本之上。"而 B 则变成:"1 和 3 是多年未见的兄弟,见面就拥抱在一起。"看到 D,他们想到:"这个挺着啤酒肚的男士是谁呀?""怀孕的妇女,幸福的妈妈。"E 则让他们想象:"什么事这么开心?山都喝醉了,倒在一边。"S:"正在跳舞的蛇。"W 是"连绵起伏的山峦在水中的清秀倒影"。还是"动荡的波纹,跌宕起伏的人生"。数字对话:"3 对 4 说,你这红旗升得太高了,我这大耳朵都听到了高空中风的呼呼声。"数学诗:"(燕子归来＋桃、李、杏花盛开－严寒)×花朵×小草＝春姑娘的脚步"。

如果说,以上的诗句表现了孩子的独特想象,那么汉字对话:"日对田说:'你家真好,有四房,我家才两房,这房价……'品对田说:'我家虽然算是大三房,可是三个房间不在一起啊。'"则反映了他们对现实生活的思考。

二、微日记:捕获灵感瞬间之美

速写式、漫画式、关键词速记式等微日记写作,可以及时记录所见所闻、所思所想,帮助学生克服写日记的畏难心理,在简短的篇幅中捕捉倏忽而至的瞬间灵感,为正式写作积累素材。

1. 随时·随记:捕捉文眼,灵光一闪

学生认识到灵感往往转瞬即逝,如不及时捕捉,就会跑得无影无踪,有时一个很好的写作创意因时过境迁,就找不到感觉了。因此,必须随身携带纸和笔,一旦有灵感就随时记录下来,可以记关键词,也可记一句话,一个梦或一个感想。

2. 回眸·回想:定格细节,选取素材

有时,许多事情过去了,如果没有回忆,没有回放,许多瞬间之美便永不再现。因此,有时我们要指导学生回想发生过的事情,有哪些印象深刻的,要及时记下来。在回忆中,一个个曾经遗忘的人物重又浮现脑海,一个个曾经淡忘的细节重又现于眼前,一个个曾经失去的感动重又回到心中。

3. 审视·省思:独特视角,感悟生活

我常和学生交流我的微日记选材。讲饺子店里,我看到伙计——一个青年男子在唱歌,我让他们思考,一个外乡人,在陌生的异地打拼,烦琐的事务,繁忙的生意,单调的生活,微薄的收入,是什么使他这么乐观,他在唱歌,他在歌唱什么?讲我认识的一个瘸腿鞋匠,一个残疾人,却有着强烈的自信,他常常把顾客逗得哈哈大笑,你可走进过他的心灵世界?讲寒风中的乞丐,衣衫褴褛,衣不蔽体,他神情漠然,一步步地向前走着,他走向何方?讲我由右耳的轻微耳鸣,联想到读过的文章、唱过的歌,讲我后来写成的一篇文章,取名叫"耳朵在唱歌",让他们猜猜这个题目的意思。

一次次的讲述,一次次引发思索,于是学生们逐渐有了一颗敏感的心灵,他们对生活有了与平时不一样的发现、不一般的感悟。他们日记中的生活片段越来越有意思。

三、微评论:寻觅灵感思想之美

对作家作品评论,对生活现象评论,或寻找相同情感的共鸣,或引发针锋相对的争鸣,在简洁的语言背后,是灵感的思想之美。

1. 微批注:感受读写方程式,实现顿悟

语文课堂指导学生做批注,不在乎字数多少,从细微处见自己的个性化思考即可。关注深度阅读,提升学生的思维力,走出读写结合误区。

有时做批注是为了找出那些能触动自己心灵的文字,并能借助批注把自己的敬佩欣赏或悲愤憎恶、喜怒哀乐用文字表达出来。

有时做批注是为了理解文章的写作方法。一种是仿写,做正迁移。如《夹竹桃》幻想部分的仿写很有必要,体会作者的童真童趣,体会作者率真而不失睿智的写作风格。一种是为了体会表达方式。如《夜晚的实验》,体会四次实验,为什么只详写第一次,这是详略结合的写法,使文章结构严谨,语言精练。《理想的风筝》中结尾的省略号的作用,这里就无须补白,因为这个省略号言有尽而意无穷,安排补白练笔纯属狗尾续貂。这一课夹叙夹议的写作手法值得学生好好体会,可以用找一找,画一画相关句子,写写自己的感受的方法去感悟。

2. 微论坛:使用陌生化表达,迸发灵感

就校园生活或社会现象先评论再写作,也就是微博式写作。《世说新语》《菜根谭》《幽梦影》堪称我国古代"微博体"的经典。这些著作中的叙事描写生动形象,议论抒情富有情趣智慧。当今各种报刊及网络跟帖中对新闻的点评也是展现言语智慧的微写作作品。可以指导学生欣赏经典评论、网络跟帖,感受陌生化表达,体会幽默风趣的语言,寻找思想的力量。

教学《九色鹿》一课,我设计了一个课堂微论坛:"(1)如果把结尾改为国王杀死了九色鹿,你觉得如何?(2)有的故事中这样写:鹿抬头细看那个汉子,不禁流下眼泪……你觉得合理吗?"这两个问题给予学生个性化思考的空间,在讨论交流的过程中,鼓励个性化解读,不仅锻炼了学生的口头表达能力、思维能力,也对这个民间故事的主题"惩恶扬善""教人向善"提高了认识。

我还常和学生们聊他们喜爱的电影、音乐、电视节目,如《哈利波特》《超级减肥王》《天才知道》《成语英雄》《中华好诗词》等。曾在班上进行过关于网络新词的评论,如学生谈及他们心目中的"女神""女汉子""男子汉",学生的评论中加入陌生化表达,也使得他们的习作语言更加丰富多彩,充满灵气。

在这样的辩论与评述过程中,学生思考问题的触角伸向四面八方,思维有了广度和深度,写作中拟题能力得到提升,习作立意得以提高。

◆ 案例反思 ◆

爱迪生有句名言,前半句流传甚广:"天才是百分之一的灵感,加百分之九十九的汗水。"后半句是这样的:"但那1%的灵感是最重要的,甚至比那99%的汗水都要重要。"这后半句充分肯定了灵感之美之难能可贵。

灵感似乎稍纵即逝,但也是可以捕捉的。近年来,我在微写作教学中注重对学生灵感的"养护",即对学生灵感的尊重、呵护,帮助学生在冥思苦想中忽然顿悟,在回眸之忆中灵光一闪,在思维碰撞中激发、捕捉、利用灵感,实现其价值的拓展延伸。

1. 思辨:由"头脑风暴"走向"智慧交响"

灵感的迸发,大多发生在潜意识与显意识相互撞击与沟通之时。一个群体从不同角度探讨问题,可以相互感染热情,产生竞争意识,提高心理活动效率,将自己从思维的死胡同中解放出来,摆脱惯性思维程序的束缚,于是,忽然"心头一亮",或"异想天开",灵感不期而至。因此,教师要注意培养自己幽默风趣的个性特点,善于营造宽松的课堂氛围,让学生在相互交流中产生智慧的交响,实现灵感的价值。

2. 写作:由"以梦为马"走向"信马由缰"

灵感并不神秘,它来源于大量积累和长期思考。柴可夫斯基说"灵感是一位客人,他不爱拜访懒惰者"。因此,如果我们期待写作灵感的出现,就要多读书多感悟。有了对生活的广泛观察,有了深刻的思考、独特的感悟,才会在不经意间获得灵感,获得艰苦劳动的奖赏。灵感如梦,"以梦为马",我们终将信马由缰,走向更加遥远的远方。于是,写作走向更加自由的开阔地。

微写作是学生背着灵感行走的旅程,"养护"灵感,帮助他们寻找"属于自己的句子",让微写作拒绝平庸;微写作需要灵感的美妙参与,需要灵感的价值延伸!

　　杨海波，江苏省小学语文特级教师，南京师范大学教育硕士，连云港市连云区教育局教研室小学语文教研员。醉心课堂教学，致力于小学"言语审美课堂"的实践研究，形成了"灵动、丰厚"的教学风格，执教省市级公开课80多节；热爱教科研工作，获省"教海探航"杰出水手奖、感动人物奖，主编、参编校本教材及写字、阅读、写作等教学用书30多本，发表论文70多篇于《人民教育》等教育期刊，教育随笔、诗歌散文100余篇于《中国教育报》等报刊，主持5项省市级课题结题，6次获省市级教学（或课题研究）成果奖。

细节 20

语用训练：湖光秋月两相和

杨永彬

细节阐述

"语用"已成为当今语文教学的一个热词,其源于《义务教育语文课程标准》(2011年版)对语文课程性质的界定——"语文课程是一门学习语言文字运用的综合性、实践性课程"。提出"语用"的概念,是针对阅读教学始终走不出"高耗低效"困境的现状。语文课程标准在"课程基本理念"中明确指出了:语文课程应"引导学生丰富语言积累",语言课程应"指导学生正确运用祖国语言文字",语文课程是"学生学习运用祖国语言文字的课程,学习资源和实践机会无处不在,无时不有。因而,应该让学生多读多写,日积月累,在大量的语文实践中体会、掌握运用语文的规律"。故此,语文教师心中应时刻要有语用训练的意识来指导我们的阅读教学。崔峦先生曾在第七次全国阅读教学研讨会上发出了"和'内容分析'式的阅读教学说再见"的呼声。他强调语文教学要体现"一个中心""两个基本点":"一个中心"即以语言训练为中心,特别是要加强语言的运用。"两个基本点"即培养语文能力(听、说、读、写、书),提高人文素养。他说:"阅读教学要摒弃繁琐的内容分析和人文内涵上深挖的做法,把教学重点坚决地铆定在理解品味语言,特别是运用语言上。"这也强调了语用的重要性。

其实,"语用"一词并不是一个新生事物,早在20世纪后半期就兴盛了"语用学",为语言学和语言教学提供了广阔的空间和前景。语用学与语形学、语义学相对。前两者之间的区别明显：语形学研究的是构词法、句法等，它们是抽象的语言形式关系；语用学研究的是语言的具体使用。到了21世纪，《基础教育课程改革纲要》(试行)和新的语文课程标准，对语文教学的主体和核心进行了重构，彻底否定了语文教学的语形学转型，虽然没有就语文教学的主体和核心到底是言语还是文学、文化、文章达成一致，但提出了一个似乎能中和言语、文学、文化、文章的新概念——语文素养。语用型教学改变了传统的"以内容分析"为主的课堂教学，有利于培养学生的语文能力（听、说、读、写、思），提高学生的人文素养。

现在，一线教师为落实"语用"的课标理念，在实际操作中，一些示范课、评优课、观摩课、研讨课的老师都会想方设法寻找与课文相结合的"语用"训练的点。但细细分析，有的课的"语用"是不顾文本内容，不问文体特点，不切时机节点，为练而练，为用而用，使语用训练偏离了正确的航道。因而，我们要加以校正，使语用训练朝着正确的轨道运行。

➤•典型案例 1•◄

语用训练——目标不明

一位老师教学《渔歌子》(苏教版六年级下册)，用了大量时间来"聚焦'不须归'，知晓钓者志"，让学生体悟说话、写话的教学片段。

1. 读了这首诗，你又看到了怎么样的一个人呢？你是怎么体会到的？让学生说一说。

2. 张志和喜欢钓鱼，可从不用鱼饵。你有疑问吗？你又认为他是一个怎样的人？"青箬笠，绿蓑衣，斜风细雨不须归"，这个"归"仅仅是回家吗？用笔写一写。

再看另一位老师执教《渔歌子》的教学片段。

师：同学们，张志和可是唐朝大诗人。其实呀，他不仅精通诗词，还擅长绘画。大书法家颜真卿是他的好朋友。颜真卿曾盛赞他是词中有画，画中有词。同学们想一想：这首词当中包含着哪些画面呢？

生：这幅画里有西塞山、白鹭、桃花、流水、鳜鱼，还有一个身披绿蓑衣、头戴青斗笠的老翁,还有斜风细雨。

师:谁能给这幅画着上颜色?

……

生:粉红色的桃花开得正旺时,春水就开始慢慢地上涨。那时候,鳜鱼正肥。一个头戴斗笠身披蓑衣的老翁正在一边喝酒一边垂钓,虽有一些微风,一些细雨,但是他完全陶醉在其中,不想回家。

师:通过同学们的描述啊,我看到了这样一幅画。有青的山,白的鸟,粉红的桃花。清凌凌的(水),还有吹面不寒的(杨柳风),以及那细如牛毛的(细雨),还有一个专心垂钓的(老翁),这真是一幅——

生:活的画/丰富多彩的画/一幅富有诗情画意的画/生动的画/令人陶醉的画/栩栩如生的画/让人心旷神怡的画/如痴如醉的画/活灵活现的画。

师:这是一幅美妙的,让人如痴如醉的画。我们一起再来读一读这一幅画。

(生齐读)

师:为何不须归呀?

生:这些美景让他沉醉,不想回家。

生:因为他头戴青斗笠,身披绿蓑衣,斜风细雨打不到他,不需要回家。

师:斜风细雨打不到他,而且这里又有——

生:很肥的鳜鱼,所以他不想回家。

生:画面太美了,而且他正陶醉在美酒和诗情画意中。

◆ **案例反思** ◆

案例中前一位老师想通过"说一说""写一写"来感悟文本内容达到语用的目的,这本身没有错。但课堂上针对这个教学环节,用大量的时间去说一说、写一写,就偏离了教学宗旨,远离了教学目标。应该通过想象、朗读、品味,还原、丰富词的画面,理解、领悟词的内容和意境,能把自己想象的景象写出来。王国维在《人间词话》里这样说:"词以境界为最上,有境界则自成高格。"要引导学生感受张志和《渔歌子》"词中有画,画中有词"的表现特点,古诗词的鉴赏教学是以诗的语言品味为基础的,要学会鉴赏诗的形象美、语言美、情感美、意境美。而不是让孩子猜一猜"张志和喜欢钓鱼,可从不用鱼饵"的原因,那样猜的结果,肯定是学生脚踩西瓜皮,想到哪里就说到哪里。

同为"不须归",案例中的后一位老师的引领却截然不同,学生不再是无病呻吟,根据课文的内容,展开想象的翅膀,使诗意丰厚,画面多彩,学生的语言能力得到了发展。其实,这源于教者把握诗词教学重点,围绕教学目标进行教学。布卢姆说过:"有效的学习始于准确地知道达到的目标是什么。"而现在语文教学在一定程度上存在"去知识""去技能""去训练"的现象,在语文课堂中表现为"目标虚化,内容泛化,教学活动非语文化,教师作用弱化"。语文课堂离语文的本质特性越来越远,种了别人的田荒了自己的地,语文课要回归语文课的本位,围绕目标进行科学有效的语用训练。

典型案例2

语用训练——生拉硬扯

以下是一位老师执教的《大江保卫战》(苏教版五年级下册)教学片段。

1.(过渡)沧海横流,方显英雄本色。让我们把目光由"英雄群像"转向"英雄个体"——黄晓文。(出示:解放军某部……黄晓文大声说……又爬上了大堤……)(指名)你来读一读黄晓文的事迹。请你边听边思考,如果让你用一个词语来形容黄晓文,你会用什么词语?(生交流)

(板书:铮铮铁汉)

默读课文,从哪些词语中体现出了这种铁汉本色,圈画下来。

2.(交流)"来不及了!"什么来不及了?是真的来不及了吗?说明了什么?

"一咬牙""猛地""一拔""随即""三下两下""捆""二话没说""转身扛起""又爬上"说明英勇无畏。

(小结)人物的语言描写能突出人物形象,动作刻画能使人物形象栩栩如生。

3. 从黄晓文身上,我们再次感受到了这场战斗的感人肺腑,像黄晓文这样的战士仅仅是一个吗?课文怎么说?——"在那几十个难忘的日日夜夜,有多少这样感人的事迹啊!"

通过课前搜集的资料,你们还记住了哪些抗洪英雄?(学生简单介绍)

4. 是啊,这样的事迹太多了,我们不禁要赞叹——

女生读"在那几十个难忘的日日夜夜,有多少这样感人的事迹啊!"

看到这些子弟兵都是铮铮铁汉,我们不得不肃然起敬,所以我们要赞叹。

就因为有无数多的感人事迹,我们的战斗才会取得最后的胜利,我们才会引以为自豪,所以我们要赞叹——(全班一起读)

5. 同样是写抢险,同样是塑造人物形象,第2、第4自然段在写法上有什么不同?

6. 对,像这样既有群体的描写又有个体的特写就是点面结合的写法,能全面具体而又生动形象地再现子弟兵的英雄气概,在我们习作中可以借鉴。下面我们回忆学校的一次运动会,采用点面结合的写法写一个片段。

再看另一位老师教学《大江保卫战》学习点面结合的写法教学片段。

师:这些就是解放军官兵铮铮铁汉的英雄形象,这就是人民子弟兵在人民遇到灾难时真实表现的写照。下面我们把目光聚焦到一个典型人物黄晓文的身上。(出示朗读要求:读课文第4自然段,画出描写黄晓文动作的词语,写一写从这些动词中体会到了什么?)

(生读)

师:你圈画了哪些动词?

生:咬、拔、扯、捆、扛、爬。

师:这些平常的动词,用在这段话中,用在黄晓文身上就显得不平常了,它体现了一个铮铮铁汉的本色。说一说读了这段话后,你能想象出黄晓文拔出铁钉后,肩扛沉重的麻包,艰难地行走在稀泥中的样子吗?

生:我仿佛看到沉重的沙包在黄晓文的身上显得越来越重。

生:我看到了黄晓文正扛着沙包一瘸一拐地行走在稀泥中。

生:黄晓文咬着牙、很勇敢的样子。

师:你从黄晓文的这些动作中还读出了什么?

生:快、英勇。

生:坚强、无畏。

生:奋不顾身、勇往直前。

师:黄晓文的这些动作可以说是在几十秒钟内完成的,这不到一分钟的镜头,作者却写了一大段的文字。不仅让我们仿佛亲眼看到了黄晓文铁汉本色的动人一幕,我们还从这些动词中读出了很多的体会,这就是准确使用动词的魅力,这就是艺术的语言啊!老师想请一位读书最棒的孩子读一读这段课文。

(生读)

师:从黄晓文的身上老师体会到——(出示:人民子弟兵是尽显英雄本色的铮铮铁汉)

(生读)

师:同学们,那么课文是怎么表现人民子弟兵是铮铮铁汉的?(出示精读要求:比较阅读课文的第2、4自然段,看一看在写法上有什么不同)

(生阅读,教师巡视指导)

生:第2自然段写了整个抢救大堤的场面。

生:第4自然段写的是黄晓文一个人抢救大堤的情景。

生:一个是全面地写,一个是个别地描写。

师:整个场面的描写就是"面"的描写,黄晓文个人的描写则是"点"的描写。(相机出示"点""面"的概念)

师:既然已经写了整个保大堤的场面,为什么还要写一个人保大堤的情景呢?可不可以去掉?

生:不可以去掉,去掉了就感觉不真实。

生：不可以去掉，因为只有将整个大堤抢险和黄晓文个人抢救大堤的情景一起写，更显得真实，给人留下的印象更深。

　　师：让我们一起了解一下这样写的好处。（出示：像这样的着重写人物众多的群体场面，就属于"面"的描写，而细致地描写一个人的神态、语言、动作的，就属于"点"的描写。这种既有对整体的描写，也有对个体的特写的手法就叫"点面结合"，这种写法的好处是能全面而且具体地反映一个事情的真相。板书：点面结合）

　　师：本文是一篇通讯报道，通讯报道就经常使用这种表达方法。我们一起来阅读一篇有关玉树地震的通讯报道。（出示一篇报道，报道略）请分析点和面。

　　生：描写献血队伍的场景是"面"的描写。

　　生：描写陌生男子献血是"点"的描写。

　　生：献血队伍和陌生男子献血就是运用"点面结合"的写法。

　　师：在同学们平时的作文中，往往关注场面描写，而忽视点的描写。今天我们来练习写一个"点"。下面我们还是来看《大江保卫战》中的另一个英雄人物的感人事迹，（师介绍背景）注意观察他的动作。

　　（播放胡指导员拖麻包堵管涌的视频）

　　师：哪些动作留在了你心中？

　　生：搬、划、滚……

　　师：请同学们用上老师的提示，将刚才的一段视频写下来，如果你能通过描写胡指导员的动作，表现他的"铁汉本色"是最好的。

　　（生练笔，出示两个例子，指名读一读，评讲）

◆ 案例反思 ◆

　　案例中的前一位老师带领学生学习"铁汉本色"的课文内容过程还是很好的，但在进行点面结合练笔时忽视了与文本内容的关联，练笔注定是缺乏活力的。叶圣陶先生说："生活如源泉，文章如溪水，泉源丰富而不枯竭，溪水自然活泼地流个不歇。"让学生用点面结合的方法写一个运动会的场景，好像是关注了学生的生活，但实际上学生对运动会的场景不可能还是记忆犹新、历历在目的，这样写就是为写而写。所谓"情动而辞发""言为心声",没有一个合适的情感引发点,学生是很难表达的。所以,我们不能只为语言文字运用而运用,学生要通过练笔发展自己的语言,同时还要提升理解课文内容的能力、情感体验能力、思维能力,要关注情境的营造,还要精心设计,让学生有感而发,有情可抒。

  而后一位老师对点面结合的写法训练就恰到好处。语文新课标(2011版)强调:"在阅读教学中,为了帮助理解课文,可以引导学生随文学习必要的语文知识,但不能脱离语文运用的实际去进行'系统'的讲授和操练,更不应要求学生死记硬背概念、定义。"在这个教学片段中,对什么是"面"的描写,什么是"点"的描写,什么是"点面结合"的描写,这些语文知识教者没有教条地灌输给学生,而是随文学习让学生感受"点面结合"描写的语文知识。学习了"点面结合"的语文知识,教师并没有浅尝辄止。师生又一起来阅读一篇有关玉树地震的通讯报道,让学生分析这篇报道的"点"和"面"的描写。接着老师又播放胡指导员拖麻包堵管涌的视频,让学生动手写一写这个视频的内容,要凸显"点面结合"的表达方法。这样的练笔就很自然,不突兀。既巩固了刚学的语文知识——"点面结合"的描写方法,在写胡指导员堵管涌的事迹时,又加深了对课文内容的理解与感悟。很显然,教者注重教知识,教方法,并让学生在实践中操练。俗话说:"光说不练假把式,光练不说傻把式,说着练着真把式。"在实践操练中学生加深理解了什么是"点面结合"的描写,在操练中渗透了"点面结合"的语文知识,在操练中把语文知识转化成了语文的能力,这样的语用训练才是积极有效的,充分显示了教材不过是个例子,在"用教材教",在学生习得"点面结合"的描写方法后,让学生分析相关文章的点面结合的写法,再让学生写与课文内容相似的抗洪抢险的镜头,利用课文的"例"得意、得言、得法,促进了"例"的增值,达到了在语用训练中提升学生语文能力的目的。

◥·典型案例3·◤

语用训练——时机不当

下面是一位老师教学《鸟岛》(苏教版二年级下册)的片段。

1. 孩子们,这一群一群的鸟儿有的先来,有的——(后来),有的来得早,有的来得——(晚),像这样有先有后、不断飞来,就是——(陆续)。

2. 谁能用"陆续"说句话?出示下列句式:

下课了,同学们_____。

电影快开场了,观众_____。

春天到了,小燕子_____。

再如一位老师执教《黄河的主人》(苏教版四年级下册)的第3自然段:"再定睛一瞧,啊,那上面还有人哩!……"老师让学生讨论学习之后出现句式让学生仿写:"定睛一瞧,在这次数学竞赛中,我班有_____。"

我们来看李吉林老师在《桂林山水》的教学中,有一个自觉地运用语文知识指导训练的例子。

师:这时,你们只想到桂林的山水吗?我们的祖国很大,像这样的山水各地都有。我们看到桂林的山水就会想到祖国的山山水水。"山水"这个词的意思还能用什么词来说?

生:山河、河山、江山。

师:这些词可以和哪些词搭配起来表示祖国山河的美丽?

生:山河秀丽、大好河山、江山多娇、锦绣河山。

师:谁能从中选一个词组,说一句话来表示祖国山河的美丽?

生:祖国的山河很壮美。

师:改成感叹句成吗?

生:祖国的山河多么壮丽呀!

◆ **案例反思** ◆

可能很多老师平时就像上面案例中的前两个老师一样,但给我的感觉是没有把握好恰当时机,为练而练,打乱正常的课场氛围,扰乱了孩子顺着文本发展的思维。比如当学生刚品读想象羊皮筏子在汹涌的激流里鼓浪前进的惊心动魄的景象时,老师却话锋一转,让学生仿写"定睛一瞧,在这次数学竞赛中,我班有_____"。显得大煞风景,学生不但不会进入现有的仿写的氛围中去,而且也难再进入事先营造的教学氛围中来。还有不少教师在引导学生学完某个中心段后,要求学生模仿这一段的写法"如法炮制"。这样生硬的"语用"迫使学生无感却要抒发,无话却要述说。原有的课堂气氛因为语用而冷却,学生迁移的思绪还要再次迁回,打断了正常的教学思路,显得画蛇添足。

李吉林老师这一系列的语言训练,体现了自觉地运用语文知识指导语言训练的意义,从"山水"这个词扩展开去,从一个词到许多同类的词,再由词组成短语、成语,再把短语组成句子,并把陈述句改为感叹句,形成了完整的训练过程。这些都与课文的内容紧密相连,没有旁逸斜出。而像用"陆续"说话、造句就显得不合时宜,和课文的内容关系不大,完全可以放在课后练习时用"陆续"指导学生说话造句。张志公先生1994年在吕叔湘语文教育思想座谈会上说:"思品教育、人文教育是自然就有的,需要讨论的、真见语文功底的是语言文字训练。"这说明语言文字训练要教师凭借自己的"语文功底"进行指导。也就是说,训练点要凭借语言文字知识来发现;训练时机要凭借语言文字知识来捕捉;训练过程要凭借语言文字知识来调控;学生读、说、写的正误,要凭借语言文字知识来判断。

　　杨永彬,江苏省淮安市富士康实验小学校长、区小学语文中心教研组组长;江苏省小学语文特级教师,中学高级教师,江苏省"333高层次人才培养工程"培养对象,淮安市"533英才工程"首批拔尖人才培养对象,全国教科研先进个人,全国小学生作文竞赛"优秀辅导老师",市优秀教师,市小学语文学科带头人,市中青年骨干教师,县教学明星等。在省市级语文优质课评比中均获过一等奖;曾主持过五项省市级课题研究,课题成果分获省、市课题成果评比一等奖;120余篇教育教学论文发表在《语文教学通讯》等30多种教育教学刊物上,其中,30余篇发表在全国中文核心期刊上,多篇被全国人大资料转载;在省、市、县、区教师培训会上讲座40余场次;是《小学语文教学·人物》版专刊人物,是《语文学习报》《新语文学习》"教师风采"和《小学教师培训》"百家讲坛"栏目人物。

后 记

课堂教学的生长点在于细节处。细节虽小,却不容忽略与越过;细节虽小,却浸透着学科教学的主张;细节虽小,却能折射出教育的理念定位与智慧;细节虽小,却能闪耀出生命关怀的光环……驻足细节,展开细节,琢磨细节,让语文教学在细节中彰显无穷魅力。就这样,心怀笃定,组织编写了《小学语文课堂教学的 20 个细节》,一路欣喜,一路感动。

欣喜一:诚邀群贤,纷沓而至。令我感动不已的是,在本书编委会的邀约下,十一名特级教师联袂贡献语文教学智慧,呈现出异彩纷呈的主流细节:有不同文体教学方面的细节,涉及儿童诗、文言文、小说等,为学生面对不同文体的学习搭建了一道道"引桥";有关乎语文素养学习方面的细节,语言发展的可视化、情理交融、转换语言、语用范式等,直奔学生语文素养的提升;有课改教学方式方面的细节,如对学会学习、生活激活等学习方式变革;有教学偶发过程的细节,如教学板书方面的即时性把握……这些都是每位特级教师关于语文教学细节主张的经典呈现。

欣喜二:他山之石,可以攻玉。本书中,不仅有一批特级教师的经典案例呈现,更有本着对教学细节的独特解读,以原始呈现的方式给教学细节以现场感,努力给予读者以启发。尤其要关注的是,每一篇章后还有教育专家、语文专家阵营的加盟评点,其中有著名教育专家李庆明、严清先生,有精于小学语文教学理论研究的胡海舟教授,有小学语文教研一线的专家刘国庆、袁炳飞、李震、戴志梅、吴礼明、张淑英等。

他们的评点关注细节,丝丝入扣,教理学理,娓娓道来。静静读来,一篇篇教学细节的呈现,即便不是攻玉之石,分明也是一颗颗打破池塘平静的小石子儿。

细细感受语文课堂,原来是如此的多姿多彩。关注着细节的精彩,浸润着人性的底色,彰显着对话的艺术,负载着精神的使命,流溢着生命的动感……经过半年多的努力,全书20个细节的撰写全部完成。编写者都是选用的自己教学中的原创经典案例。编写之初,我们便要求案例必须忠实于课堂,所以没有什么"后饰";而对于案例的反思与专家点评,我们均求一个"真"字:真实的教学路径、真实的教学细节、真实的教学反思,真实的教学评点。

相信,本书中所撰写的20个教学细节对语文人一定会有所帮助。而这,正是我们编写本书的价值追求。

姜树华

2016 年 1 月 6 日于安定书院